Das Buch

Noch einmal hat Walter M… -
vier‹ sowie seine anderen … -
dichten zu einer großen lyr… -
ser Band umfaßt ein ganze… ,
wohlbedacht, gearbeitet u… -
feuerkalten Zwangsaufenthalten‹ einer gnadenlosen Zeit«, schreibt Richard Friedenthal in seinem Nachwort. Mehring verfügt über einen einmaligen Reichtum lyrischer Ausdrucksformen. Er schreibt expressionistisch, dadaistisch, volksliedhaft, aggressiv, barock-apokalyptisch. So ist diese Sammlung insgeheim und zugleich auch eine »Versschule«, belegt durch das lyrische Lebenswerk eines einzigen Dichters. Die Zwischenbemerkungen führen weit über das Biographische und Literaturgeschichtliche hinaus und geben dem Buch außerdem den Charakter einer Zeitchronik. Aber, so schrieb Willy Haas: »Walter Mehring ist nicht in der Zeit verankert. Er ist ein Dichter aus dem Überzeitlichen, wie Georg Trakl, wie Else Lasker-Schüler, wie der junge Bert Brecht, der Walter Mehring so vieles in seinen schönen Songs zu verdanken hat.«

Der Autor

Walter Mehring, am 29. April 1896 in Berlin geboren, studierte Kunstgeschichte bis zu seiner Ausbildung als Richtkanonier im Ersten Weltkrieg. Seit 1915 gehörte er zu den Expressionisten in Herwarth Waldens ›Sturm‹ und zu den Berliner und Pariser Dadaisten. Entging am Abend des Reichstagsbrandes seiner Verhaftung durch die SA, entkam 1938 als Wiener Korrespondent der Exilzeitschrift ›Das Neue Tagebuch‹ der Gestapo über die Schweizer Grenze und wurde nach Ausbruch des Zweiten Weltkriegs in französischen Lagern interniert. Durch seine Flucht aus dem Lager St. Cyprien entging er der Auslieferung, konnte 1941 über La Martinique in die USA entkommen und kehrte später nach Europa zurück.

Walter Mehring:

Großes Ketzerbrevier
Die Kunst der lyrischen Fuge

Deutscher
Taschenbuch
Verlag

dtv

Ungekürzte Ausgabe
Dezember 1975
Deutscher Taschenbuch Verlag GmbH & Co. KG,
München

Umschlaggestaltung: Celestino Piatti
Gesamtherstellung: C. H. Beck'sche Buchdruckerei,
Nördlingen
Printed in Germany · ISBN 3-423-01124-6

INHALT

Die Jahresangaben bezeichnen den Zeitpunkt der Entstehung.

Umb Gnad wil ich nit bitten /
Dieweye ich bin on schult /
Ich het das recht gelitten
So hindert ungedult
Das man mich nit
nach altem sit
zu ghör hat kummen lassen
Vileycht wils got /
unnd zwingt sie not /
zu handeln dieser massen

Nun ist oft dieser gleychen
geschehen auch hie vor /
das ainer von den reychen
ain gutes spiel verlor /
Offt großer flam
von funcklin kam /
wer wais / ob ichs werd rechen
Stat schon im lauff
so setz ich drauff /
mus gan oder brechen

Ulrich von Hutten

Hier steht ein Mann und singt ein Lied
Am Rand der Zeit,
Die außer Rand und Band geriet –
Macht Rast! Ihr habt's noch weit . . .

Legt nieder Eure schwere Last
Am Rand der Zeit . . .
Singt mit, was Ihr gemeinsam haßt –
Und singt vom Einzelleid!

Tut aus dem Buche einen Trunk
Am Rand der Zeit . . .
Stärkt auch das Herz zur Wanderung,
In die Ihr eingereiht . . .

Mag mancher Sang die Ruhe stör'n,
Am Rand der Zeit:
Sie sollen es da drüben hör'n,
Daß Ihr vorhanden seid . . .

Doch trat ich außer Reih und Glied –
Ja, dann verzeiht!
Hier steht ein Mann und singt ein Lied
Zum Trotz – am Rand der Zeit . . .

KONTRAPUNKT
ZUM ERSTEN WELTKRIEG

Der junge Autor 1915 im Gefolge des Expressionismus, mit dem Einberufungsbefehl in der Tasche und mit seinen Balladen im ›Sturm‹ Herwarth Waldens

STURM-Balladen 1915/16

Glossolalie:
A und O aller Poesie

A *noir*, E *blanc*, I *rouge*, U *vert*, O *bleu*
voyelles
Je dirai quelque jour vos naissances latentes . . .
Arthur Rimbaud

Das expressionistische Bild der Wortkunst
bringt das Gleichnis ohne Rücksicht
auf die Erfahrungswelt, sogar unter
gänzlichem Verzicht unter Umständen.
Es ist also die höhere Form. Deshalb ist es
aber nicht willkürlich.
Herwarth Walden

Je schreckensvoller die Welt, desto abstrakter die Kunst.
Paul Klee, »Tagebuch«

ABSTRAKTIONEN: 1914 – Ultimatum –
ALLGEMEINE Mobilmachung –

Einberufung zur FAHNE – Musterung
»in reingewaschenem Körperzustand«
Feldgrauenvoll eingekleidet –
Kanonen-Futter – K. v. = weltkriegs-
verwendungsfähig geschrieben für:
Front-Schützen-Massengräber
Ewiger Welt-Friedenshöfe – Helden-
Leichengedenkfeiern –
Totenmessen – Allerseelen –

*

Ihr aber, die ihr seid auf Erden hier geboren,
Laßt diese Toten, grün und fett
Und nackt und unbeerdigt – laßt sie ungeschoren
Auf ihrem jungfräulichen Lotterbett
(Nachdichtung aus dem Französischen des Tristan Corbière,
poète maudit des Verlainekreises)

Seehelle
(Andante sostenuto)

I

Seelen furchen
die See
    horchen –
        furchtsam auf
            wo hoch entweht
                wässrig
                wolkig
                meerwärts
Wehleid
            in Wehen
            ihrem Un-Stern
            VULVA

Jenseits
    weltfern
    Föhn-nah
    Firnschnee
        frisch gefallen
Scham-korallenblutig

Farnkraut
    kraus
        bärlappig
Strand-MANNSTREU
                                      distelt

Finster ginstert
    Schilfrohr röhrt
                                      gewittrig

Brandung
    tanghaarig
        sandig
            salzig
                sündig
                    lockt –
beleckt
    steinnacktes Riff
                    der Küste

II

Orgasmisch
    Schäumend
        kost
            und küsst
Orkan
    den
        ewig dünungsschwangeren
            Mutterbauch
                der Windsbraut =
    Mund ihr –
                und Mündung –
                laichend
                    überflüssige
                    abgetriebene
                    Fehlgeburten
    im Blutbad der
                    Vaterländer
        unter dem
            rötlichen
                tödlichen
                    Un-Stern
                        der
                            VULVA

III

Geschlecht
    Geschlechter
        Seuchen
            siechen
                verwesen
geistern entgeistert
    wimmeln
        winseln
            klagen
im Winde das Meer an =
    Verhimmelte Plagen
                                    geißeln –

Seelen
furchen
Scheinheilige
SEEHELLE

Höllenbahn
(Staccato presto)

Höllenbahnbrechend
läuft
sich heiß
geduckt
– Viadukt, Viadukt –
Geleis
gerädert
Eisenschienen-zorn-
geädert
– Tosend –
tausendtunneltoll
zuckt
Zug um Zug
keift
gellend
grell
helldunkel-höll =
verbohrt
durchbohrt
durchrollend
via Berg- und
Talgeröll
– Glatteis –
Schlucht- und Fluchtverfluchte
Leidenskreuzstationen =
Stadt für Stadt –
verfallene
abgelaufene
Fegfeuerkalte
Zwangs-Aufenthalte =
Nasse

Gott-verlassene
Straßen-enge
Abend-
hinuntergänge
Laternenfahlgrün
wein-bordell-rot =
Polizei-
verbotene
Totentanztavernen
= NACHTS OFFEN =
versoffen
feindsälig
armselig
stoß-seufzend
heulendes
Elend
Halb erwürgter
Angst- und -banger
Albdruckschreie =
Schändlich =
Ausgestoßen
Un-
endlich =
gänzlich =
allein =
vorbei =
weiterweiter =
weiter =
NICHTS

Gebet saharischer Reiterei

FANTASIA – FERIA – FATA MORGANA
Kavalkade arabischen Vollbluts –
Weißer Kamele der Apokalypse
MÉHARA –
Sandgoldschabracken –
gesattelt
gezügelt

Kandaren =
Zaumzeug
schäumender Mordgebisse
DJINS =
Burnus-geflügelte
Glutgemähnte
Wüsten-Dämonen
Verwüstung-
witternder
Nüstern –
Flinten
-gezückter
Blitzgescheckter
Ungewitter ----
- SAMUM
hißt
halbmast
Halbmond –
Gott – ALLAH il ALLAH –
donnerwettert
DSCHIAD
Heiliger Krieg
ISLAM/
WIR
reiten
weiter
nieder
Wir rasen
brennen
verbrennen
Oasen –
Dornbüsche –
Gott
ruft:
die ERDE –
die Herden –
Vieh –
Weiber –
Waisen –
Greise –
Weise –
Irrgläubige:

GOTTverwirrt ---
Wir reiten –
streiten
weiter –
heeren
verheeren =
erwürgen =
beten
verweht:
ALLAH il ALLAH
Weiter!
spricht
der Prophet!

Gottes Reich der Akrobaten
(Fragment)

Fangt
Sehnsucht auf /
flaggt lichterloh
Gelächter
Sehnen seilgespannt
auf –
über
Höllenarenen /
sandgrell
gellendem Gekläff /
Gelb
klafft die Wildnis /
Da schrapnellen Peitschen hinterher
Hui!
windhin rennt
um's Leben
erd-erbebend schreckgelähmt
Die Kreatur das Freiwild /
kunterwund
in Rudeln ruht
das dunkle Blut
geronnen

Scharlach-schamrot prunkend /
    Zahm
        prangt
    die Pranke
    wutgetigert
    waidgerecht ausgeweidet /
    Weit
        öffnet
Allumarmend   Arm und Reich
    sein Leichenfeld
    der GOTTES-Acker
Fangt
Tränen auf /
Pflanzt Sehnsucht, flaggt
am höchsten Mast –
    seiltänzelnd kränzt
    Kopf ab! kopfüber
mit welkem Blumenruhm
das Heldengrab
im Gras /
    Ach!   Akrobaten ...

»Angeekelt von den Schlächtereien des Weltkriegs 1914, gaben wir uns den Schönen Künsten hin.« *Hans (Jean) Arp*

Auf der DADA-Matinee
– 7. Dezember 1919 –
im Kammertheater
Tribüne – Berlin-Charlottenburg

* * *

Dr. med. RICHARD HUELSENBECKS
»Phantastische Gebete«

* * *

»Wettrennen zwischen Nähmaschine
und Schreibmaschine« –
am Start: George Grosz und Walt Merin

* * *

Publikums Lästerung

»Strafbar sind öffentliche Beschimpfung
von Einrichtungen und Mißbrauch der
Heiligen Symbole im Sinne des § 166
des Str. G. B.«

Ihr
Bananenrohköstler und Eisbomben-Eskimos!
Wetzt eure Löffel und ölt die Posaunen
zum Dreiklang des Jüngsten Gerichts: =
Seit Eintausend 9 hundert und 19 Jahren
front der Hl. Geist in den Bagnos eurer
»Parties honteuses« – am Weißen Nach-
Sündflut-Ausfluß!
Die Weltbörsen kabeln: »INFLATION!
Hirnzellulose nur noch im

Schwarzhandel greifbar – zu
Phantasiepreisen!«
Also erbaut euch an Skyscrapers,
die nicht in den Himmel wachsen! Mehrt euch!
Ernährt euch schlecht und recht
aus den Gulaschkanonen des
Klassenkrieges! Protzt ab! Aber
protzt nicht mit dem Sekret eurer
Adamsäpfel, die ihr vom Baum der
Erkenntnis geklaut!
Mehrwertskult ist das Goldene Kalb
der Mediokrität! Die nackte Bankrott-
erklärung der Geistlichen Impotenz =
Mit dem Feigen-Skandalblatt als
Hosenlatz = = =
Ihr aber –
dreimal wehe euch! – betet
zur theologischen Zangengeburt
von BETHLEHEM [= *Bethlehem-Steel*
Incorporated =]: Idealste Investitur –
sofort kreuzzugtauglich / eingekleidet
in christlich-byzantinischer Ausführung! =
Hauptschlager letzter Feldgottesdienst-Mode-
messen! Nur echt mit dem Hakenkreuz [D. R. P.]
unsrer aseptisch-antisemitischen HEIL-Pillen
gegen
= demagogische Diarrhöen –
= unkontrollierbare Primäraffekte
und das delirium tremens
der literarischen Pornographie =

Gebrauchsanweisung:

»Vierundzwanzigmal täglich – vorgebeugt –
auf nüchternen Magen hinunterzuschlucken
laut behördlicher Vorschrift!
Oder: Achtung! Der MESSIAS kommt!
Der Schwarze Buh-Mann! Das unter-
leibhaftige GOTTSEIBEIUNS in

Übermenschengestalt! Die Röntgen-
Durchleuchtung eures Ebenbildes!
  Doch:
  wenn du glaubst
                du hast'n,
  dann springt er aus dem Kasten!!!
Da hilft kein ABSOLVO-Tee. Selbst
die sogenannt Schönen Künste sind
nachher bloß noch als Rollenpapier
benutzbar ... Und: wer sich seelisch
reinigen will, der gehe in die nächste
SAUNA, statt in die Kirche nebenan!
Denn in der Unschuld haben sich
stets die dreckigsten Hände gewaschen.
Und beim OO langt der Fortschritt
als Hinterster an ... Er kriecht der
vollendeten Tat, dem fait accompli, hintenrein!
  Also
  warum so revolutionär, so sozial,
so modern tun, *als ob* ... wenn euch
die Zukunft egal weg rückwärts hinaushängt?!?
  Darum:
  Massiert eure himmlisch-freudianischen
  Wunschträume vor dem: *Wie-sie-so-*
            sanft-ruhen bibelfest – mit *DADA!*«

* * *

Ihr,
Bananenbanausen und Ausbeuter-Leviathans!
Paukt es euch in die Hohlschädel ein! Und
verstopft eure Trommelfelle zum ERWACHE!
gegen die Zukunftsblechmusik!!!
Bedenket, daß Oben der HERR wohnt, der eure
Schicksale lenkt! Ansichtenpostkarte genügt per adress:
GOETHEANUM – *Dornach!* – Schweiz =
= *Dr. Rudolf Steiners* anthropo-theosophische
Schweinsblasen retten eure Astral-Mazdaznan-Gemüse-
leiber todsicher in die Sieben Unsterblichkeiten ...
Und der Generalsuperintendent *WOTAN*,
sekundiert von seinem Geflügeladjutanten

SAULUS PAULUS, bläst euch zum Appell
die INTERNATIONALE auf der Prostata . . . //

* * *

Doch aus dem Irrwald der Zweifel:
  HAT CHRISTUS GELEBT?
Schallt es zurück:
  Aber seid ihr geboren?

???Was ist DADAyama???

DADAyama ist
vom Bahnhof nur durch ein'n Doppelsalto erreichbar
  Hic salto mortale!
DADAyama bringt
das Blut in Wallung
sowie die Volksseele zum Kochen
  im Melting pot
– teils Stierkampf-Arena – teils
Nationalversammlung – teils
Rot-Front-Meeting
  ½ Blech ½ Eisen
        versilbert
gleich Mehrwert dividiert durch:

  ∞ + Null komma Nichts
Tout-le-monde-mondän – die Halbwelt
auf EIFFELtürmen – in den Tiefen des
Lasters bei Sekt – bei Kaviar und Opium
  of the . . . by the . . . for the people

Jede Stadt hat ihre
  DADA-kulmi-Nation!
In DADAYAMA kulminieren
alle HEILstätten – SODOM – LOURDES –
POTSDAM – MOSKAU

Revolutionen – Terror –
Unzucht und Heimweh!
Darum:
Jeder keinmal
in
DADAyama
»DADAYAMA Napoli e
Mori«

Hoppla

Der *Mann mit dem Straußenmagen*
und: ALI, *das Kopfstehwunder*
auf *Fliegendem Holländer*
robben durchs Steinmeer der Weltstadt.
Auf DUNLOP-Reifen siegt die
REMINGTON mit zehnfachem Durchschlag.
Die Rotationsmaschinen-Megatherien des
Druckzeitalters fetten: Schwarzes Blut des
Misanthropen, der sich mit GILETTE-
SAFETY-Klingen die Pulsadern aufschnitt.
Das First Class EDEN HOTEL lädt
zum Five-o'-clock-tea der Haute-
volée: Erzengel, Waffenschieber und
Jeunesse dorée. Das *Zola*-Warenhaus
AU PARADIS DES DAMES öffnet sein
YALEschloßloch den Lebemännern.
Die stahlgepanzerte »Einbruchsversicherte
D. R. P. Tresor-Glocke« alarmiert die
Himmelspolizei. = Elektroexekutiert
sinkt in die Knie der Geldschrankknacker.
Die »Sonne« auf den *Säkerhets Tandstickors*-
Zündholzschachteln verfinstert den Glanz
der EDISON-Glühbirne. Über ihrem
Liebes-Nacht-Tischschmöker schluchzt
PRINZESSCHEN ÜBERMUT in ihr
Saison-Ausverkaufs-Hemdchen.
Und ewig marschiert durch ihre
Pubertät TOMMY ATKINS
»The long way to Tipperary.«

Berlin – simultan
Erstes original Dada-Couplet

I
Im Autodress ein selfmade-gent –
Passage frei! Der Präsident!
Die Heilsarmee
Stürmt das Café!
Ein Geistprolet verreckt im Dreck!
Ein Girl winkt mit dem Schottenband!
Ein Kerl feilscht am Kokottenstand –
Her mit dem Scheck!
Schiebung mit Speck!
Komm, süsse Puppe!
Is' alles schnuppe:
ob Keilerei –
Jeknutsch!
Rrrutsch mir
den Puckel lang
Puckel lang!
Oh! Berolina
Kutsch auf dem Schuckelstrang
Elektrische, hektische
»GROSSE Berliner«!
Bei »*Mutter Jrün*«
is' jeder mang! darf jeder mang!
kann jeder mang!

II
Das Volk steht auf! Die Fahnen raus!
– bis früh um fünfe, kleine Maus!
IM UFA-Film:
»Hoch, Kaiser Wil'm!«
Die Reaktion flaggt schon am DOM
Mit Hakenkreuz und Blaukreuzgas –
Monokel contra Hakennas' –
Auf zum Pogrom
Beim Hippodrom!
Is' alles Scheibe!
Bleibt mir vom Leibe
Mit Wahlgeschrei
und Putsch!

Eins! zwei! drei!
Rrrutsch mir den Puckel lang
Puckel lang!
Oh, Berolina!
Immer die »Linden« lang!
Protzige, klotzige
Nachkriegsverdiener!
Die »Roten« und die »Jrün'n« –
Berlin zieht blank! Berlin zieht blank!
Berlin zieht blank!

III

Ach! wer nie zog das große Los
Bei Lotterie und Börsenhausse
Wer nie »sich fiehlt«
Und Lude spielt –
Die Juden raus! Die Bäuche rein!
Mit Yohimbim zum Massenmord!
Hoch national der Klassenhort!
Vom Fels zum Meer- und Leichenstein!
Is' allens das Jleiche –
Biste erst Leiche,
Wozu't Jeschrei?
Und futsch!
Eins – zwei – drei
Rrrutsch mir den Puckel lang
Puckel lang,
Oh! Berolina!
Schweb auf dem Schuckelstrang
Schlüpfrige, dufte
Tram-Ballerina!
Liegt man im Jrün'n,
Pfeift oben Berlin:
»Die Rasenbank! Die Rasenbank –
Am Elterngrab!«

»DADA-Almanach«,
im Auftrag des Zentralamtes
der Deutschen Dada-Bewegung
herausgegeben von
Richard Huelsenbeck, 1920

DADAISMUS – Schluß –

»DADA: Es war einmal!

Und weil es einmalig war, läßt es sich nicht plagiieren – durch keine Halbstarken-Geste, keinen Verfremdungsaffekt, keinen Neo-Idiotismus!

De mortius nihil – nisi Dada!

Dada ist tot! Es lebe DADA – bis in alle Vergangenheit!

Sela!«

DADAISMUS-SCHREIN IN ZÜRICH

»Die ungewöhnlichste Handlung in
seiner bald zu Ende gehenden
Amtszeit vollzog der Zürcher
Stadtpräsident Emil Landolt:
er enthüllte an einem Haus der
Altstadt eine Tafel zum
Gedenken an den vor 50
Jahren gegründeten Dadaismus.
Da dessen Schöpfer Dada für den
Nabel der Welt hielten, hat
die Tafel an der ›MEIEREI‹
die Form eines stilisierten
Bauchnabels –«

Neue Zürcher Zeitung, Dienstag, 8. Februar 1966

EUROPÄISCHE NÄCHTE

Wenn wir Stadtbahn fahren

Wenn wir Stadtbahn fahren
Sehn den Häusern wir ins Herz,
Beieinander hundert Jahre . . .
Kinder werden Weib und Mann
Und gehn gräberwärts
  Und gehn gräberwärts!
Wir sehen ihre Bilder an Tapeten
Vergilbt in Glas,
Wir sehen Menschen fremd ins Zimmer treten,
Und keines weiß vom andern was!
Und Ampeln glühn so häßlich bunt,
Wenn zur Ruh die Glocken –
  Und
Wenn wir Stadtbahn, Stadtbahn fahren,
Und zur Ruh die Glocken läuten;
Keiner weiß, was sie bedeuten,
Einer lacht, wenn hundert weinen,
Und ein Tag sind tausend Jahre
Alle tausend Jahr die eine
Stille Nacht, heilige Nacht!

Wenn wir Stadtbahn fahren,
An den Fenstern überall
Tauchen immer sonderbare
Fratzen auf und sehn uns an,
Wie auf dem Maskenball
  Wie auf dem Maskenball!
Und keuchen müde über dunkle Treppen
Mit Glücksgut, das
Aus allen Winkeln sie zusammenschleppen,
Und keines weiß vom andern was!
Und weiden sich am billigen Schund,
Wenn zur Ruh die Glocken –
  Und
Wenn wir Stadtbahn, Stadtbahn fahren,
Und zur Ruh die Glocken läuten;
Keiner weiß, was sie bedeuten,
Einer lacht, wenn hundert weinen,
Und ein Tag sind tausend Jahre,

Alle tausend Jahr die eine
Stille Nacht, heilige Nacht!

Wenn wir Stadtbahn fahren,
Geht ein Engel durch den Raum,
Zündet mit dem Engelhaare
Alle Fensterscheiben an
An unsrem Weihnachtsbaum
An unsrem Weihnachtsbaum.
Und einmal blüht der große Lebensgarten
Und welkt wie Gras!
Und einmal fragen sie, worauf sie warten,
Und keines weiß vom andern was!
Und der Mond wird groß und rund,
Wenn zur Ruh die Glocken –
Und
Wenn wir Stadtbahn, Stadtbahn fahren,
Und zur Ruh die Glocken läuten
Keiner weiß, was sie bedeuten.
Einer lacht, wenn hundert weinen,
Und ein Tag sind tausend Jahre,
Alle tausend Jahr die eine
Stille Nacht, heilige Nacht!

An den Kanälen

Schnurgerade zwischen Mietskasernen
Ziehen die schwarzen Gitterpfähle
Und die Laternen
Der Kanäle!
Es zieht ein Brisenhauch vom Meer
Und Möwen, deren Silberkehlen
Umhalst ein dunkler Ring von Teer,
Längs den Kanälen!

Es ziehn mit ihrem Haus aus Birke
Flissaken, die mit mächt'gen Stößen
Die Waldbezirke
Abwärts flößen!

Und Dampfer, die sich festgerannt,
Im Winter, wenn die Nebel schwelen,
Bugsiern, vom Krähenvolk bemannt,
Auf den Kanälen!

Es ziehen Wagen, Omnibusse
Spiegeln sich taumelnd von den Brücken
im schwarzen Flusse
Ihre Rücken.
Dampfkräne, die sich Holz und Kohln
Mit Elefantenrüsseln wählen,
Verbeugen sich beim Nahrungsholn
Längs den Kanälen!

Nachts lauert im Versteck von Fässern
Gesindel längs der Uferkanten
Mit blanken Messern
Auf Passanten!
Ein Fischer, der stromabwärts stakt,
Zieht in der Früh mit blut'gen Krälen
Ein Menschenbündel festgehakt
Aus den Kanälen!

Es zieht den Abschaum aller Städte,
Es zieht die lebensmüden Seelen
Zum ew'gen Bett in
Den Kanälen!
Es treibt ein Brisenhauch vom Meer
Die Möwen mit zerbissnen Kehlen –
Und hungernd zieht das Rattenheer
Längs den Kanälen!

Die Kälte

Durch alle Straßen eine Nacht
Führt mich des Mondes Leichenblässe,
Und keiner atmet, keiner lacht
Vor der gefährlichen Mätresse.

Mein Anhauch schminkt den reinsten Teint,
Die Dirne droht ohnmächt'ge Schelte –
Trifft sie mein eisiges Parfum,
Dann flüstert schauernd sie: die *Kälte!*

Man mixt den ätzendsten Cocktail,
Und wenn sie trunken heimwärts segeln,
Durch alle Kleider wie Juwel
Ritz ich die Haut mit meinen Nägeln!
Doch baut in heimlichen Hotels
Ein Pärchen seine Liebeszelte,
Am Fenster knistert weich mein Pelz,
Und schauernd flüstern sie: die *Kälte!*

Und wen das Todesfieber packt,
Ich sauge seiner Stirne Tropfen –
In meiner Küsse Liebestakt
Laß ich die wilden Pulse klopfen!
Wenn ihm die Brunst im Auge flackt
Und seinen Leib vom Lager schnellte,
Dann überfalle ich ihn nackt,
Und sterbend nennt er mich: die *Kälte!*

Mich überwindet nur der Frost
Und küßt mich, daß die Zähne klingen,
Wir wälzen uns in Nordnordost,
Bis wir vereint uns ganz durchdringen!
Matrosen horchen an der Bai,
Wenn unser eis'ges Bett zerschellte . . .
Tönt dann durch Finsternis mein Schrei,
Dann flüstern schauernd sie: die *Kälte!*

Mond und Liebe über großen Städten

Und wenn es Mond wird, wenn die Sterne fallen,
Fühlt Un-Tier Mensch in seinem Bau sich alt –
Beton Stahl Mörtel Röhren Türme Hallen –
Doch seine Hände sehnen sich nach Krallen,
Sein Hüsteln schlürft nach einem Luftzug Wald!

Wenn dann vom Bahnhof aus den Feueressen
Die Dampfsirene Abfahrtsschreie schnaubt,
Dann wendet er wohl sein Chimärenhaupt
Nach einem Zeitort, den er längst vergessen!

So weit – so weit!
Wie wir es drehn und teilen,
Es bleibt längst abgemessen unser Glück.
Wenn wir, mein Lieb, so Leib an Leib verweilen,
Wir kehren hunderttausend Jahr' zurück!

Und wenn die Nächte ihm den Frost anhauchen,
Dann schaudert's ihm als wie am ersten Tag,
Dann sieht er Tierdunst aus den Nüstern rauchen –
Er möchte sterbenseinsam unterkrauchen
Im Bauche, wo er ohne Ahnung lag.
Wenn Sturm sich fängt und aufheult wutbesessen,
Dann überkriecht ihn eine Gänsehaut.
Mit stumpfem Ohr spannt er nach einem Laut
Von einer Sprache, die er längst vergessen!

So sehr – so sehr
Sie streiten, eifern, keifen,
Längst zugemessen ist uns unser Glück.
Wenn wir uns streicheln, wenn wir uns begreifen,
Wir greifen hunderttausend Jahr' zurück!

Er schaut dem Monde nach von hohen Brücken,
Der Fluß treibt faulige Fluten und Gebein
Und zwischen ihnen lauter Mond in Stücken.
Der Mensch fand für die Sinne tausend Krücken
Und holt mit keinem diese Stunde ein!
Dann schimpft er auf den Mond, fühlt sich betrogen,
Wälzt Bücher, mauert, hetzt und spekuliert,
Mondblaß vor Furcht, daß er die Zeit verliert.
Ins Niemehrwieder ist die Nacht geflogen.

So fern – so fern
Die Menschenstimmen klingen,
Wir sind doch einbezogen in den Lauf!
Wenn wir mit unserer Nähe uns durchdringen,
Wir holen hunderttausend Jahre auf!

TRACHTENSCHAU

Oberammergau

Mir san dö Oberammergauer schlauen Bauersleit –
Drum san mir a so weltberühmt bei Christ und Jud und Heid!
Tean insre Sprüch mir brülln,
Muaß glei an jedes fühln,
Ins hot da Himmi ausersehgen zum Thiaterspülln!
Solang die Berge stehn auf ihrem Grundä,
Solangs no Radi gibt und Boarisch Bier,
Solang no gsuffa wird aus vollem Mundä,
Tean mir Thiaterspülln zum Danke hier!
Weil der Herrgott uns erlöst
Von der schlimmen, schlimmen Pest!
Hosianna!

Mir san dö Oberammergauer schlauen Bauersleit!
Mir ham a Kinschtlertolln und koanen Kropf! Ja, dös wär gfeit!
Und spieln mir insre Rolln,
Na reden ma a bisserl geschwolln
Na woaß an jed's glei, daß mirn Herrgott vorstelln solln!
Solang dö Sunn aufsteigt no in der Fruah,
Solang no gsuffa wird a boarisch Bier,
Solangs no Jungfraun gibt für die Maria,
Tean mir Thiaterspülln zum Danke hier,
Weil der Herrgott uns erlöst
Von der schlimmen, schlimmen Pest!
Hosianna!

Mir san dö Oberammergauer schlauen Bauersleit
Mir loassn Himmi für uns sorgn heint und olle Zeit!
Und wann du aufidrahst
Und oan Billjöttn hast,
No bist zum Mittag du a glei beim Herrn Jesus Gast!
Solang der Almrausch blüht auf insra Wiesen,
Solang no gsuffa wird a boarisch Bier,
Solang das Geld no reicht zur Schmalzlerprisen,
Tean mir Thiaterspülln zum Danke hier,
Weil der Herrgott uns erlöst
Von der schlimmen, schlimmen Pest!
Hosianna!

Mir san dö Oberammergauer schlauen Bauersleit!
Mir san dö frömmsten Menschen von da goanzen
Christenheit!
Drum schickt da Herrgott a
Die Leit von fern und nah,
Und jedes zoahlt oan Stanga Geld ins für dö Maschkera!
Solang mir noch a Schnadahüpferl singen,
Solang den Christus spielt der Anton Lang,
Solang der Cook no zahlt in Silberlingen,
Tean mir Thiaterspülln dem Herrn zum Dank,
Weil der Herrgott uns erlöst
Von der schlimmen, schlimmen Pest!
Hosianna!

Mir san dö Oberammergauer schlauen Bauersleit!
Und übern Winter ziahgn ma wieder o das zimpftig Kleid!
Und gibt's a Rafferei,
Und wanns da Herrgott sei –
No renn'n ma eahm das Messer eppas in den Ranzn nei!
Solang die Wolken noch am Himmel ziahgn,
Solang im Preise steigt da Litter Bier,
Solang die Jungfraun noch an Bamsn kriagen,
Tean mir Thiaterspülln zum Danke hier,
Weil der Herrgott uns erlöst
Von der schlimmen, schlimmen Pest!
Hosianna!

Russischer Holzschnitt

Die ukrainischen Bauern sind lustige Leut
Juchheißa bei Eis und bei Schnee,
Sie schern sich den Deubel um Morgen und Heut
Ohe!
Und friert es draußen Stein und Bein,
Dann finden sie sich im Wirtshaus ein
Und versaufen das ganze Geld.
Und erzählen sich viel von den Kinderchen
Und viel von den fetten Rinderchen
Und lieben die ganze Welt,
Und lieben die ganze Welt!

Denn wie schön ist die Welt,
Und wie weiß ist der Schnee
Und wie schön ist das Geld
Und wie heiß ist der Tee!
Wie schön ist's hier drin
Und wie schön ist's da drauß',
Aber am schönsten ist dem Popen sein Haus, Popen sein Haus!
Herrlich, ihr Brüder, lebt der Pope hienieden!
Am Tische steht der Samowar,
Am Samowar raucht das Schlötchen,
Im Vogelbauer, da sitzt der Star,
Pfeift Lieder und gibt Pfötchen,
Der Pope zur Gitarre singt,
Die Popin, die das Essen bringt,
Wie's ihnen Gott beschieden!
Herrlich, ihr Brüder, lebt der Pope hienieden!

Die ukrainischen Bauern sind lustige Leut
Juchheißa bei Tag und bei Nacht!
Man schert sich den Deubel um Morgen und Heut
  Und lacht.
Und friert es draußen Stein und Bein,
Dann gießen sie eben ein Schnäpschen noch ein
Und versaufen das ganze Geld!
Und erzählen sich viel von dem Mütterchen,
Von bunten Steinchen und Flitterchen
Und lieben die ganze Welt,
  Und lieben die ganze Welt!
Denn im Himmel ist's fein
Und auf Erden ja auch!
Und der Mond ist so klein
Und so dick ist der Bauch!
Und wie schön ist's hier drin
Und wie schön ist's da drauß,
Aber am schönsten ist dem Popen sein Haus!
Herrlich, ihr Brüder, lebt der Pope hienieden!
Am Tische sitzt der kleine Star
Und raucht vergnüglich am Schlötchen,
Am Vogelbauer der Samowar
Pfeift Lieder und gibt Pfötchen!
Der Pope, der beim Essen singt!
Die Popin die Gitarre bringt,

Wie's ihnen Gott beschieden!
Herrlich, ihr Brüder, lebt der Pope hienieden!

Die ukrainischen Bauern sind lustige Leut
Juchheißa bei Schnaps und bei Wein!
Sie schern sich den Deubel um Morgen und Heut!
O nein!
Und friert es draußen Stein und Bein,
Sie gießen sich immerfort Schnäpschen noch ein
Und versaufen das ganze Geld!
Und erzählen sich viel vom Himmelchen,
Von Gilka und Wutki und Kümmelchen
Und lieben die ganze Welt,
Und lieben die ganze Welt!
Denn wie schön ist der Suff
Und wie weich ist das Stroh,
Und die Flinte macht: Puff!
Und die Liebe macht froh!
Und wie schön ist's hier drin
Und wie schön ist's da drauß
Aber am schönsten ist dem Popen sein Haus, Popen sein Haus,
Popen sein Haus . . .
Herrlich, ihr Brüder, lebt der Pope hienieden!
Am Tische sitzt der Samowar,
Das Vogelbauer gibt Pfötchen,
Das Vögelchen sitzt im Samowar
Und pfeift auf einem Schlötchen!
Die Popin die Gitarre kühlt,
Der Pope auf der Popin spielt,
Wie's ihnen Gott beschieden!
Herrlich, ihr Brüder, lebt der Pope hienieden!

Métropolis

Das ist die Welt
Von Sous-Paris,
Die Tout-Paris
In Atem hält,

Die Menschen schluckt
Und Züge spuckt
Durch die couloirs
– Zum Geld? Ici!
»La Bourse« – La Vie!
Et »Grands Boulevards« . . .
Sie öffnet rund
Affichenschlund!
C'est le goût américain
Et attention! Changez de train!
  Prenez le Métro
  Prenez le Métro
  C'est le plus beau
    le plus beau du monde
    Dansons la ronde
      la ronde du Métro!

Von: »Cherche-Midi«
Zur »Gare du Nord«,
›Ca sent si fort‹
Parfum – Pipi!
Am »Château d'Eau«
Kotzt ein Matelot
  ein Meer Absinth.
Und vom »Bat' d'Af«
Küßt einer straff
  ein schwarzes Kind.
Man liebt! Allons!
Quelle direction?
C'est le goût américain
Et attention! Changez de train!
  Prenez le Métro
  Prenez le Métro
C'est le plus beau
    le plus beau du monde
    Dansons la ronde
      la ronde du Métro!

Monsieur le Comte
Stürmt: »République« –
Ah, la sale clique!
La Gauche! Quelle honte!

Fett und burschoas
Ein Wanst! hélas!
  fährt en famille,
Ein »ouvrier«
Tritt ihm den Zeh:
  – A La Bastille!
Doch winkt, au fond,
Stets »La Nation«!
C'est le goût américain
Et attention! Changez de train!
  Prenez le Métro
  Prenez le Métro
  C'est le plus beau
    le plus beau du monde
    Dansons la ronde
      la ronde du Métro!

Ein Schuß! A moi!
Man macht wen kalt!
Man kreischt, es knallt!
Und: Halte-là!
Police! Les »flics!«
Verbrechertrick
  Station »*Cambronne*«
Cambrioleurs,
Im »Ascenseur«
  auf und davon!
»Merde au Métro!«
C'est rigolo!
C'est le goût américain
Et Attention! Changez de train!
  Prenez le Métro
  Prenez le Métro
  C'est le plus beau du monde
    le plus beau du monde
    Dansons la ronde
      la ronde du Métro!

Das ist die Welt
Von Sous-Paris,
Die Tout-Paris
In Atem hält!

Von »Sacré-Coeur«
Und ventre-à-terre
  durch die couloirs!
Man hetzt, man rennt,
Steigt aus am End:
  »Aux Abattoirs«
Zur letzten Ruh!
Ah! je m'en f . . .
C'est le goût de Tout-Paris
Et jusqu'au dernier cri:
  Prenez le Métro
  Prenez le Métro
  C'est le plus beau
    le plus beau du monde –
    Dansons la ronde
      la ronde du Métro!

LEGENDENKRANZ

aus dem Trostbüchlein der verlorenen, der gebenedeiten und gesegneten Unschuld

Die roten Schuhe

Die Kommunikanten schreiten
In Nacht und Gotteshaus
Und breiten die fröstelnde Seele
Vor dem Altare aus.
Sie tragen in Händen Kerzen,
Sie tragen Gott im Herzen,
Schneebleich von Kopf bis Fuß:
Karin
   trägt zwei rote Schuhe,
Karin
   träumt von einem Kuß.
Lächelnd, in sinnender Ruhe,
Nickt sie den Engelsgruß
   (Nickt sie den Engelsgruß).

Vorm Gotteshause bettelt
Ein geigender Soldat,
Der alles Leid verspöttelt
Und viele getötet hat.
Er spielt am großen Portale,
An Händen Wundenmale,
Karin zum Willkommgruß:
Karin
   trägt zwei rote Schuhe,
Karin
   träumt von einem Kuß,
Bis sie zur ewigen Ruhe
Tanzen, immer tanzen muß
   (Tanzen, immer tanzen muß).

Die Kommunikanten schreiten
In Nacht und Gotteshaus,
Und Karin trägt ein Tanzen
Zur Kirche und Stadt hinaus,
Wohin die Schuhe sie lenken,
Bis in den letzten Schenken
Das Elend johlt zum Gruß:
Karin
   trägt zwei rote Schuhe,

Karin
    träumt von einem Kuß,
Bis sie zur ewigen Ruhe
Tanzen, immer tanzen muß
    (Tanzen, immer tanzen muß).

Und Tanzen, Tanzen spöttelt
Um Galgen noch und Rad,
Bis sie vorm Henker bettelt,
Der viele getötet hat.
Der nahm ihr Füß und Schuhe
Und gab ihr ewige Ruhe,
Ein Lied als Schmerzensgeld:
Karin
    trug zwei rote Schuhe,
Karin
    kniet am Himmelszelt.
Ewig suchen die Ruhe
Zwei Füße in der Welt
    (Zwei Füße in der Welt).

Die Kommunikanten schreiten
Aus Nacht und Gotteshaus
Und breiten die fröstelnde Seele
Im Sonnenlichte aus.
Sie sehen nicht zur Seiten,
Sie hören Karin schreiten,
Folgt spottend ihrem Fuß:
Karin
    trägt zwei rote Schuhe,
Karin
    träumt von einem Kuß.
Lächelnd, in sinnender Ruhe,
Nickt sie den Engelsgruß
    (Nickt sie den Engelsgruß).

Die kleine Stadt

Es wohnen in meinem Städtchen
Zehn Seelen und ein Hahn,
Zwei Ratsherrn und fünf Mädchen.
Drum steht's auf keinem Plan!
Daß selbst darin kein Plätzchen hat
Der helle Mondenschein:
So klein
So klein
So klein ist meine Stadt,
So klein
So klein
So klein ist meine Stadt!

Es fließt vorm Tore ein Flüßchen,
Der Fluß fließt stets vorbei –
Und gibt man sich ein Küßchen,
Hört's gleich die Polizei.
Und wenn man einen Fehltritt tat,
Dann steht man gleich allein:
So klein
So klein
So klein ist meine Stadt ...

Es sind in meinem Städtchen
Die Gassen so beengt,
Drum sind die Männer und Mädchen
Auch alle so beschränkt!
Ich würd, gäb's nicht die Herrn vom Rat,
Die einzige Jungfrau sein:
So klein
So klein
So klein ist meine Stadt ...

Es lebt dort ein Apotheker,
Ein Bäcker und ein Schmied,
Es lebt dort ein alter Quäker,
Der stets auf Tugend sieht!
Ich weiß nicht, wen zum Vater hat
Mein herziges Kindelein:

So klein
So klein
So klein ist meine Stadt . . .

Ich schäme meines Kinds mich,
Weil ich keine Wiegen hab –
Mein Stübchen ist so winzig,
So winzig als ein Grab!
Ich halt ein Kissen ihm parat
In meinem Totenschrein:
So klein
So klein
So klein ist meine Stadt,
So klein
So klein
So klein ist meine Stadt.

Tausend und eine Nacht

So mancher torkelt in die Bar,
Besoffen von dem Augenpaar –
  Zwei Laternen!
Das Gaslicht schminkt das Trottoir –
  Zwei Laternen!
Vom Inventar: »Les Treize D'Or«
Die frechste ist sie!
In Strömen fließen am »Vieux Port«:
Lacrimae Christi!
Kommst du herein – sie harrt schon dein
Und lacht!
Mariechen saß auf einem Stein
Tausendundeine Nacht!

Du bist sein Stern, dir folgt er treu,
Und spioniert die Polizei
  Bei den Laternen,
Dann steht dir Josephs Schatten bei
  Vor den Laternen!
Ach, jubelt ihr dem Drahtseil zu,

Dem Tänzerpaare,
Die roten Haare bleiben Clou,
Das einzig Wahre!
Und braucht Er Geld – zeigt man sein Bein
Und lacht:
Mariechen saß auf einem Stein
Tausendundeine Nacht!

Spät nachts bracht man »la Chansonnett'«
Allein ins finstre Lazarett!
  Die Laternen!
Und: Vierzig Fieber stand am Bett . . .
  Ach! die Laternen!
Die Hände beten, daß er käm',
Der Allzuferne!
Ihr Haar brennt wie zu Bethlehem
Die Stallaterne!
Der da am Kreuz gedenket mein
Und lacht!
Maria saß auf einem Stein
Tausendundeine Nacht!

Charité

Ich kann vom Fenster über Schnee
  Und Felder weit sehn,
Mein Reich ist in der Charité
  Bett Nummer dreizehn.
Wie man in Heimlichkeit behext,
  Ist mein Vermächtnis.
Von dem, was war, blieb nur der Text
  Mir im Gedächtnis.
Es regnet, was herunter will
  Der Himmel gießen.
Harr' aus in Demut und laß still
  Die Tränen fließen,
Wenn dir ein Mann begegnet!
Es regnet, regnet, regnet!
Dein Eintritt sei gesegnet!

Des Nachts drohn an der weißen Wand
Mir die Gespenster,
Im Regen eine Kinderhand
Schlägt an mein Fenster.
Des Tages kommen alle sie,
Von mir zu wissen . . .
Doch das Geheimnis hat mir nie
Ein Arzt entrissen!
Es regnet, was herunter will
Der Himmel gießen!
Harr aus und laß für Einen still
Die Tränen fließen,
Der dir in Lieb begegnet!
Es regnet, regnet, regnet.
Dein Eintritt sei gesegnet!

Und bin ich tot, vom Himmel werd
Ich ihn bewachen,
Wenn er bezecht nach Hause kehrt,
Hört er mich lachen.
Die Liebe nahm ja nur in Haß
Mich in die Lehre.
Jetzt kommt der Beicht'ger täglich, daß
Ich mich bekehre.
Es regnet, was herunter muß
Der Himmel schütten.
Könnt ich ins Finstre, einen Kuß
Von dir erbitten,
Was Leids mir auch begegnet . . .
Es regnet, regnet, regnet!
Dein Eintritt sei gesegnet!

Und haben sie mich festgeschnallt
Im ersten Stocke,
Dann läutet mir am Morgen bald
Die Totenglocke!
Daß ich dich einmal hab behext,
Ist mein Vermächtnis,
Wenn die Vergessenheit erst wächst
Auf mein Gedächtnis.
Es stürzet, was herunter will
Der Himmel stürzen.

Sei still, wenn dir das Leben will
  Die Stunden kürzen!
Wir sind die Unterlegnen!
Laß regnen, regnen, regnen,
Den Eintritt dir zu segnen!

Ein Kind schreit

Hören Sie?
Hörten Sie,
Wie es schrie?
Und weiß noch nicht einmal, was seiner wartet
Wenn es zum großen Lebenslaufe startet!
Doch sein Signal, daß es geboren sei,
Das ist der Schrei:

Aeäh! Aeäh! Aeäh!

Scht! Scht! Mein Kind!
Das erste, was du lernen mußt:
Sei dir bewußt,
Du bist auf dieser Erde nicht allein!
So wichtig du dir scheinst,
So kläglich du auch greinst,
Es sind noch andre da, die noch viel lauter schrein!

Aeäh! Aeäh! Aeäh!

Scht! Scht! Mein Kind!
Das zweite, was du lernen mußt:
Sei dir bewußt!
Das ist der Name, den sie dir verleihn!
Die ganze Umwelt paßt,
Ob er beliebt, verhaßt!
Was du auch tust, sie werden deinen Namen schrein!

Aeäh! Aeäh! Aeäh!

Scht! Scht! Mein Kind!
Das Allerletzte, was du lernst,
Das ist der Ernst
Des Lebens und die Weisheit, still zu sein.
Du linderst doch kein Leid,
Und wenn's zum Himmel schreit –
Es hört dir keiner zu, weil alle, alle schrein!

Aeäh! Aeäh! Aeäh!

Hören Sie?
Hörten Sie,
Wie es schrie?
Es ahnt ja nicht, was seiner harrt auf Erden.
Napoleon kann es – Spitzel – Heiliger werden!
Doch sein Beweis, daß es geboren sei:
Das ist der Schrei!

Aeäh! Aeäh! Aeäh!

Kinderlied

Am Neubau, wo der Wind sich fängt,
Jerum o jerum!
Am Neubau, wo der Wind sich fängt,
Da hat ein Kerl sich aufgehängt!
Wo ihn zuerst der Wächter sah,
Stand lange ein Bezechter da,
Dann vier, fünf, neun, ein ganzes Schock,
Und stierten nach dem ersten Stock:
Herrjeses, da oben kreist er!
O jerum, jerum, rumdibum,
Herrjeses, da oben kreist er!
Dreht euch nicht um!
Der Plumpsack, der geht um,
Gott steh mir bei und alle die guten Geister!

Im Hause war es kalt und feucht,
Jerum o jerum!
Im Hause war es kalt und feucht,
Die ganze Gegend war verseucht,
Der Wächter ging zur stillen Ruh,
Dann machten die Destillen zu.
Wer nachts da kam, hat sich bekreuzt
Und hat sich schreckensbleich geschneuzt,
Herrjeses, da oben kreist er!
O jerum, jerum, rumdibum,
Herrjeses, da oben kreist er!
Dreht euch nicht um!
Der Plumpsack, der geht um,
Gott steh mir bei und alle die guten Geister!

Jetzt wohnt im Neubau er allein,
Jerum o jerum!
Jetzt wohnt im Neubau er allein,
Jongliert mit einem Ziegelstein,
Und steigt er auf dem Dach herum,
Dann lacht ein Straßenkind sich krumm,
Dann vier, fünf, neun, ein ganzes Schock,
Umtanzen sie den Häuserblock,
Herrjeses, da oben kreist er!
O jerum, jerum rumdibum,
Herrjeses, da oben kreist er!
Dreht euch nicht um!
Der Plumpsack, der geht um,
Im Winde um! Der fliegende Jakob heißt er!

Das Rosenwunder von Lisieux

Lisieux,
du Stadt von Normannenart
Altgebeizter Gassen.
Zur Wirtschaftsmesse, zur Pilgerfahrt
Strömen die gläubigen Massen.
Hier feilscht man nützlich-eitlen Tand:
Traktoren, Kochherde, Nähmaschinen.

Doch wer da säet, um zu verdienen,
Wird ernten nichts denn Schimpf und Schand!
Wollt ihr, daß diese Welt genese,
Dann gebt die Ehre Gott in der Höh
Und der
Heiligen Therese
Von Lisieux!

Therese,
Kind von Normannenart,
Aus Spießertum geboren,
So glaubensstark, so körperzart,
Zu ewigem Ruhm erkoren!
Noch mancher, der sie leibhaft sah,
Schleppt heut die Last von Zeit und Laster
Gaßauf, gaßab das harte Pflaster,
Von Schnaps zu Schnaps dem Himmel nah.
Daß man den Armen auserlese,
Gibt er die Ehre Gott in der Höh
Und der
Heiligen Therese
Von Lisieux!

Sie fand diese Erde so freudenleer,
So starb sie sonder Makel.
Den Himmel und sieben Folianten schwer
Füllen heut ihre Mirakel.
Hat sich in Demut ganz verzehrt,
Nun streut sie aus der Fülle Rosen,
Heilt Ketzerei, Tuberkulosen,
Hat selbst Doktoren schon bekehrt.
Auch Eskimo, Mohr und Chinese
Gaben die Ehre Gott in der Höh
Und der
Heiligen Therese
Von Lisieux!

Es saßen im Urwald von Senegal
Verzweifelnde Missionare,
Sie riefen zu Gott, zu den Heiligen all:
Hilf uns zu unserm Altare!
Und horch! Als Tag und Mut schon schwand,

Da klopft es dreimal an die Planken.
Ein Eilbrief mit eintausend Franken
Fiel ihnen zu von Ungenannt.
Kein Zweifel blieb und keine These!
Sie gaben die Ehre Gott in der Höh
Und der
Heiligen Therese
Von Lisieux!

»Rett uns, Therese,
vorm jüngsten Gericht
Der Bolschewistenplage!«
Wer diese Fürbitt mit Inbrunst spricht,
Findt Ablaß für dreihundert Tage!
Ihr ward zuteil das Patronat,
Vom Klassenkampf uns zu entgiften.
Man kann ihr auch Glühbirnen stiften.
Daß nicht die Kirche, nicht der Staat
Am Mehrwert unsrer Schuld verwese:
Gebet die Ehre Gott in der Höh
Und der
Heiligen Therese
Von Lisieux!

Lisieux,
du Stadt von Normannenart,
Herzlich tut dich erfreuen,
Wenn Wirtschaftsmesse und Pilgerfahrt
Profite und Rosen dir streuen.
Feilscht ihr um Geld, um Korn, um Flachs:
Ach, wie vergänglich scheint der Handel!
Seht hier Theresens Lebenswandel
Naturtreu nachgeformt in Wachs!
Daß diese Welt vom Geld genese:
Gebet die Ehre Gott in der Höh
Und der
Heiligen Therese
Von Lisieux!

IDYLLEN UND ROMANZEN

Ziehende Schafherde

Die Schafe ziehn wie Poeten frisiert,
Sie haben alle den Buddha studiert
Und richten die Augen fromm und naß
Zum Brückenheiligen, der durch Glas herniederstiert
Und trägt ein goldenes Lammvlies, das vom Kreuz geziert.
Durch die Jahrtausende geht ihr Zug
Mondhell leuchtenden Steißes –
Immer ein schwarzes, ein weißes!
    Heiliger Nepomuk!

Die Hammel berechnen, wieviel Prozent
An Wolle dem Kloster sie zugewendt.
Sie hab'n eine alte Tradition,
Sind ausersehen zur Schlachtbank schon / im Testament.
Sie haben auch einen Schutzpatron / ohn' Arm und Händ'.
Durchs grüne Meer wandelt trocken ihr Zug
Mondhell leuchtenden Steißes –
Immer ein schwarzes, ein weißes!
    Heiliger Nepomuk!

Das Lamm lernt, wie ein Schaf man bleibt,
Auf daß man's zur großen Bescherung treibt.
Die Alten träumen lüstern dumpf,
Daß sich ein Mädchenbein am Strumpf
    Ihrer Wolle reibt,
Bis einst sie die Kirche mit Seel und Rumpf
    Sich einverleibt.
Blökend und betend entwandelt ihr Zug
Mondhell leuchtenden Steißes –
Immer ein schwarzes, ein weißes!
    Heiliger Nepomuk!

Die Schafe ziehn zum Auferstehn,
Als ob sie unter Palmen gehn.
Sie richten die Augen fromm und fad
Zum Heiligen, der zum Schlachten hat
    sie auserwählt,

Wie es bestimmt in Gottes Rat,
Der nimmer fehlt.
Durch die Jahrtausende geht ihr Zug
Mondhell leuchtenden Steißes –
Immer ein schwarzes, ein weißes!
Heiliger Nepomuk!

Die 4 auf der Walze

Den Himmel hoch, Europa untern Füßen,
Wir wandern, keinem Menschen untertan,
Um bald als Freund den ew'gen Jud zu grüßen,
Bald den Zigeuner auf dem Wiesenplan,
Uns kann kein Seemann von Sedijk beflunkern,
Uns kann kein Pfaff vom Bayernland bekehrn,
Uns wird kein General mit Ordensklunkern
Den süßen Tod fürs Vaterland bescheren!
Was nützt es, daß Ihr ewig hetzt und schreit:
Wir komm'n zurecht –
Der Weg ist weit. Wir haben Zeit!
Halléluja! Wir Kinder der Chausseen,
Wir ziehn fürbaß und nehmen stets fürlieb!
Wir fragen nicht, wohin die Wege gehen,
Und segnen das Geschick, das uns vertrieb.
Ob sich die Völker in den Haaren liegen,
Ob die Philister oder Kaffern siegen:
Wir stehn nicht stramm und schreien nicht Hurra
Hallélu-ja! Hallélu-ja!
Hallélu-ja!

Wir brauchen keinen Staat,
Und zum Minister
Ernennen eine Vogelscheuche wir!
Uns kennt kein Vater, kein Geburtsregister,
Wir wandern als die Namenlosen Vier!
Wir brauchen keine lieben Anverwandten,
Denn unsre Braut wohnt in der Pollackei.
Den einz'gen Gruß, den treue Freunde sandten:
Das ist der Steckbrief von der Polizei!

Ob wir im Feld allein, ob wir zu zweit
Zu Bette gehn:
Der Weg ist weit. Wir haben Zeit!
Halléluja! Wir Kinder der Chausseen,
Wir ziehn fürbaß und nehmen stets fürlieb!
Wir fragen nicht, wohin die Wege gehen,
Und segnen das Geschick, das uns vertrieb.
Wir wollen stets in andern Armen liegen!
Und eh wir eine Schwiegermutter kriegen,
Gehn wir zu Fuß von Kiel bis Afrika
Halléluja! Halléluja!
Halléluja!

Uns graust es vor der großen Städte Dämmern,
Wo Menschen sind so viel und Luft so karg,
Wo sie das Leben in Fabriken hämmern
Und schlafen in Kasernen wie im Sarg.
Und wenn die Reichen schlummern in Palästen,
In einem seidnen, wanzenfreien Bett,
Und wenn sie sich die schönsten Bäuche mästen –
Die Hölle wartet, bis der Braten fett!
Baut Eure Häuser für die Ewigkeit:
Wir ziehn vondann –
Der Weg ist weit. Wir haben Zeit!
Halléluja! Wir Kinder der Chausseen,
Wir ziehn fürbaß und nehmen stets fürlieb!
Wir fragen nicht, wohin die Wege gehen,
Und segnen das Geschick, das uns vertrieb.
Und eh wir unters Joch den Nacken biegen
Und eh sie uns zu einer Arbeit kriegen:
Da fressen wir gestoßnen Paprika
Halléluja! Halléluja!
Halléluja!

Den Himmel hoch, Europa untern Füßen,
Wir wandern, keinem Menschen untertan!
Und wenn die langen Wege uns verdrießen,
Dann treten wir die letzte Wandrung an!
Wir kommen nicht mit Kurs- und Ablaßzetteln,
Und wenn man uns auf Erden auch verstieß,
Wir wolln vom lieben Gotte nichts erbetteln
Als einen Strohsack in dem Paradies.

Gleich Heil'gen, die aus Holz am Weg gereiht,
So tippeln wir
Zur Ewigkeit – wir haben Zeit!
Halléluja! Wir Kinder der Chausseen,
Wir ziehn fürbaß und nehmen stets fürlieb!
Wir fragen nicht, wohin die Wege gehen,
Und segnen das Geschick, das uns vertrieb.
Wir wolln dahinten keine Flügel kriegen!
Und eh als Englein wir im Himmel fliegen,
Beschlafen wir des Teufels Großmama
Halléluja! Halléluja!
Hallélu – Ja!

Eines Strolches Trostlied

Die Wege, die ins Weite führ'n,
Zum Bettlerheil an offnen Tür'n,
  Vom Schnee zur ersten Blüte,
Die schuf der liebe Gott
Für wen?
Für die, die auf die Walze gehn!
  Lobet
    Lobet den Herrn in seiner Güte!

Auf daß der Strolch hat, wo er pennt,
Schuf Gott den Dreck, das Firmament
  Und die Kartoffelmiete –
Er schuf die Wanzen auch
Für wen?
Für die, die auf die Walze gehn!
  Lobet
    Lobet den Herrn in seiner Güte!

Der Baum, der voller Äpfel ragt,
Die Brüste einer drallen Magd
  Mit kindlichem Gemüte,
Das alles reift für wen –
Für wen?

Für die, die auf die Walze gehn!
  Lobet
    Lobet den Herrn in seiner Güte!

Doch die Fabrik und die Kanzlein,
Das Ehenest, das man darein
  Ihm neue Seel'n ausbrüte,
Hat Gottes Rat bestimmt
Für den,
Der nicht wollt' auf die Walze gehn!
  Lobet
    Lobet den Herrn in seiner Güte!

So führen aller Wege frei
An Wohlstandsnöten uns vorbei,
  – Davor uns Gott behüte! –
Zur Gleichheit, der ihr nicht
entgeht.
Denn seht: Der Tod ist ein Prolet.
  Lobet
    Lobet den Herrn in seiner Güte!

Solo auf des Knaben Wunderhorn

  13
  sind wir von der Bande
Tief in Dickicht Nacht und Tod versteckt/
Jede Missetat und jede Schande
Ward von unsern Seelen ausgeheckt/
Ja so betet mordet lebt und raubt man
Angst und Schrecken ward uns zum Gespött/
  13
  sind wir von der Bande
Und ich bin die Frau vom Räuberhauptmann
Bin ihm Heil'ge/bin ihm Amulett
Bin die Heimat ihm
  und bin sein Bett/

Treiben wir das Roß zum Eilen
Und ein Hufschlag trommelt einsam fern/

Wittern wir das Gold auf sieben Meilen
Und wir machen Jagd auf reiche Herrn/
An die Fichten nagle ich ihr Haupt an
Und wir kehren heim von Beute fett/
13
sind wir von der Bande
Und ich bin die Frau vom Räuberhauptmann
Bin ihm Heil'ge/bin ihm Amulett/
Bin die Heimat ihm
und bin sein Bett/

Kam ein Fräulein einst gegangen
Eine Dame sehr kokett und schlank
Und ich schenkte Wein ihr auf Verlangen
Davon ihr das Herz im Leib zersprang/
Keine naht sich lebend unerlaubt an
Die den Liebsten mir entrissen hätt/
13
sind wir von der Bande
Und ich bin die Frau vom Räuberhauptmann
Bin ihm Heil'ge/bin ihm Amulett/
Bin die Heimat ihm
und bin sein Bett/

Ach! es steht in meinen Händen
Aus den Karten ward es mir gelegt/
Daß zur Stund' er würd' im Blute enden
Wann am Haus der Totenvogel schlägt/
Niemand weiß es noch und niemand glaubt dran
In den Armen ruht mir ein Skelett/
13
sind wir von der Bande
Und ich bin die Frau vom Räuberhauptmann
Bin ihm Heil'ge/bin ihm Amulett/
Bin ihm Heimat
und sein Totenbett.

Die Ballade vom Highwayman auf der Hounslowheide

Als einer ausritt, da fielen sechs,
Deren Leiber die Erde beschneiten,
Aus den Adern wuchs ihres Blutes Gewächs,
Um die purpurnen Blüten zu spreiten.

Er aber jagt, in den Sattel gepreßt,
Daß sein Gaul himmelaufwärts sich bäumte,
Um die Ohren pfiff ihm des Waldes Geäst,
Und sein Atem am Munde zerschäumte.

Zwei Tage saß er im Sattel fest,
Ritt immer vom Gestern ins Heute,
Ihm folgt der Leichname faulende Pest
Und gestohlenen Goldes Geläute.

Zwei Nächte saß er beim Fuchs im Versteck,
Bis die Dornen ins Fleisch sich ihm krallten,
Dann ritt er, den Körper gepanzert vom Dreck,
Um neue Ernte zu halten!

Was wünschte er mehr und was brauchte er denn
Als ein Messer, um Köpfe zu schneiden,
Einen Schnaps und den Beutel von Beute schwer,
Was wünschte er mehr,
Und was brauchte er denn
Als ein Highwayman
Von der Hounslowheiden!

Die Ballade des Abenteurers

Abenteuernd, abenteuernd
Trotte ich durchs Land,
Bin nicht Euren Seelen, Euren
Qualen wahlverwandt.
Jegliche Verwandlung paßt mir,
Der ICH bin in Ewigkeit,

Bald Trappist und bald voll Freßgier!
Meinen Namen fraß die Zeit!
Meiner alten Mutter Erde
Riß die Nabelschnur entzwei –
Die Chimäre, die mich nährte,
War des Alltags Einerlei!
Was hilft's Euch Tugendwächtern,
Ich dringe doch hinein:
Es tragen Eure Töchter
Ein Kind vom Stelldichein!
Abenteuernd, abenteuernd
Wandr' ich anderwärts
Stete Treue stets beteuernd
Meiner Einsamkeit.

Abenteuernd, abenteuernd
Außer Rand und Schand
Mit der Wollust neu befeuernd
Schüre ich den Brand!
Meine Träume sind das Eiland
Der enterbten Kreatur,
Bald ein Vieh und bald ein Heiland,
Ringe ich mit der Natur!
Meine Garde sind die Kranken,
Das Gefängnis ist mein Schloß:
Und wir kommen, Euch zu danken,
Krückenlahm und hoch zu Roß:
Was hilft es Euren Wächtern,
Wir dringen doch hinein:
Mit blutigen Menschheitsschlächtern,
So will ICH Herrscher sein!
Abenteuernd, abenteuernd
Wandr' ich anderwärts,
Und der andern Nächstenmitleid
Härtet mir das Herz.

Abenteuernd, abenteuernd
Töt' ich unerkannt,
Und der Tod, den Bund erneuernd,
Frißt mir aus der Hand!
Jede Tarnung paßt zur Not mir,
Henkersrock und Ordensstern.

Wird der Körper einst zur Last mir,
Diene fromm ich meinem Herrn!
Oft wohl schlief ich unter Leichen
Selig wie ein sattes Kind,
Oft auch mäste ich die Reichen,
Die des Gestern Schatten sind!
Was hilft's den Tempelwächtern,
Sie müssen doch hinab!
Doch nie stirbt mein Gelächter,
Nicht, eh ich Euch begrab'.

Arioso:
Abenteuernd, abenteuernd
Wer der Welt entwich:
In der Hölle nichts bereuend
Überlebt mein ICH.

Blocksberg

Über die Dörfer und Türme gezackt
  Schlaf ist gebreitet,
Wenn der Besessenen Weiberschar nackt
  Wolken durchreitet.
Fenster zerklirrn –
Dächer verschneit –
Erde so weit –
Irrlichter irrn –
Sternengefunkel brennt auf der Haut –
Lautlos
rollt der Mond in den Schoß
Der Unendlichkeit.

Überall folgt uns des Glockengeläuts
  Dumpfe Verfluchung,
Steinerne Heilige schlagen ein Kreuz
  Vor der Versuchung –
Überall drohn
Bauern mit Tod –

Überall rot
Brände entlohn –
Wer uns im Arme einmal geruht:
Tödliches Fieber brennt ihm im Blut,
Knaben im Traume beten uns an –
Mitten um Mitternacht ziehn wir vondann!

»Oben aus und nirgends an«
Heißt unser Text
In der Dämonen Bann
Alles verhext =
Alles packt unser Ritt
Alles, wohin ihr blickt,
Wahnsinnsumstrickt,
Pfaffe und Bürgersmann:
Alles muß mit!
Menschen sie prassen und
Menschen sie quälen
Menschen sie hassen sich,
Wo wir befehlen . . .
Rings um das Erdenrund
Gellt unser Lied:
Unser der Taumel und
Unser die Welt.

Erdreich umgürtet der Schienen Geleis
– Weiter im Fluge!
Eiserne Räder laufen sich heiß
Unter dem Zuge,
Falsches Signal
Zaubern wir weit
Dampfpfeife schreit:
Hilfe! durchs Tal.
Führerlos braust die Maschine davon,
Donnernd rollt der Zug in das Grab
Der Verschollenheit =
Am Telegraphenmast, kopfüberkopf,
Rasten wir krächzend,
Flechten die kupfernen Drähte zum Zopf,
Knarrend und ächzend.
Und die Station
Meldet: Verrat!

Staats-Attentat:
Täter entflohn!
Uns auf den Spuren entkoppelter Wahn =
Rasende Rachsucht folgt unsrer Bahn =
Hetzer und Ketzer beten uns an
Mitten um Mitternacht ziehn wir vondann!

Über die Straße Verfemte marschieren
  Alle zum Berge . . .
Magre und Fette und Greise stolzieren –
  Wandelnde Särge.
Plump und Adrett
Tanzen zu zweit
Teufelsgeweiht
Im Menuett.
Selig Umarmte sausen im Raum,
Taumelnd rollt der Leib in die Lust
Der Unendlichkeit!
Wie sie geschaffen, entblößt sie der Takt
  Herr'n aller Länder =
Ordensbebänderte pressen wir nackt
  Ohne Gewänder.
Denen vom Thron,
Lorbeergeschmückt,
Heilig verzückt,
Lachen wir Hohn!
Wer uns im Arme einmal geruht,
Tödliches Fieber brennt euch im Blut =
  Greise und Weise beten uns an –
  Mitten um Mitternacht ziehn wir vondann!

Morgenrot wittert der Wetterhahn schon,
  Krähte dreimale . . .
Dröhnend verscheucht uns der Meßglockenton
  Der Kathedrale . . .
Mitten im Flug
– Dächer verschneit
Erde so weit –
Flüchtet der Spuk!
Rosig umkränzt sich die Frühe zur Braut . . .
Lautlos rollt die Nacht in den Schoß
Der Unendlichkeit.

Wenn sich im Weihrauche vor dem Altar
  Kerzen entflammten . . .
Flucht in Gebeten der Gläubigen Schar
  Uns den Verdammten!
Jubelt der Chor:
AVE MARIE
Höllenmelodie
Klingt euch im Ohr!
  Wer uns im Arme einmal geruht,
Ewge Verdammung brennt ihm im Blut!
Alle ihr Menschen betet uns an.
Zwischen dem Zwielicht ziehn wir vondann!

»Oben aus und nirgends an«
  Heißt unser Text
In der Dämonen Bann
  Alles verhext
Alles packt unser Ritt
Alles, wohin ihr blickt,
Wahnsinnsumstrickt!
  Pfaffe und Bürgersmann:
  Alles muß mit!
Menschen sie prassen und Menschen sie quäln
Menschen sie hassen sich,
Wo wir befehln.
Rings um das Erdenrund
Gellt unser Lied:
Unser der Taumel und
Unser die Welt!

LA VIE PARISIENNE

Eine Euphorie der Belles de l'Epoque

Abrupt geht die Infernalhymne in die Marseillaise über – in den Tanz auf dem Vulkan der III. République – der »Bals Musette« – »Bal Bullier« – »Jockeyclub« – mit Kiki la Reine du Montparnasse – der Cafés »La Rotonde« – »du Dôme« – »Le Sélect« – »La Coupole« – der kulturhistorischen Kampfstätten der Avantgarde: »Fauves« – »Cubistes« – »Surréalistes« (»Période héroïque«).

Paris I

– Après nous le déluge!
Die nachsintflutende Herde der Autobusse
trompetet: Boulevard des Italiens –
Auf Asphaltwellen hüpft im schwarzen Menschenflusse
pastellen ein Mannequin – le petit trottin . . .
Von der Falaise der Grands Magasins
tropft der Guano der Reklamen . . .
Da blüht das »Paradies der Damen«
und Wäschetropik saftiger Seidenwiesen . . .
Duftbrisen fächelt Montmartre,
den Blütenstaub von Puderquasten
zum Trottoirstrand, wo Touristen rasten . . .
Aus Rüschenlaubwerk lächelt sündiges Fleisch –
Geil schrillt der Pfauen Lustgekreisch –
Die Eitelkeit schlägt schillernd Rad –
Ein Camelot du Roy durchbricht mit Möwenschreien
die Anglerreihen:
»Verrat! Verrat!
Das letzte Extrablatt!«
Von Spiegelscheiben funken nautische Reflexe:
Baisse à la Bourse! Die Kurse stürzen! – und
Fortuna grinst . . .
Im Inflationssumpf wuchern Schlinggewächse,
zähledern rankend sich um blasigen Gewinnst . . .
Und Afrikaner und Kokotten, Deputierte und
»Cocus Magnifiques«
hissen berauscht das gloireverzierte
Toppsegel ihrer
Troisième République . . .
Und Tout Paname [Paris] setzt sich grandios
in Szene

zum Apéritif: – »Parlons affaires!«
Und »*Seine*«nixen knixen vor
»*La Madeleine*«
[Madelon, Madeleine] . . .
– »Pour la Ville de Lumières«! –
Paris
en vertige!
Après nous
le Déluge!

Paris II

Die Insel der Cité – gestrandetes Mittelalter –
bewegt sich schwankend
Der Heiligen Kapelle steinerne Psalter
schnörkeln sich rankend
Und den Bogen spannen die Brücken
Und die Gaukler in Sprüngen –
die Lumpen an Krücken
Faunisch Verzückte
Clownisch Verrückte
Unter der Bürde keuchende Horde
Heran! Heran!
singen ihr
Miséricorde! Miséricorde!
Da stößt der Engel von Notre Dame
in die Trompete Sturm
rüttelnd am Eisenskelette den Eiffelturm
Da springen sperrangelweit die Gatter am Medicischlosse –
Und spreitet die Seine die Schwingen
baudelairischer Albatrosse:
Les giboulées de mars . . .
Auf frühlingsgesatteltem Rosse
reitet *Le Vert Galant – Henri IV*.
»à vos ordres, ma belle!« zur Messe
Und Ritter Blaubart, geschmückt mit der Ehrenlegion,
führt Minderjährige zur Kommunion
au »Saint-Germain de l'Auxerrois« . . .

Der Beffroi
unschuldsglockenrein
läutet, läutet die Bluthochzeit ein
Beim Totencancan – im Gräbergeröll
Ein Schädel flucht:
»Ta gueul'! Ta gueul'!«

Paris III
La Butte Sacrée (Montmartre)

Da liegt Paris! Und da liegst Du
Und deckt Euch mit der Blöße zu
Das Dunkel tastet sich zur Höh'
de La Butt' sacré'

Ich pilgre zu Dir – Je t'ador'
In Deiner Kirche »Sacré-Corps«
Bis ich vor Deinem Altar steh
de La Butt' sacré'

Wenn ich soviel Moneten hätt,
Wie Heu »Moulin de la Galette«
Du stündst als Heil'ge des »Quartier«
de La Butt' sacré'

Du glänzt so schamlos wunderbar . . .
Schon sieht man's auf den Grands Boulevards . . .
Was kümmert mich Dein fiancé
de La Butt' sacré'

Ging Deine Tugend auch zuschand –
Manch andres Wunder kam zustand . .
Zum Morgen bläst der vitrier
de La Butt' sacré'

Dein Brüstchen spiegelt Frühreflex . . .
Auf bald, mein Schatz! Schon schlägt es sechs!
Paris – Du – ich: la Trinité
de La Butt' sacré' . . .

Paris IV
Der »Bauch von Paris« (Die Markthallen)

Der Himmel blutet aufgeschlitzt.
Das Blut des Schlachttiers brüllt verdampfend
Im irren Fuselrausche krampfend,
Da schlägt ein Herz, das Schnaps verspritzt!

Die Eingeweide von Paris
Bespült Gerinnsel von der Gasse,
Die zotig-zottige Jahrmarktsmasse
Strolcht durchs Gemüseparadies.

Verglaste Augen blicken auf
Zum Abend dunstiger Frühlingsgase.
Hoch wölbt sich in der Sterne Lauf
Des Abschaums bunte Seifenblase.

Pathetisch streicht sein Schmalzgelock
Der Ordensritter der Hetären,
Und eine zahnlose Megäre
Prostet ihm zu: Garçon! Un bock!

Der Straßennetze Menschenfalle
Fängt Parias des verlorenen Packs.
Vom Boulevard landen nur die Wracks
In »Les Halles«.

Paris V
Das Ende

Paris verklingt
La Gloire, l'Esprit
Der Kolibri
Fault abgeschminkt

Verlassen grinst
Und leichenblaß

Der Montparnasse
– ein Hirngespinst

– »Coco« – »Kiki«
»Le Bal Bullier« –
Die Ateliers –
»Fini-fini!«

Le Revolté
»Le Montparno« –
Son »Art Nouveau«
C'est du passé

La Liberté –
Un General
Wandeln astral
»Champs Elysées«

Meerleuchten ruht
Abglanz gewebt
Und überschwebt
Die Absinthflut

Die Ewigkeit
Sinkt am Schafott
Es geht die Zeit
Den Globetrott

DER SEEMANNS-CHORAL

Sobald der erste Kognakstern
beglänzt das Meer von Tränen,
Da gehe jeder fremd und fern
mit grünen Schiffs-Sirenen . . .
Man erkundige sich im Reisebureau
nach der Abfahrt ins Jenseits für Tote . .
Cyrano – Gulliver – Arthur Rimbaud
– Jules Verne
und Don Quijote . . .

Wir haben die ganze Welt gesehn
– Die Welt war überall rund! –
Um alle paar Monat vor Anker zu gehn
Bei einem Mädchenmund!
Wir sahn eine Mutter in schneeigem Haar,
– Die verkuppelte uns ihr Jöhr;
Wir fraßen pfundweis den Kaviar
Direkt an der Quelle vom Stör!
  Wir sahen Seeanemonen und Qualln,
  Die schmückten Gebein und Gewand
  Eines Matrosen, der war gefalln
Für irgendein Vaterland.
– Die Welt ist rund und klein!
Was kann sie dem Seemann noch sein?
In Hamburg an der Elbe
Gleich hinter dem Ozean
Ein Mädchen von Sankt Pauli
  Von Sankt Pauli und von der Reeperbahn
Ein Mädchen, das bei Tag und bei Nacht
Bei jedem Kuß an uns nur gedacht
Ein Mädchen von Sankt Pauli und von der Reeperbahn

Wir haben die ganze Welt bereist:
– La Plata – le Languedoc!
Wir haben mit Kannibalen gespeist
– Und überall gab's einen Grog!
Uns folgte der Möwen Hungergekreisch
Wie die Huren der Waterkant
– Am Meeresbusen zum drallen Fleisch,
  Da gingen wir an Land!
Wir haben den »Holger Danske« gesehn
– Und einen Völkerstamm
  Zu Tausenden zugrunde gehn –
Die andern standen stramm!
Die Welt hat Leid und Freud!
Was haben wir Seemannsleut?
In Hamburg an der Elbe
Gleich hinter dem Ozean
Ein Mädchen von Sankt Pauli und von der Reeperbahn

Wir haben die ganze Welt beglotzt:
Paris und den Vogel Roch!
– Wir haben die Seele uns ausgekotzt
Bei Australien
da liegt sie noch!
Wir sahen unsern Kapitän
Verfaulen im Lazarett!
Wir sahn eine Grotte mit lauter Feen
– Und ein frisch bezogenes Bett!
Wir sahen den toten Menelik
Hoch zu Krokodil!
Wir sahen überall den Krieg
– Und Wilhelm im Exil!
Die Welt ist zum Bespein!
Was kann noch Ekleres sein?
In Hamburg an der Elbe
Gleich hinter dem Ozean
Ein Mädchen von Sankt Pauli
Nahm sich einen Spießer zum Mann . . .
Was kann für uns da noch sein?
Ein Mädchen, das bei Tag und bei Nacht
Bei jedem Kusse an uns nur gedacht
Unser Mädchen von Sankt Pauli
Unser Mädchen von der Reeperbahn . . .

Le Havre

Manchmal muß ich wissen, daß es das alles noch gibt,
– Und die Gotik wird mir zum Kotzen –
Daß an der Mole die Brandung zerstiebt,
Und die Fische nach Leuchttürmen glotzen,
Daß hinter den Großen Boulevards die großen Wasser sich balgen,
Wo ein Wrack ohne Menschen spazierenfährt,
bemannt von Krabben und Algen.
Und daß an dem Southamptonquai ein Australier festgemacht,
Wo man den Tatendurst löschen kann und die seelische Überfracht.
Und wenn die Welt voll Freuden wär

Und voller Nachtlokale,
Manchmal peile ich kreuz und quer
Nach einem Sturmsignale.
Von meilenweit ruft im Radio
Ein blue boy, Matrose, Matelot:
Le Havre am Ärmelkanale.

Man kann Präsident, ein guter Deutscher oder mit Orden behangen sein,
Und als Pastor die Allmacht vertreten,
Man bleibt im Grunde doch das Schwein
Mit Sentimentalitäten.
Man träumt von einer Nixe nachts mit mächtig dicken Waden,
Die stammt von einer Perlmutter ab und hat an der Pier einen Laden.
Die versteht einen jeden, und käme der Papst – vom Sognefjord ein Troll:
Här talas Skandinaviskt, Se habla espanol.
Und wenn die Welt voll Grenzen wär,
Ich habe kein Nationale,
Mein Paß ist ein echter Papuaspeer,
Mein Vater war Kannibale.
Ich heiße Chingachgok oder so,
Bin blue boy, Matrose, Matelot.
Aus Le Havre am Ärmelkanale.

Man darf nicht glauben, daß man es nur bis zum Oberregierungsrat bringen kann,
Wenn Gott will, ist man Qualle
Und siedelt sich an der Falaise an
Im dritten Stock der Koralle.
Dann schwimmt man als treues Mitglied bei dem Verein zum großen Atlantik
Wie Seesternarme wächst einem nach ein Stück verlorener Romantik.
Man muß zur Abwechslung auch einmal als Molluske auferstehn
Und den tausendsten Wiedergeburtstag nicht schon wieder als Mensch begehn.
Und wenn die Welt voll Wasser wär
Und ich eine Muschelschale,

Dann reiste ich durch das Rote Meer
Als wie der Jona im Wale.
Dann kauft' mich als Andenken irgendwo
Ein blue boy, Matrose, Matelot
Aus Le Havre am Ärmelkanale.

Manchmal muß ich mir die Dinge durchs Bullauge besehn,
Wo die Ferne von Dampfern tutet,
Wo die Schiffahrtslinien nach Afrika gehn,
Und ein Krebs vor der Ebbe sich sputet.
Und manchmal lande ich bei mir selbst wie an gänzlich
fremden Atlanten
Und strolche am Strande meines Ichs voll Heimweh zum
Unbekannten.
Und manchmal sitze ich neben mir, dann bin ich Robinson,
Der Himmel ist eine Kneipe, da harft ein Orchestrion:
Und wenn die Welt voll Teufel wär,
Das Meer ist die Kathedrale,
Wir beten die salzige Andacht her
Bei einem Orkanchorale,
Wir schlafen bei »Notre-Dame-des-Flots«
Blue boy, Matrose, Matelot
Aus Le Havre am Ärmelkanale.

Marseille

Bon jour, Marseille am Mittelmeere!
Der »Transat« macht die Trosse klar!
Allons enfants zur »Cannebière«,
Dem Tausend-Völker-Boulevard!
Am Himmel glänzt der Kognakstern.
Wir spielen heut die großen Herrn!
Ob Nigger, Rothaut, Bleichgesicht:
Hier zählt das Geld, sonst zählt man nicht!
Captain, Matrose und Pioupiou
Der Cowboy mit dem Lasso,
Die English Miss »Chez Basso«,
Wir trinken heut auf du und du!

Ach, wenn doch mal das Mittelmeer
Aus lauter purem Whisky wär!
Buvons! Buvons!
  Bis auf den Grund!
  Und
Noch diese ganze Bouteille
A Marseille
A Marseille
A Marseille

Man löscht die letzte Fracht am Hafen
Und Küsse manches roten Munds!
Die Seemannskindlein gehn jetzt schlafen,
Wer weiß, vielleicht auch eins von uns!
Sie träumen süß vom Herrn Papa,
Von Stürmen und von Afrika!
Die Gassen sind so steil und eng.
Uns sitzt die Seefahrt im Gelenk!
Kommt her! Wir zahlen heut in bar!
Ein Vermouth di Torino,
Ein Platz im Muschelkino!
Um Mitternacht heißt's: Au Revoir!
Ach, wenn doch mal das Mittelmeer
Voll lauter draller Nixen wär!
Virons de bord!
  Ein greller Mund
  Und
Noch diese ganze Bouteille
  A Marseille
  A Marseille
  A Marseille!

So beten wir am Leuchtturmfeuer
Zu Notre-Dame de La Garde:
Bescher uns eine fette Heuer
Und eine glatte Überfahrt!
Schon steuern wir ums große Riff,
Dort spukt ein Geist vom *Chateau d'If*.
Die See ist wild, steif geht der Wind,
Im Wrack der Toten wohnt ein Stint,
Wir sind vielleicht auch bald dabei.
Heut fraßen wir die Hummern.

Wenn wir da drunten schlummern,
Dann frißt uns allesamt der Hai!
Ach, wenn doch mal das Mittelmeer
Voll lauter Federbetten wär'!
A tout vapeur!
    Bis auf den Grund
    Und
Noch eine ganze Bouteille:
A Marseille
A Marseille
A Marseille

Hochsee

Wein nicht, mein Kind! Die Hohe See hat uns bestellt zum
    Stelldichein
    Allein auf du und du!
Die Hochsee ist ein wildes Weib,
Kriegt sie ein Schiff zum Zeitvertreib,
Gönnt sie ihm keine Ruh!
Den Käptn, Heizer und Matros,
Die nimmt sie alle in den Schoß
Und läßt sie nicht mehr los!
    Denn mit der See, mein Kind, ist nichts zu machen!
    Die schmeißt dich mitten in das Leben rein!
    Wer sich am Land aufbläht, hat nichts zu lachen.
    Beim ersten Ansturm geht die Würde krachen.
    Er schrumpft wie Wäsche ein und wird so klein.

Hatjüs, Kind! Wer das Festland satt und nichts drauf zu
    verlieren hat,
    Nichts zu verlieren hat,
Der nimmt sich einen Ozean
Als Bruderherz und Saufkumpan,
Der zahlt die Zeche glatt,
Füll mir das Meer mit Whisky auf,
Und wenn im Whisky ich versauf,
Nehm ich den Tod in Kauf!

Denn so wie von der Mutter wir geboren,
So fallen wir dem Meere in den Schoß.
Der Sturm peitscht uns die Lehre um die Ohren:
Nur wer nichts hat, der gibt sich nicht verloren,
Und eine Sturzsee säugt zum Mann ihn groß!

Der tiefe Grund

Es haben sich Eisberge gelagert um Grönland rum,
Die wollen nicht schmelzen!
Jetzt sieht man dort täglich einen ölig glotzenden Trum
Von Seekühen sich wälzen.
Vergeblich lauert der Angekok, das Wild zu beschleichen.
Der Berg will nicht weichen!
Denn die Seekühe haben die Hauer ins Eis gekrallt . . .
Und davon ist der Sommer, der Sommer bei uns so kalt!

Es sitzt eine See-Alte inmitten dem Heringsschwarm
Und kämmt sich die Zotten;
Solch Haare schenken die Matrosen als Krakenarm
Hamburger Kokotten.
Und wenn die Alte sich kämmt, da kämpfen die Monstrositäten
Mit Zähnen und Gräten!
Und die Nordlichter funken Krieg am nördlichsten Kap . . .!
Und deshalb murksen, murksen die Menschen bei uns sich ab!

Es starb bei den Eskimos vielleicht ein bedeutender Mann,
Von dem wir nichts wissen!
Es pirscht wie er sich an die Walrosse niemand ran!
Jetzt liegt er zerrissen!
Und weil die einen jagen draußen im Meer nach Delphinen
Und die andern verdienen,
Und weil der Eskimo anders als der Börseaner spricht:
Deswegen verstehen, verstehen wir alle, wir Alle uns nicht!

Psalm über das Gleichnis von der Meerfahrt
(Von Kolomea nach Jerusalem)

Fahrt ein Schiff auf dem großen Jam herum mit jekkes,
  mit gojm, mit jidn,
Flattern Fischlach ihm nach, die Seelen zu chappen, was
  man wirft über Bord,
Hebt sich ein Sturm auf! Und Schrecken und Moire! Man
  dawnt, man leint und man ort!
Wu sennen mir? Oijoijoijoi! Wu sennen mir? fragen jekkes
  und gojm und jidn!
  Denn a jedem hat es Gott allein geoffenbart!
  Schreit der eine: Hir! der andere: Do! Will keins nit hören!
  Steht asoj im Talmud! und asoj im Koran! und asoj im
    Testament!
  'werden risches! Und man mordet, raubt und brennt!
  Wächst der Sturm – hat Gott uns denn genarrt?
Schwillt der Jam: sie streiten, schelten, schwören!
  Ach, zu was die chochme aller Menschen,
  Freud und Leid und fluchen oder benschen?
  Als sie so zusamm
  Schwimmen auf dem Jam,
  bleibt a jede Tat,
  jeder tachlis, alle Offenbarung tommer doch ein Wisch!
  Glaubt mir!
  Aschre ho isch . . .
  Wohl dem Manne, der nicht wandelt in der Gottlosen
    Rat!

Fängt das Schiff an zu hüpfen, werden jamkrank jekkes
  und gojm und jidn,
Speien alle chochme und toires moische und maisses von
  sich über Bord.
Für was die gewuhre? geht die Reise nebbach doch fort!
Wos fara chammer der Kapitan! gewaldewin jekkes und
  gojm und jidn!
Und a jeder amperlt sich mit seinem Gott herum:
Allah! Voter! Herr! Ist das eine Art, asoj zu lenken?
Ruft der ein: Der Jud ist schuld! Der andre: Nit! der Goj!
  Ruft ein jeder: Schuld seid Ihr!
Stubbt und schlogt sich, werd zur Beute für das Jamgetier!

Blast der Sturm und biegt das Schiff sich krumm!
Wos? Darf der Jam nach Eurem Köppel denken?
  Ach! zu was hilft Aich das Silbenstreiten?
  Geld und Gut und alle Narrischkeiten?
  Als man so zusamm
  Tut fahren auf dem Jam!
  Was Ihr tut und macht:
  Alle zores: a nekome für die Fisch!
  Glaubt mir!
  Aschre ho isch . . .
  Der seinem Gesetze nachsinnt Tag und Nacht!

ARCHE NOAH SOS

Chor der Seebären und Teerjacken:

Seefahrt tut not! Captain Ahab – »Old Nick«!
Farewell, Melville und Moby Dick.
Unsre Zukunft liegt auf dem Wasser
Vom letzten Abendrot besonnt.
Der Silberstreifen am Horizont
Adé! wird blasser und nasser!

Klabautermanns Baß aus dem Tritonsmegaphon
in der Takelage:

Wer, sich rettend, nach dem Preis fragt,
Gibt Sein-Selbst Seel-Eigen preis:
jedem Meer und jeder Mehrheit,
Allem Abschaum des Planeten,
Ob er schwarz sieht, ob er weissagt –
Immer: Wehe dem Propheten!

Erste Nachtwache
– In der Kombüse –

Schiffergarn

Der Obermaat:
Im fabelhaften Schlaraffenland,
da lebt sich's fabelhaft,
Da werden ganze Vermögen
in die Luft, in die Luft gepafft.
Ein Mensch, was ganz verkommen,
Findt da sein Unterkommen,
Und kann er nichts, dann ist er
Zum mindesten Minister
Und wird, wenn als korrupt bekannt,
Zum Ehrendoktor gleich ernannt . . .

Der Chor:
Die Adresse, Mensch! Die Adresse!
Wo kriegt man Billetts und Pässe?
Direkt: Schlaraffenland?
Pscht!

Der Obermaat:
Im fabelhaften Schlaraffenland,
da braucht Ihr um nischt Euch zu schern,
Nur: wer die Arbeit nicht lassen kann,
der muß die andern ernährn,
Wer nichts hat, geht was borgen
Von seines Nachbars Sorgen,
Wer faulenzt, der läßt kaufen
Und wird im Geld ersaufen,
Der hat als größter Lump im Land
Das Lumpenpack en gros an Hand . . .

Der Chor:
Die Adresse, Mensch! Die Adresse!
Wo kriegt man Billetts und Pässe?
Aber dalli: Schlaraffenland!
Pscht!

Der Obermaat:

Im fabelhaften Schlaraffenland,
da liebt sich's fabelhaft ...
Da wachsen die üppigsten Weiber
am Baume der Leidenschaft.
Und jeder Geck und Recke
Hat zehn in jeder Hecke,
Dem liegen zu Füßen und Betten
Die Prüden und Koketten.
Doch wer als toll verliebt bekannt,
Wird totgelacht mit Schimpf und Schand'.

Der Chor:

Her mit den Adressen!
Halt's Maul! Das wär ein Fressen,
Mensch! Auf ins Schlaraffenland!
– Pscht! –

Der Obermaat:

Im fabelhaften Schlaraffenland
da gibt es kein Gesetz,
Da gibt's nur Paragraphen,
die sind eine wahre Hetz ...
Für's Killen zahlt man Preise,
Und wer's befiehlt, ist weise,
Läßt sich die Heldentaten
Verrichten von seinen Soldaten,
Doch wer in den Ewigen Frieden verrannt,
Den stellense gleich an die Wand, an die Wand!

Der Chor:

Das ist die richt'ge Adresse!
Mensch! Fix mal unsre Pässe
für's Vaterschlaraffenland!

Der Obermaat (in den Vollmond spuckend):

Ihr Affen!
Ist Euch denn nicht bekannt?
Ihr lebt doch längst im Schlaraffen-,
in solch'nem Schlaraffenland!

Zweite Nachtwache
– In der Maschinenhölle –

Komplizengericht über einen schlechten Menschen

– Vor Euch: Zuhälter, Spitzel und Halunken
Ganz untertänigst leg' ich Rechenschaft:
Ich habe bei den Kulis an den Dschunken
Mit dem Revolver Ordnung mal geschafft.
  Wir hatten da Ladung zu löschen/
  die nicht ganz koscher war –
  Unser Leben hing an der Eile/und einem Mongolenhaar.
Nun klagt mich an! Es waren doch Chinesen,
Und die sind gelb – sonst sind sie weiter nichts!
Gewiß! Man rechnet sie auch zu den Lebewesen ...
Doch das für später mal – am Tage des Gerichts!
  Das Leben ist wohlfeil und en gros –
  Nicht aber unsre Fracht!

Der Chor:
  Da sagen wir nur: Bravissimo!
  Das wäre ja gelacht,
  Daß man um ein paar Chinesen so
  Ein großes Wesen macht!

– Man handelt manches Mal vielleicht zu hastig –
Ihr müßt die Sitten kennen, daß Ihr's verzeiht ...
Das war in solchem Hause, wo man gastlich
Sich um die Fremden müht; und in Port Said!
  Man hatte uns Kalbfleisch versprochen/
  doch die Fräuleins waren hornalt.
  Ich war nicht bei Kasse und Stimmung/
  und da hat es ein bißchen geknallt!
Nun klagt mich an! Man war mir auf der Fährte,
Ich gab mich einer Miß als Großfürst aus ...
Sie hatte Schecks – auch sonst Beachtens-Werte ...
Ich lebte von der Unterschrift in Saus und Braus.
  Das ist doch das übliche Agio,
  Wenn eine Dame kokett!

Der Chor:
Wir sagen zum zweiten: Bravissimo!
Das erste war weniger nett!
Man behandelt nicht seine Kolleginnen
so!
Doch die Dame macht das wieder
wett!

– Dann schaukelt' ich Marseille-wärts mit Derbholz ...
Ich wußte nicht mehr, was Europa sei.
Mein Schreibtalent schrieb manches mir aufs Kerbholz,
Kurz: voller Eifer war die Polizei!
Doch der Himmel erfand mir ein Mädchen/
das einen Bruder besaß
Mit dem saubersten Leumundspasse/
der kam mir grade zupaß!
Nun klagt mich an! Ich oder er: der Bruder
Mußt der Justiz Genüge leisten – denn
Gerechtigkeit muß sein! Das arme Luder
Ist jetzt auf lebenslang verpflichtet für Cayenne!
Für die Schwester klaut' ich ein Trostcadeau ...
Und eins für »Madame-de-la-Garde«.

Der Chor:
Dazu sagen wir nicht: Bravissimo!
Das war nicht besonders zart!
Doch die Menschheit ist von Natur aus roh!
Und du Schwein schlägst nicht aus der Art!

– Mit Palmen wußt' ich nichts mehr anzufangen,
Rang oft mit Gott und wurde wieder brav!
Und so geschah nichts weiter von Belangen ...
Ein kleiner Griff mal – wie es eben traf!
Da war noch eine Geschichte/
die wird Euch sehr imponiern!
Ich begegnete drei Soldaten/die wollten grad desertiern!
Ich schauderte ins Herz vor solcher Sünde!
Ich zeigt' sie an – und dachte an mein Land ...
Das war die erste wohlverdiente Pfründe,
Drei Wochen drauf stellt man die Dreie an die Wand! ...

Sagt mal, was glotzt Ihr denn alle so?
Ich bin kein Tugendbold!

Der Chor:
Dazu sagen wir nicht: Bravissimo!
Das ist selbst uns zu bunt!
Wir tragen dir's nicht nach! Aber so!
– Schluß mit dir, du Hund! . . .

Rundgesang der Auswanderer – achtern, im Bunker –

Oh, höchstes Glück . . .

Oh, höchstes Glück, zu reisen!
Man ist stets fort – stets da.
Das Dasein will ich preisen!
Ubi bene – ibi patria!

Kauft, Leute, kauft!
Hier gibt's nach Traum und Wunsch:
Tropen zur Weihnacht – Firnschnee im August –
An Fjords – auf Gletschern: Häuser ersten Ranges!
Apachentänze – Yoshiwara-Lust
Breakfast am Nil – Dampfbad im Heiligen Ganges
In London: Bouillabaisse – in Nizza: Schwedenpunsch/
Islam – Schlachtfelder – Gotik – Komintern:
Ist alles greifbar – greift nur zu, ihr Herrn!
»6 Days« Australien – zu soliden Preisen!
Ihr seid in Hammerfest, eh ihr verschnauft!
Kauft, Leute, kauft!
Oh, höchstes Glück, zu reisen!

Ihr Kulis, 'raus!
Ihr habt hier nichts verlor'n!
Ihr: Ohne-Paß – verdächtig – vogelfrei
Ihr: Heimats-, Arbeitslos: Galizier, Neger,
Ihr reist nicht – euch verschickt die Kauffahrtei
Als Überfracht – als Wild für Menschenjäger!
Ihr seid schon auf der Welt verteilt, eh ihr gebor'n!

Ihr seid zuviel, als daß man euch ernährt,
Doch als Kanonenfutter stets begehrt!
Im Lebenssommer welkt ihr ab zu Greisen!
Eh ihr den Geist aufgebt, weist man euch aus!
'raus, Kulis, 'raus!
Oh, höchstes Glück, zu reisen!

Oh, höchstes Glück, zu reisen
Die Erde ist stets nah!
Das Fernsein will ich preisen!
Ubi bene – ibi patria!

Dritte und letzte Nachtwache
– Glasen 1932 –

Ihr Sünder all!
  Tut euch nicht grauen!
Macht euch auf Strümpfe Hufe Klauen
  Zur letzten Tour!
Vorbei das Erdenglück Macht Ruhm und Geldtraum,
Das Ende glast! Wir stechen in den Weltraum
  Punkt 13 Uhr!
  An Bord! An Bord! An Bord!
  Folgt Noahs Wort
    und seiner Arche Spur!

Zuerst das Vieh: Amöben bis Insekten
Mit Gräten, Schuppen, Panzern, Stacheln, Schal'n,
Zuletzt das Wirbeltier!
  Laßt die Effekten
Schmuck, Börsenorders, Uniform, Pandekten
An Bord! An Bord! Hier gibt es nichts zu zahl'n!

Der Reihe nach! Nicht drängeln!
Die Schieber stolz voraus!
Platz da den Straßenengeln –
Der Fracht vom Freudenhaus!
  Aus Arm macht Reich! – Wir revidiern die Zählung –
  Hier gilt nicht, was du warst und was du konntst,

Hier nützen nicht Beziehung und Empfehlung –
Vergangenheit und Reise sind umsonst!
Jetzt kehrn wir mal das Unterste zuoberst!
Sei froh, wenn du im Zwischendeck
Ein trockenes Plätzchen dir eroberst!
Und paßt dir's nicht: da ist der Ozean! Verreck!
Die Herren Schlotbarone: Kohle bunkern!
Man meldet Sturm! Nur keine Zeit veraast!
Die Presse angetreten! Avanciert zu Funkern!
Am Mast ist Platz: ihr da mit Ordensklunkern!
Rasmussen tobt schon und die Brandung rast.
Zeigt euch auf See nicht schwächer!
Nach Kaviar schmeckt die Flut.
Hopphopp! Die ersten Brecher!
Ein Vollbad tut euch gut!
Das Unterste zuoberst, wenn wir tauchen,
Der Bug verbeugt sich vor dem Wellenschlag!
Haltung bewahrn! Ihr könnt doch alle krauchen!
Weit ist's zur Hölle! Dies der Vorgeschmack!
All people aboard! Was kommt da hergeschwommen?
Der saß im Sattel – nun im Trab
Sucht ein Diktator Unterkommen!
Zu spät, mein Fürst! Da ist der Ozean! Schwimm ab!
Schwimm ab!

Ihr Sünder all! Tut euch nicht grauen!
Schon an der Kimmung blakt das Morgengrauen.
Der Tag bricht an!
Das Gestern liegt tief hinter Horizonten!
Fragt nicht zurück, ob wir es lassen konnten!
Voran! Voran!
Und fort! Nur fort! Nur fort!
Folgt Noahs Wort
und fangt von neuem an!

KETZERBREVIER

Eine Seelenmesse für Agnostiker, Wortgläubige und unbekehrbare Freigeister

... ex pacto enim cum inferno et foedere cum morte, foetidissimae servituti pro earum pravis explendis spurcitiis se subjeciunt ...

Malleus Maleficarum

Litanei

KYRIE . . .

Kyrie eleison
Alle Stätten
Die Dich loben
Die uns ketten
An das Droben
Mit Gelübden
Und Geboten
In den Krypten
Der Zeloten
Von der Qual
Und allem Jammer
In Spital
Und Folterkammer
Alle die Dich loben, Gott,
Blutverwoben und bigott,
Herr, befreie uns davon –
Kyrie eleison!

Kyrie eleison –
Von Gewalten
Die Dich nennen
Dich bekennen
Dich entstalten
Von dem Meineid
Ihrer Rechte
Der Gemeinheit
Ihrer Knechte
Von der Treue
Die sie einigt
Ihrer Reue
Die uns peinigt
Von dem Gottesgnadentum
Das Dich anpreist, sich zum Ruhm,
Herr, befreie uns davon –
Kyrie eleison!

Kyrie eleison –
Von dem Kult
Der Dich vergottet

Aller Schuld
Und Unschuld spottet
Von Gebräuchen
Die verderben
Von den Seuchen
Die wir erben
Von der Drachen-
Saat der Rassen
Von dem Klassen-
Staat der Massen
Rotte Korahs; dem Komplott,
Das da schwört: So helf Euch GOTT!
Herr, befreie uns davon –
Kyrie eleison!

Kyrie eleison –
Vom Betrug
Der Diplomaten
Von dem Unfug
Der Soldaten
Von dem Handwerk
Des Befehlens
Teufels Schandwerk
Allen Elends
Vom Erlösen
Vom Verbannen
Vom Tyrannen –
Blick des Bösen
Von der Unterwürfigkeit
Demut, die zum Himmel schreit
Herr, befreie uns davon –
Kyrie eleison!

Gloria in excelsis

Seit Du durch Dein Märtyrertum
Erlitten hast das Ketzertum,
Das Dich verstieß,

Drängt alles hin zur Krippe sich
Bekennet jede Lippe Dich/
  Gloria in excelsis!

Seit sich die Kirche hat erbarmt,
Den Inquisiten hat umarmt
  Und schmoren ließ,
Seit sie mit Blut ihr Urteil schrieb,
Die Menschheit unerlöset blieb/
  Gloria in excelsis!

Seit man geglaubt ans Paradies,
Durch Krieg, Vertiertheit, Finsternis
  Und Syphilis
Ward hingerafft Jud und Christ,
Dein Ratschlag unerforschlich ist/
  Gloria in excelsis!

Graduale

DIES IRAE

Tag der Rache – Tag der Rache
Tote stampfen das Erwache
Regimenter Kranke, Schwache

Unterkerkert – übermachtet
Von Gewalttat ausgeschmachtet
Wankt der Bau, der uns umnachtet

Alles kraftgepanzert Kranke
Eitert aus der Goliath-Flanke
Mit weihräucherndem Gestanke

Krücken klopfen an Skelette
Wühlen im Schutt der Lazarette
Läuten Sturm zur Morgenmette

Häuser, die aus Mauerritzen
Ihres Hausrats Unrat schwitzen
Öffnen Tors sich selbst besitzen

Dächer platzen aus den Nähten
Bäume wachsen aus Tapeten
Träume aus den Stacheldrähten

Aus den Fenstern wehen Zöpfe
Sittsam blonder Truggeschöpfe
Wachsfiguren ziehen die Köpfe

Leichen, die vom Zaunpfahl nicken,
Schielen aus augenlosen Blicken,
Kugeln quer aus den Genicken

Pfaffen, die Tonsuren schwenken
Die verzückte Hälse renken
Fallen kreuz aus den Gelenken

Blutbesudelte Strategen
Fordern sich des Höchsten Segen
Siegreich mit gezückten Degen

Bomber, die das Nichts vernichten,
Die verdächtige Geister sichten,
Kämpfen in astralen Schichten

Sphinxe gleich Maschinen-Tieren,
Die halb Fleisch, halb in Scharnieren
Halb verrosten, halb krepieren.

Doch aus der Dynamik Öde
Streben gnade-lächelnd blöde
Cherubim, gestaltlos-spröde,

Engel auf des Logos Schanzen
Engel schultern die Monstranzen,
Fällen ihre Strahlenlanzen,

Bis des Antichrists Gekröse
Sich in der Posaunen Getöse
Ewiger Harmonien löse,

Chor der Seligen singt: Erwache,
Daß am Geiste sich entfache
Tag der Rache – Tag der Rache.

Schwarze Ostern

VICTIMAE PASCHALI LAUDES

Als Gott schlug alle Erstgeburt,
Da schnürten sie den Keuschheitsgurt,
Und da der Würgeengel droht,
Ziehn sie mit ungesäurtem Brot
Durchs Rote Meer die trockne Furt.
Sie schützte eines Lammes Blut
Vor ihrer Unterdrücker Wut,
Dem Glauben untertänig!
Da half kein Kaiser und kein König,
Kein Gott nicht und Gebet nicht
Dem Sündenbock für ihre Schuld!
Hüt't euch vor der Lammsgeduld!
Unkraut vergeht nicht!

Mocht Christus auch zu Kreuze gehn,
Sie glaubten es für sich geschehn!
Sie haben seinen Leib kasteit
Zum Grabe ihrer Lüsternheit
Und lassen ihn dann auferstehn!
Der Geistesarmen Hagerkeit
Anbetet eigne Magerkeit,
Der Todangst untertänig!
Da half kein Kaiser und kein König,
Kein Gott nicht und Gebet nicht
Dem Sündenbock für ihre Schuld!
Hüt't euch vor der Lammsgeduld!
Unkraut vergeht nicht!

Und bleibt ein ganzes Volk im Dreck,
Winkt ihm ein Paradies als Speck!
Ob Religion und Staat befehl'n,
Sie alle ködern eure Seel'n!
Mißtraut, mißtraut dem höhern Zweck!
Mißtraut, wo Abgetanes siecht!
Mißtraut, wo's nach Kasteiung riecht!
Seid euch selbst untertänig!
Da hilft kein Kaiser und kein König,

Kein Gott nicht und Gebet nicht
Dem Sündenbocke eurer Schuld,
Hüt't euch vor der Lammsgeduld!
Unkraut vergeht nicht!

Sanctus

SEGEN DES ALLTAGS

Sie beten mit dem Schädel gegen Wände,
In jedem Kahlkopf spiegelt Weltenende
Auf Höllenangst dressierte Papageien!
Hosiannah!

Auf Höllenangst dressierte Papageien,
Die um ihr täglich Futter litaneien,
Sonntäglich schielen aus verwohnten Giebeln!
Hosiannah!

Sonntäglich schielen aus verwohnten Giebeln,
Als Weihrauch schwängern ihren Atem Zwiebeln
Und gürten mit dem Schmerbauch ihre Lende!
Hosiannah!

Und gürten mit dem Schmerbauch ihre Lende,
In Haut gebunden spricht ihr Leichnam Bände!
Sie aber beten Schädel gegen Wände!
Hosiannah!

Agnus Dei

Gläubge starren auf Wundenmale
Sanguis Christi
Labend sich am Abendmahle
Calix vitae
Sich kasteiend
Christo weihend

Sanguis Christi
Calix vitae
Aus dem Leidenskelche nippen
Sanguis Christi
Gierig wunderdurstige Lippen
Calix vitae
Brechen Brote
Und Gebote
Sanguis Christi
Calix vitae
Aus Rosetten sickert Blutschein
Sanguis Christi
Opfer steigt als Himmelsgutschein
Calix vitae
Sich vermählend
Allem Elend
Sanguis Christi
Calix vitae
Gläubge knien Christ im Leibe
Sanguis Christi
Sündenfällig vor dem Weibe
Calix vitae
So nimmt Christ auf
Ewgen Kreislauf
Sanguis Christi
Calix vitae

Stille Fürbitte

Ich weiß, daß keiner mir weismacht,
Es wird Friede auf Erden sein.
Es läuten die heilige Weihnacht
Rudimente des Heidentums ein.
Wenn ich mich als Junge verguckte
In Christbaumgarnitur:
Das waren Surplusprodukte
Aus dem Mehrwert der Manufaktur.
Und wenn mans uns vorgelogen,
Knecht Ruprecht käme beschern,

So wurden wir heimlich erzogen
Zu Gruppencharakter'n.
Ich weiß, der Mensch tut anders, als er denkt!
Er unterdrückt noch, wenn er etwas schenkt.
Ich kenn das ja! Was ist nur das?
Ich wünsch mir was! Ich wünsch mir was!

Ich weiß, daß an den Trust-Herrn
Die Minderwertigkeit nagt;
Es sind, die die Gottheit lästern,
Von ihren Portiers geplagt.
Ich weiß, an kanadischen Fischseen
Begehrt man Laubsägekram;
Ich weiß, sobald sie zu Tisch gehn,
Sind selbst Anarchisten zahm.
Und die in Kneipen hocken,
Freibeuter der Moral,
Schickt Mutter ihnen Socken,
Dann werden sie sentimental.
Ich weiß, der Mensch tut anders, als er denkt.
Und auch der Misanthrop hofft, daß man ihn beschenkt.
Ich kenn das ja! Was ist nur das?
Ich wünsch mir was! Ich wünsch mir was!

Ich weiß, der einsame Denker
Träumt von der Morgenkritik;
Ich weiß, der Kommunehenker
Flennt noch bei Orgelmusik.
Daß einer ein Bankhaus schädigt,
Weil ihn ein Mädchen geneckt;
Daß einer Demut gepredigt,
Weil seine Verdauung defekt.
Für alle Illusionen
Sind Alltagsgräber bereit;
Selbst die im Himmel thronen,
Ödet die Seligkeit.

Der Mensch will anders, als er denkt,
Wär's nur ein Blick, nur daß man schenkt.
Wär's eine Hand nur, die ihn lenkt,
Und wär es nur ein Augennaß:
Er wünscht sich was! Er wünscht sich was!

Ain new Weihnacht Lied
Vor den armen Sünder George Grosz, als er für GOTTES-lästerlich Bildniss zu 2000 Mark Buss verurteilt

Nu stimpt mir Harpff und Cymbeln an!
Der Herr Gott hat gesprochen!
Was man ihm schimpf und schannd getan/
Mit gelde wards gerochen!

Oh Herr wie herrlich ist Dein Wort/
Als *wir* es rechtens deuteln/
Schaust gütig drein wann *wir* mit tort
Den armen Teuffel beuteln!
Lass *uns* gewährn!
Glaubst Du das tumbe Volck gewillt
dich zu verehren/
So *wir* nit wärn?
Das muss in Dreck und noth gebährn
dein Ebenbild!
Drumb mag es auch von sollcher pein
Mit gas vergifft erlöset seyn/
In Deynem namen
Amen!

Vil Jud und Christen seynnd verreckt
An Deiner langmuth grösse/
Wir haben fein mit Dir gedeckt
Der grossen schulden Blösse!
Lass *uns* gewährn!
Du gabst *uns*/Herr/das *Herren*recht
Und *Göttlich* ehrn
Umb zu bekehrn
Zur Zucht das mäntschliche geschlecht
Alls Deine knecht!
So schützen *wir* durch Krieg und bluth
Dich vor der Knechte Übermuth/
In Deynem Namen
Amen!

Zur Weihnacht nach dem festlich brauch
Verschenken *wir* die erden!

Wer aber nit hat / dem soll auch
Was er hat / gnommen werden!
Lass *uns* gewährn
Wir heimsen vor Dich ruhm und preis
Das Gut zu mehren
In allen ehren
Dass *wir's* im Jenseits Dir zurück bescheren
Kyrioleis!

Ach Herr Du schöpffer aller Ding /
Wie bistu worden so gering!
Du schufst die welt und staatsanwält
Du schufst die Armen und das geld!
Wir seynnd durch Deynen glauben starck /
Wer schwach ist zahlt zweytausend marck /
In Deynem Namen
Amen!

Requiem

Fleisch, Blutlauf, Knochen! Hand, die schlug –
und Blick, der traf,
Das ist gewesen – so, als war es nie!
Was wir versäumt, was wir getan, verbrochen,
Held, Feigling, Schuft, lest euer Epitaph!
Ihr alle seid schon Charons Passagiere, die
Von Tag zu Tag von ihrem Leichnam Abschied nehmen.
Als Totgeborene, als Würdengreis:
In tausend Jahren seid ihr die gleichen Schemen!
Was ist Gerechtigkeit?
Kyrioleis!

Besitz, Gott, Ehre, Vaterland! All euer Stolz,
Das ist gewesen – so, als war es nie,
Gebt es nur her, als ob's nie euer wäre!
Der größte Mann ist stumpf als ein Stumpf Holz.
Seht euch doch an, ihr seid schon Zukunftstote, die
Von Tag zu Tag von ihrem Leben Abschied nehmen!

O Größenwahn! Schlagt ihr euch Gott zum Preis,
Ihr seid nur da, das Dasein zu verfemen.
Habt doch Geduld, bald seid ihr alle Schemen,
Als wärt ihr nie gewesen.
Kyrioleis!

Moralisches Glockengeläute

Es kreist am grauen Turmgestein
Der Zeiger Goldgeäste,
Und Schwälbgens zieren der Heiligen Schein
Mit ihrem Liebesneste.
Ein Jüngling küßt der süßen Madam
Das durchaus ros'ge Mündgen!
Die Glocken spielen laut Programm
Das Schäferviertelstündgen:
»Üb immer Treu! Bereue nie,
Was du geschworen hast,
Lieb deine Braut und trage sie
Als eine süße Last
In deines Herzens Rahmen!
Punkt viertelzwölf!
Gott helf
Uns allen.
Amen!«

Am Turme steigt der Großstadtsumpf,
Beglänzt von roten Sternen.
Und Fräuleins zeigen den Seidenstrumpf
In Animiertavernen!
Vereinsamt träumt der Asphaltdamm,
Die Sitte macht die Runde!
Die Glocken spielen laut Programm
Halb zwölf! die Wirtshausstunde:
»Üb immer Treu und Redlichkeit,
Die Polizei rückt an!
Es paßt die hohe Obrigkeit
Auf jeden Biedermann

Und seinen Ehrennamen!
Punkt einhalbzwölf!
Gott helf
Uns allen!
Amen!«

Am grauen Turm der Mond begeußt
Mit Eisgrau gantz das Pflaster!
Ein Nachtlokal hat aufgeschleußt
Die schwarzvergifften Laster!
Zum Vorort kreischt die letzte Tram!
Am Knochen schnubbt ein Hündgen.
Die Glocken spielen laut Programm
Dreiviertel! Greisenstündgen:
»Üb immer Treu und Redlichkeit
Bis an dein sel'ges End
Und denke, daß die Sittsamkeit
Dich noch zum Guten wend't!
Eh deine Kräft' erlahmen!
Dreiviertelzwölf!
Gott helf
Uns allen.
Amen!«

Am grauen Turm heult jämmerlich
Ein weltverlaßnes Käuzgen!
Die Fledermaus wischt mit den Flügeln sich
Und animiert das Schnäuzgen!
Und wenn man zu den Toten legt
Die Frumben und die Sünd'gen,
Die Glocken spielen unentwegt
Zwölf Uhr! das letzte Stündgen:
»Üb immer Treu und Redlichkeit
Bis an dein kühles Grab
Und weiche keinen Finger breit
Und steig getrost hinab,
Daß dich der Wurm verzehre.
Jetzt ist es zwölf!
Gott helf
Uns!
Miserere!«

56. Kühl-Psalm (»Kühl-Psalter«) des Quirinus KUHLMANN, der als Ketzer 1689 in Moskau verbrannt wurde –

In ſiebnen prüfungs=feuer
Durchkühlt uns Gottes weyher
Und kuhlt uns wieder friſch
Gefahr iſt zwar gewachſen
Biss zu den ſiebnen Achſen
Doch rufft man gleich: Verliſch /
Anfechtung iſt entwichen /
Verfolgung ſelbſt erblichen /
Creutz fand am creutz ſein Ziel /
Das leiden muss nun ſtärcken
Die Angſt bringt freudig wercken /
Willkommen noth!
komm kühl!

»kein zweiffel | daß GOTT diesen schmertzlichen feuer-tod über Kuhlmannen aus weisem rath verhänget habe | um den ausbrechenden hefftigen feuer-eiffer von seiner seelen zu scheiden | daß ihm also seine feinde selbst zur läuterung und reinigung dienen müssen.

Aus denen bißher gedachten umständen aber und der offenbaren erfahrung hat auch noch neulichst der bekante Joh. Michaël *in seinem wagen und wegen des grossen GOttes P. II. Cap. XIV.p. 69. geschrieben: Kuhlmann sey verbrant worden auf anhetzen der schönen Lutheraner | und zwar der Priester.«*

Erstdruck 1700. Werkregister 32

ALARM geschlagen/
ertragen
= unsäglich unerträglich =
Schuld Schulden Sorgen
Selbstmitleid = Harm
bitter mitternächtlich/
Morgen
alltäglich
verächtlich
kläglich
erbärmlich
kein Erbarmen/

*

Barmherzigkeit =
Ach, VATERUNSER-mein/
– bigott = im Komplott – verschlagen/
WER
hört MitternachtumNacht
diese unerhörte Pein
so unaussprechlich im Gebet
vollbracht –
empört
gestört
von dem verwünschten Zu-Hilfe-Schreien
der Armsünder
im siebenten Prüfungsfeuer:
Wir sind verloren!
/Höllenmusik in GOTTES Ohren/
/zu spät bereut/
=Doch
uns erfreut
der Neue Nächstenliebe Tag
im HERRN
für uns gemacht:
Es werde
Gerechtigkeit auf Erden
– ohn Erbarmen/

*

VATER/
Unser Mein = und = Dein
gib uns heute
wie
die Ewige Langmut Deiner
unnachgiebigen Güte
der – aus Gut – und – Bös
gezeugten –
SATANs verhurten
Zwitternachts-Ausgeburt
väterlich vergibt/
nach dem Tod/
totgeschwiegen =
Heuchelmord –
Foltergeständnis/
Selbst-Bekenntnis/
Schande
jedes Vaterlandes/
– Im Namen des Volkes
gerichtet =
hingerichtet =
verbrannt – verbannt
– vertrieben
verworfen
unterworfen
auf Lebenszeit
irdischer
Arm-Seligkeit
ohn Erbarmen//
= Auferstandene
schlagt ALARM//

*

Leidmotiv und Kontrapunkt

Aus tiefer
Not-kennt-kein-Verbot
schrei ich
– GOTT verzeih =

zu DIR =
meine einzige = Ewige
sündige
Fleischeslust =
In Deinem Arm
– an Deiner Brust
schlägt mein Herz
ALARM/

VARIETÄTEN

Vanity Fair der Schönen Künste

PANOPTIKUM – ABSURDITÄTEN – THEATER
FILM – CABARET – OPERETTE

PANOPTIKUM

Der Zug der Zeit

So ziehen sie mit hohen Federpuscheln,
Gezwängt in Stahlkorsett und hanfne Schnur,
Sie tragen Orden Kreuze Kaurimuscheln
Und Urwaldmähnen, Glatze und Tonsur.
Wie heißt das Ziel, dem sie sich nahn so würdig stumm?
Panoptikum! Panoptikum!

Die einen, die auf andern Rössern reiten –
Und mancher lenkt den eignen Sarkophag –
Die Tagesgrößen dieser kleinen Zeiten,
– Was diesem Fetisch, das ist jenem Quark –
Sie alle sind schon reichlich reif und dumm
Für das Panoptikum!

Ein Vollbart, wedelnd noch mit heilgem Eifer –
Ein Herr, der leicht schon durch die Nähte staubt –
Durch eine Heldenmasche blinkt der Kneifer –
All das, woran man lebenslang geglaubt,
Zuletzt das Riesen-Pathos-Megatherium!
Panoptikum! Panoptikum!

So ziehen sie mit gerupften Federpuscheln –
    Von schlecht geöltem Stechschritt stöhnt Gequiek –
Ein heiseres Raunen und ein greises Tuscheln
verdroschner Phrasen
spielt:
    CHOPINS Trauermarschmusik –
        Dreht euch nicht um!
            Die ALTE ZEIT geht um!
So zieht sie heilig, würdig, stumm und dumm
    von einem in das andere PANOPTIKUM.

I

Was aber ist »DIE WAHRE KUNST«?
An der vergangenen Jahrhundertwende
weihte S. M. Kaiser Wilhelm II.
die Berliner Siegesallee ein – die
kolossale Denkmalsparade der
Hohenzollern – aus echt carrarischem
Marmor,
»die«, verkündete der letzte König von Preußen,
»noch in tausend Jahren von Deutschlands Größe und
Kultur zeugen wird.«
Sie endete
auf den Trümmerhaufen
des Tausendjährigen Reiches.

II

An der vergangenen Jahrhundertwende
stand – Ecke Unter-den-Linden
bis Ecke Friedrichstraße –
plakatbeflaggt
an Litfassäulen
»Mit der Eröffnung des PASSAGE-
PANOPTIKUMS tritt in die Reihe
der großen Sehenswürdigkeiten
Berlins eine neue ein, welche
sich durch ihre eigenartige,
durch und durch künstlerische Veranstaltung
schnell einen Platz erobert hat.«

III.

Wohin
aber gehört die KUNST?
»Eine Kunst, die sich über die von
MIR bezeichneten Gesetze und
Schranken hinwegsetzt . . .« –
hatten Seine Majestät
gewarnt –
»ist keine Kunst mehr! . . . Sie
ist eine Afterkunst . . . Sie gehört
nicht auf Schmuckplätze noch
in die Museen; sondern ins
Panoptikum!«

Sang der Wachsfiguren

II. *Berliner Kartenlegerin. Szene aus den Hinterhäusern Berlins. Das arme Mädchen läßt sich von der abgefeimten Alten »alles Liebe und Schöne« für ihr sauer erworbenes Geld »versprechen«!*
17. *Barbarossa im Kyffhäuser.*
25. *Das Riesenkind Elisabeth Liska aus Rußland, 11 Jahre alt, 2,10 m hoch. Naturabguß.*
104–111. *Eine Verbrechergeschichte vom Beginn der Tat bis zum Schafott. Ein furchtbarer Anblick, der das Blut erstarren macht.*
132. *Friedrich von Schiller †.*
146. *Der Selbstmörder (mechanisch-automatisch).*
153a. *Christus und die Samariterin; Ev. Joh. 4.*

(Aus dem Katalog des Berliner PASSAGE-PANOPTIKUMS)

Die Kartenhexe

Sie sagte wahr aus Kaffeesatz
Und nannt den Mädchen ihren Schatz
Sie wohnte Mulackstraße sechse
  Die Kartenhexe!

Sie half manch unerfahrnem Ding,
Wenn's einer mal daneben ging –
Das Geld steckt sie in die Kassette
  In ihrem Bette!

Sie hielt 'nen Goldfisch sich – aus Blech
Und einen Kater, der sich frech
Ergötzt an dem Salatgewächse
  Der Kartenhexe!

Einst kam die Elli, welche schielt,
Die's mit dem blut'gen Tommy hielt,
Und fleht sie an, daß sie sie rette
  Vorm Wochenbette!

Die Alte lüstern nach dem Geld
Hat sie sich abends hinbestellt
Zum Hause Mulackstraße sechse
  Der Kartenhexe!

Nachts klang ein Fall; dann war es stumm –
Der Kater stieg im Zimmer um
Und macht die leere Geldkassette
Zu seinem Bette!

Als sich drei Tage niemand rührt,
Fand man wie ein Paket verschnürt,
Auf ihrer Stirn zwei blut'ge Kleckse:
Die Kartenhexe!

Das Paar blieb kalt auch vor Gericht
Und blieb es – wenn die Wunde nicht
Von neuem frisch geblutet hätte
Im Totenbette!

Das Recht nahm den gewohnten Lauf
Die Hölle nahm sie alle auf:
Das Paar selbdritt –
Richter, Henker, Hexe –
Alle sechse!

Die Ballade vom Panoptikum

Am Panoptikum, wo die Verdorbenen
Sich drängeln an Läden und Fenstern,
Da sieht man die großen Verstorbenen
Am hellichten Tage gespenstern:
Der Mann ohne Kopf und ein Kopf ohne Kind,
Die Riesen- und Zwergraritäten,
Und *Zieten* mit dem Zopf; und *Moritz von Schwind*
Und die andern Zelebritäten,
Bestaunt vom ganzen Publikum.
Und ihre Seelen gehen um
Und finden keine Ruh da!
Halleluja! Halleluja!
So harren sie des Jüngsten Tags
Aus Wachs!
Pax vobiscum!
Im Berliner Passage-Panoptikum!
Im Berliner Passage-Panoptikum!

Die Gläubigen kommen ins Paradies
Und die Jüden nach »Weißensee« raus;
Im Panoptikum halten nur die Genies
Ihren ewig unsterblichen Kehraus –
Die Anarchisten und die Herren auf dem Thron,
Das Volk der Denker und Dichter,
Für dreißig Pfennig im Grammophon
Weissagen sie aus dem Trichter,
Bestaunt vom ganzen Publikum.
Und ihre Seelen gehen um
Und finden keine Ruh da!
Halleluja! Halleluja!
So harren sie des Jüngsten Tags
Aus Wachs!
  Pax vobiscum!
Im Berliner Passage-Panoptikum!
  Im Berliner Passage-Panoptikum!

Am Panoptikum brüllt man die neusten Arznei'n,
An denen wir alle genesen
Und Tausende stürmen zu den Partei'n,
Gläubig an Wunderprothesen!
Die Volksbeglückung kriegt einen Knacks
Mitten im Katzenjammer,
Und wir stehn alle eines Tags
In einer Schreckenskammer,
Bestaunt vom ganzen Publikum.
Und unsre Seelen gehen um
Und finden keine Ruh da!
Halleluja! Halleluja!
So harren wir des Jüngsten Tags
Aus Wachs!
  (Wachs nobiscum!)
Im Berliner Passage-Panoptikum!
  Im Berliner Passage-Panoptikum!

Die Schaubude

Zur Bude, wo die Kreuzpassion
War wie aus Blut geformter Ton,
Kam mancher fromme Schalk,
Und an dem Katafalk
Stand in der Ecke Saint Antoine, le bon papa,
Der von Padua!

Und vis-à-vis stand auf dem Brett
Der Kopf der schönen Antoinett',
Die wie ein Kind so flink,
Wenn sie auf Beute ging,
Und noch zuletzt bot ihren Leib dem Henker feil
Unterm Henkerbeil!

Und griff der Wind in ihren Schopf,
In Wollust bebend macht ihr Kopf
Das Zeichen der *putain*
Zu ihm: Viens, mon p'tit Saint!
Wo in der Ecke stand Antoine, le bon papa,
Der von Padua!

Er war nicht grade elegant
In seinem rauhen Mönchsgewand!
Was ihn verführte, war
Ein Kopf nur – und das Haar.
Doch in der Frühe lag im Staub sein härner Balg
Unterm Katafalk.

Am Morgen stand die Kreuzpassion
Starr wie aus Blut geformter Ton,
Und wie aus weißem Kalk
Stand an dem Katafalk
In einer Ecke Saint Antoine, le bon papa,
Der von Padua!

ABSURDITÄTEN

Nun sprechen manche Leut zu mir, daß
die Wunder Lügen seien, und hören
doch von Riesen und Recken die
größten Lügen. Und davon, daß
sie der Wunder nie gesehen haben,
so glauben sie daran nicht. Was
will ich von solchen Leuten?
Ich schreibe, was ich weiß, wovon
ich will, und für den, der es
will . . .

Konrad von Megenberg, BUCH DER NATUR, *1475*

Dithmarsischer Lügensong

Ich will was verzählen –
und ihr müßt es glauben
Ein Feldherr erklärte den Krieg den Kamelen
Ein Kuppler dressierte zum Turteln zwei Tauben
Ich hörte drei Knaben sich heilig vermessen
Aus einem Bordell eine Jungfrau zu rauben.
Ich sah einen Staatsanwalt munter prozessen
Der Kläger, der lag schon längst in der Gruft
Wie ein König der Unterwelt lebte der Schuft –
Und während sie alle so weitermachten,
Da flogen vom Dache zehn Hühner und lachten –
Ja, glaubt es nur!
doch glaubt ihr's nicht,
Dann seid ihr stur,
weil's euch an Phantasie gebricht!
Das aber glaubt! Ich nehm's auf meinen Eid:
Ihr glaubt noch, wenn ihr selbst beim Lügen seid . . .

Ich will euch was sagen –
und ihr müßt es glauben:
Ich sah einen Lumpen am Hungertuch nagen
Dem wollte der Staat nicht das Sterben erlauben

Ich sah auch den Haus-HERRN, dem war schon kotzübel
Der wollte dem Kerl noch den Gashahn verschrauben
– Ein Säugling, der schlief bei den Ferkeln im Kübel
– Ein Schwein, dem maß man die Temperatur
Das machte vorm Schlachten Entfettungskur
Und ich sah über all dem ein Sternbild hangen
Das war vor x Lichtjahren untergegangen!
  Nein! Glaubt es mir!
                Doch glaubt ihr's nicht,
Dann seid ihr stier –
                und tut mir ehrlich leid!
  Ich leih euch was –
                und wär es dies Gedicht –

Ich will es beschwören –
                und ihr müßt dran glauben:
Millionarren –
            vor Angst, daß sie alles verlören –
Sah ich
      einen Groschen vom Misthaufen klauben –
Und Tote, die sich die Karten noch legen,
Wenn sie schon längst aus dem Sarge rausstauben
– Und Mörder, die spenden den Opfern den Segen
– Und Völker, die wählen zum Oberhaupt,
Wer ihnen vom Leib das Leichenhemd raubt –
Und so gibt's noch unzählige Erden und Welten,
Für welche die gleichen Gesetze gelten –
  Na, glaubt's doch!
                Glaubt an die Gewalt!
  – So nicht, müßt ihr's
                aus Einfalt
                      allzubald!
Das aber glaubt!
            Ich nehm's auf meinen Eid!
  Es kräht kein Hahn,
                wenn ihr mal nicht mehr seid –

Don Quijote Münchhausen Gulliver
In der Bar »Zum Gesalbten Kamel«:
»Un tinto« – »Eine Weiße« – »pint of Ale«
Da ging es hoch ins Gescherr –
  »Bloß keine langen Vorreden, Herr!
  Öl Er den Schlund und erzähl!«

»Prosit!« sagte Münchhausen.
»Wir Deutschen standen vereint!
Doch! – soll der Affe mich lausen –
Weit und breit kein Feind!
Da war guter Rat teuer!
                Feinde her!
Da musterte ich mein tapferes Heer
In Welsche – in Juden und Rote –
In Gelbe und Neger! Viel Feind –
                viel Ehr!
In Helden – Besiegte – und Tote!
Mich selber setzte ich an die Tête.
Sie hieben drein, was sie konnten,
Bis zum letzten! Das war die
                Fatalität:
Ich siegte auf sämtlichen Fronten!«

Don Quijote sagte: »Carajo!«
  Münchhausen sah sich um
Und feixte: ». . . daß ich nicht lache! . . .«
  Doch *Gulliver* fixierte ihn stumm –

»Carajo« sprach Don Quijote.
»Ich ritt in Toboso ein.
Dort hört' ich beim Abendbrote
die zechenden Weinschläuche schrein.
    Das war ein Komödianten-Verein,
    Vermaßen sich alle, hidalgos zu sein,
    Und hieben alles in Scherben.
    ›VIVA L'ESPAÑA!‹
                Doch ich lud sie ein,
    Für DULCINEA zu sterben!

Da schimpften sie mich:
– Unspanisches Schwein!
Parteiloser Hund du! Erzitter!
Die Vollmacht zum Endkampf
erteilt der Verein! –
Ach! Wo sind die Zeiten der Ritter?!«

Don Quijote schloß mit: »Carajo!«
Münchhausen sah sich um
Und kommandierte: »Zur Sache!«
Doch Gulliver lachte stumm –

Don Quijote und Münchhausen
sprachen: »Trink Er leer!
Beim Aufschneiden gibt's keine Pausen!«
Doch Gulliver sagte:
»I don't care!
Das Reisen, das Lügen ward mir zu bunt!
Und die Wahrheit, die Wahrheit
stinkt aus dem Mund!
Ich habe mich stets auf Englisch entfernt
Aus dem Bereich der Banausen!
In LILIPUT hab ich das Treten gelernt –
Und in Brobdignac das Kriechen –
– Ich kann die Menschen – ya-hoos –! nicht
riechen!
My home, sweet home ist der Pferdestall!
Musik ist das Scharren der Hufe
Und der hell trompetende
schnaubende Schall
Brünstiger Paarungsrufe!«

Don Quijote sprach: »Qué caballo!«
Münchhausen zog ein Maul.
Und schneuzte sich in den Ärmel –
er wieherte fast wie ein Gaul.

Doch Gulliver griff zum Glas und zum Wort:
Der Mensch sei entmenscht und vertiert!
»Denn eine ROSINANTE blamiert
An Würde den würdigsten Lord!«

Da erhob sich Münchhausen und
näselte: »Raus!
Dieser Wallach
hat uns kompromittiert!
Ist aus der Innung desertiert!
Verflucht sei sein Stall – sein Zuhaus!«

Gulliver dröhnte vor Lachen.
Die andern blickten erbost.

Don Quijote höhnte: »Carajo!«
Münchhausen klönte: »Na, Prost!«

THEATER I

Prolog und Chor-Einlagen
zur Freilicht-Aufführung
von Shakespeares
›Troilus und Cressida‹
bei den Heidelberger Festspielen – 1929 -
– in den Ruinen des
»durch die Franzosen
im Pfälzischen Raubkrieg
(1689–93) vandalisch zerstörten
Pfalzgrafenschlosses«

– »*Never go home – here we starve out the night*«
(– *V. Akt – 10. Szene – »Troilus und Cressida« –*)

Die Szen' ist Troja! Unter Helden! Aber jene
Verschminkten Komödianten, die im Pappschloß
wohnen –
Die Majestät markieren auf schlecht lackierten
Thronen,
erpressen uns für eine Hekuba die Träne.

PRIAM gäb nicht twopence für tausend Avon-Schwäne –
ACHILL gäb nicht den Sold des letzten Myrmidonen!
Kann man mit geistigen Werten Militär entlohnen?
Der Mensch hat nur ein Hirn, doch zweiunddreißig Zähne!

Was ist uns Hekuba? Was ist den Herrn ein Leben?
Was die in Szene setzen, ist kein Abendspaß –
Wo man Weltdramen mit dem Blut schreibt, fliegen Späne –
Das ist doch Kinderspiel, was sie heut abend geben
– gut für die Herren zur Verdauung nach dem Fraß.
Die Herrn laßt aus dem Spiel! In TROJA ist die Szene.

Im Lager der Griechen vor Troja

Aufgewacht! Aufgewacht!
Seit sieben Jahren
Zerreißen unsre Nacht die Blutfanfaren!
Wenn es den Herren paßt – droht uns Verderben,
Bis sie den Sieg von unsern Knochen erben.
Seit sieben Jahren parieren wir ihnen stumm!
Und warum? Und warum?
Nur weil ein Weib gehurt
Von adliger Geburt,
Hat uns das Vaterland hierher verfrachtet –
Für Sold am fremden Strand
Verdreckt man ungenannt,
Weil eine Fürstlichkeit nach Kriegsruhm trachtet.

Tretet an! Tretet an!
Seit sieben Jahren
Vermehrn sich Mann für Mann die Totenscharen!
Seit sieben Jahren füllen wir die Reihen
Mit frischem Leben, das wir von uns speien.
Seit sieben Jahren schinden wir uns krumm!
Und warum? Und warum?
Weil es Soldaten gibt,
Die bei den Fraun beliebt,
Wenn sie sich morden, einer Frau zu Ehren!
Wenn einer von uns fällt,
Dann kommt der nächste Held –
Weil Frauen stets nach neuem Trost begehren!

Abmarschiert! Abmarschiert!
Zu wieviel Jahren
Hat sich der Tod verschworn, uns aufzusparen?
Seit sieben Jahrn ziehen wir die Stadt berennen,
Von deren Fraun und Freuden wir nichts kennen!
Wenn wir eintreten, wird sie untergehn!
Und für wen? Und für wen?
Denn eine Helena
Ist für die Herren da –
Und was von ihren Taten zu vermelden,

Erzählt der Schlachtbericht –
Wir aber zählen nicht!
Auf unsern Gräbern betten sich die Helden!

Duett Pandarus / Thersites

Pandarus:
Wir Greise,
durch die Welt
Um jede Lust geprellt
Bis auf ein Wuchergrinsen –
Aus anderer Jugendkraft –
aus fremder Leidenschaft
Trägt uns das Laster Zinsen!
Wer Liebesglut geschürt,
Durch Eifersucht verführt,
Leiht sich von uns Erfahrung.
Verkuppelt und verhetzt –
Verfällt er uns zuletzt,
Setzt unsern Leib in Nahrung.
Wir Gläubiger des Lustprofites,
Pfänden ihm Ehre und Genuß:
Pandarus und Thersites,
Thersites und Pandarus.

Thersites:
Ihr Helden,
deren List
Und Hirn der Bizeps ist,
Reizt uns nicht durch Verachten!
Wir mästen im Männerstreit –
durch Neid und Eitelkeit –
Euch ruhmesfett zum Schlachten!
Ein Weiberwort, gewitzt,
Das eure Brunst erhitzt,
Entfesselte die Meute –
Bis ihr euch dumm und dreist,
Held gegen Held, verbeißt,
Dann fallt ihr uns zur Beute!

Uns, von Natur Enterbte, zieht es
Zu Leid und Lebensüberdruß:
Pandarus und Thersites,
Thersites und Pandarus.

Pandarus:
Seit Troilus ersah
Die holde Cressida,
Leb' ich von Liebesgrüßen –

Thersites:
Wenn mein Verstand es will,
Dann panzert sich Achill
Und Hektor wird es büßen!

Pandarus:
Für ein Weib sieben Jahr'
Die Troer- und Griechenschar
Verendet vor den Mauern –

Thersites:
Ihr sterbt nach Kriegerpflicht!

Pandarus:
Ein Weib lohnt es euch nicht!

Pandarus und Thersites:
Wir werden euch überdauern!
Wie's uns gelüstet – so geschieht es!
Wir führen euch
Zum blut'gen Schluß!
Pandarus und Thersites,
Thersites und Pandarus!

Aus dem Stück »DER KAUFMANN VON BERLIN«, das bei der Uraufführung 1929 in Erwin Piscators »WERKSTÄTTEN-BÜHNE« einen eklatanten Theaterskandal entfesselte:

Oratorium von Krieg, Frieden und Inflation

Rezitativ:

So begann es: Im Jahre des Herrn 1914 schien des
Wohlstands kein Ende – und Mehrwert lohnte die
Herren in solchem Überfluß, daß sie sprachen:
Unsere Kräfte erlahmen und es sprach das Militär:
Man achtet unsrer nicht mehr –
Und es sprach die Geistlichkeit:
AMEN!

Chor:

So zogen wir mit der eisernen Ration,
Um im Stahlbad vom Wohlstand zu gesunden –
So zogen wir, von der Mordkommission
Zum Erschießen tauglich befunden –
So zogen wir durch das Brandenburger Tor
Mit Haubitzen, mit Tanks und Granaten –
So zogen aus allen Winkeln von Europa hervor
Soldaten – Soldaten – Soldaten.
So stampfte ein Erdteil in gleichem Schritt und Tritt,
Und es zogen Seuchen, Mord und Hunger mit uns mit –
In der schönen, in der neuen, in der schönen, in der neuen
In der schönen, neuen, grauen Felduniform.

Rezitativ:

Da jammerten die Bürger, wir gaben Gold für
Eisen, aber die Herren antworteten: Gott wird es euch
tausendfach vergelten und den Feinden es heimzahlen
milliardenfach. Da weinten alle Weiber: Unsere
Männer sind erschossen, unsere Kinder sterben unterer-
nährt!

Aber die Herren antworteten: Wir liefern! Da begehrte das Volk auf: Wie lange noch? Aber der Kaiser antwortete:
Bis Gott MIR den Endsieg beschert.

Chor:
So zogen wir Helden, auch das Frontschwein genannt,
In die Siegfriedstellung ein.
Des Kaisers Rock verwanzt und die Lungen gasverbrannt,
Und die Krüppel gruben ihre Kameraden ein.
So zogen wir herrlichen Zeiten entgegen,
Um drei Millionen Tote in das Massengrab zu legen,
In der schönen, in der neuen, in der schönen, in der neuen,
In der schönen, neuen, grauen Felduniform.

Rezitativ:
Aber im Jahre des Heils 1918 geschah es, daß die Generale sprachen: Die Partie ist verloren! Da liefen die Bürger zum Feinde und bettelten: Frieden! Da revoltierte das Volk und die Matrosen und das ganze Heer: Her mit den Schuldigen! Aber die Herren sprachen und antworteten nicht mehr.

Chor:
Die roten Fahnen in Prothesen,
So zogen wir zum Schlosse ein.
Die Lungen, kaum von Gas genesen,
Die konnten nicht mehr Freiheit schrein –
So kamen sie, den Weg zu sperren,
So hat die Heimat uns bekriegt,
Der Krieg besiegte unsere Herren,
Das Vaterland hat uns besiegt!

Rezitativ:
Da erschien der Feind und sprach: Ihr müßt zahlen! Aber da war alles Gold gewandelt zu Papier. Da besetzte der Feind das Land und sprach zum zweiten Male: Ihr müßt zahlen! Und da waren alle Nahrung, alle Kleidung gewandelt zu Papier. Und alles Volk litt Hungerqualen. Da erschienen die Herren der Feinde und die Herren der Heimat Hand in Hand und sprachen zum Volke: Ihr müßt zahlen. Zahlen müßt Ihr!

Chor:

Da fuhren die fremden Valuten,
Die toten Stationen durchbrausend,
Von Schiebern geschoben, geplündert,
Und wuchsen papieren die Fluten,
Und der Dollar sprang hundert und tausend
Millionen, Milliarden,
Sprang zur Billion.

Rezitativ:

Und soweit der Hunger reichte und so hoch der Dollar stand,
Bedeckte Öde und Inflation das Land.

Chor:

Da fuhren mit Notenmaschinen
Die Völker der Erde auf Reisen,
Da fuhren auf toten Geleisen
Waggons voll verschobener Schienen.

Rezitativ:

Da hielt der Zug, wo hoch der Dollar schien,
Da stieg der Mensch aus, denn da lag Berlin.

Nun, da ihr wißt, wie alles enden kann,
Vergeßt, vergeßt es nie, wie es begann.

Prolog zu ERNST TOLLERS Barrikaden-, Börsen- und Irrenhaus-Zeitdrama, uraufgeführt in ERWIN PISCATORS Berliner »WERKSTÄTTEN-BÜHNE« 1927:

Hoppla! Wir leben!

In diesem *Hôtel zur Erde*
war die Crème der Gesellschaft zu Gast –
Sie trug mit leichter Gebärde
die schwere Lebenslast –
Sie hielt auf gute Ernährung –

bis sie eine Kriegserklärung
als Scheck in Zahlung gab –
Da kamen die Diplomaten
um über den Fall zu beraten –
Die sprachen: Wir brauchen einen Krieg
und Größere Zeiten eben! Es gibt nur eine Politik:
Hoppla, wir leben –
Wir leben
und rechnen ab!

Säbelrasseln – Volksekstase –
Welche Tänze tanzt man morgen?
Hoppla!
Blaukreuzgase – Menschheitsphrase!
Unsere Sorgen!
Hoppla!
Es blutet uns das Herze
vor lauter Druckerschwärze
Hoppla!
Gleichheit soll's für alle geben =
In Schützengräben!
Hoppla!
wir leben!

* *

Nun waren im *Hôtel zur Erde*
die Militärs zu Gast –
Die führten mit Schwertern
Beschwerde,
dem Vaterland zur Last –
sie machten blutige Spesen
und nicht viel Federlesen
um jedes Massengrab.
Doch als es hieß: bezahlen!
– den Krieg, den sie befahlen –
da kamen der Herr Generalfeldmarschall
und die Geistlichkeit daneben –
die sangen – ergreifend – den Dankchoral:
Hoppla! wir leben!
Wir leben –
und rechnen mal ab:

Die Muschkoten – und die Roten –
  das sind unsre Feinde morgen –
und die drei Millionen Toten
  Unsre Sorgen!
    Hoppla!
  Die schwere Not der Herzen
  die werden wir verschmerzen –
    Freiheit?
        eine sollt ihr haben!
    Laßt euch begraben!
    Hoppla!
      Wir leben!

* *

In diesem *Hôtel zur Erde*
  vom Donnerhall umbraust –
da hat die Schlachthof-Herde
  im Heldenkeller gehaust.
  Sie mußte ihre Zechen
  mit blanken Knochen blechen –
    Dann machte die Bande schlapp!
Da kamen
  die Herren Generaldirektorn
  und forderten Vergeben!
  Wir gaben euch ein Notquartier
  – und was zum Überleben.
Ihr seid Halbtote!
        aber WIR –
    Hoppla!
      wir leben –
  WIR leben!
        Jetzt rechnen WIR ab!

Denn ihr habt nichts zu verlieren!
  Aber uns wird keiner borgen!
    Hoppla!
  Hungern! Frieren – und krepieren:
    Eure Sorgen!
      Hoppla!
    Wir bluteten
        Moneten –
    Bezahlt sie ab! Proleten!

Freiheit?
hinter Gitterstäben –
bis die Schuld zurückgegeben!
Hoppla!
WIR leben –
und rechnen sie ab!

* *

In diesem *Hôtel zur Erde*
ist die Crème der Gesellschaft zu Gast –
Sie trägt mit leichter Gebärde
die schwere Lebenslast –
Die Feinde sind verdroschen!
Gib dem Krüppel einen Groschen!
Wir haben es selber so knapp!
Die Philister:
Minister und Richter:
es sind wieder dieselben Gesichter –
Es ist wieder ganz wie vor dem Krieg –
vor dem nächsten Kriege eben –
Im Charleston liegt die Schlachtmusik:
– Hoppla!
Die leben!

Wann rechnen mit ihnen WIR ab? –

Wenn den Bau wir demolieren,
Welche Tänze tanzt Ihr morgen?
Wenn statt Euren hie regieren
unsre Sorgen?
Hoppla!
Sucht Schutz bei Eurem GOTTE
– dem Elektrischen Schafotte!
Hoppla!
kommt mit Euren Generälen!
WIR befehlen:
Hoppla!
Wir leben!

KINO / STUMMFILM

Sensation!

I

Achtung! Neuheit! DIE VERFÜHRUNG!
Leuchtreklame!
Groß-Aufnahme!
Diva – dreißig Rollen Rührung!
Westerner auf Mustangpferden!
Kind verschleppt von Affenherden!
Vulkankrater!
Alpenflur:
Hey! Nick Carter auf der Spur!
Gangsterjagd und Dschungelwild!
Blitz: Safarigruppenbild!
Auf der Flimmerleinwandszene
ludert die Regiehyäne –
Schlußapplaus!
Und ABGEBLENDET!
Orgel! Letzte Schau beendet!
SUPERMAN und MICKEYMOUSE!
Alles raus!
Fade-out! banal ein Trickgespinst –
Der Saal gähnt leer –
die Kasse grinst –
DIE GROSSE SENSATION!

II

Achtung! Neu! DAS MITTELALTER!
Minnedamen!
Nacktaufnahmen!
Engelschorgirls!
Sündenpsalter!
Décolleté der Rheingoldnixen!
Prozession mit Kruzifixen!
Alchemist
und Nekromant!
Blocksberg!
Ponte Vecchio!

Tower!
Gretchentraum
und Burgenschauer!
Auf der Wagner-Walstattszene
grast die Kamerahyäne.
Pöbel rast –
zerklatscht die Hände!
ABGEBLENDET!
Schiebung! Drehbuchrevision!
Paßbild und Steckbrief hinterher!
Die Kasse – leer!
DIE GROSSE SENSATION!

III

Achtung! Nie gezeigt! DIE SCHÄNDUNG!
Mordsreklamen!
Rekordeinnahmen.
Horror-pictures – Happy-Endung!
VOLK-Statisten! Ordnungswächter!
Knute! Slapsticks! Hohngelächter!
Krieg- und Leichen-
Wochenschau!
Rosendornendrahtverhau!
Kranz – vom Vaterland gespendet!
Heil! Euch Helden!
wohl
gefallen!
Und zu Frieden!
Mit GOTT!
Uns Allen!
ABGEBLENDET!
Um die schmutzige Leinwandszene
Streicht die Filmzensurhyäne:
»Schnitt!
Verboten!
Weg damit –«
Weibsbilder – Freudenmädchen –
anormaler
Geschlechtsverkehr! Prostitution!
Saal bleibt leer! Frei bleibt allein
Die ideale, streng reelle, kommerzielle
SENSATION! –

KINO / TONFILM

»*Das Lied vom Leben*« *der Zensur*

Den Herren Regierungsräten, Dr. Hesse und Kloith, die das Verbot des Granowsky-Mehring-Films erwirkt haben, gewidmet

– 1931 –

Denn ein höheres Wesen behütet
  Dein göttlich Konterfei!
  Das hat eine Jungfrau gebrütet
Aus Basiliskenei!
  Eia! Eia!
      Wider die Natur
  Steh mir bei, Du hehre, höh're unerforschliche Zensur!

  Es ist im Leben häßlich eingerichtet,
  Daß jeder, ob er Mensch – ob Priester sei,
  Schon durch sein Dasein aller Welt berichtet
Von einer hierzu vorgenommnen Schweinerei!
    Daß also, wenn der Staat ihm's schon verstattet,
    Er solcher Schande Ursprung nicht mißbraucht –
    Und, ob er nun lebt, stirbt, gebiert, sich gattet,
  Sich, mit Verlaub! ins tiefste Loch verkraucht!

  Denn ein Wesen, mit sittlicher Stärke
Von einer Retorte gesäugt,
  Das hat die göttlichen Werke
Für den Schulgebrauch umgezeugt!
  Eia! Eia!
      Wider die Natur
  Inter faeces et urinam nasci-nasci-nascimur!

Es ist im Leben häßlich anzusehen,
Daß uns der Notstand um die Ruhe bringt,
Daß durch Verhungern uns die Bettler schmähen,
Und selbst ihr Leichnam noch zum Himmel stinkt!
  Statt daß, wer durch sein Elend uns beleidigt,
  Sobald er seinen Mehrwert abgelebt

Und die Nation durch seinen Tod verteidigt,
Sich, mit Verlaub! sein eignes Grabloch gräbt!
Denn ein höheres Wesen errettet
Die Seel'n, wenn die Leiber verfauln!
Damit die, auf Seide gebettet,
Sich nicht im Beischlaf grauln!
Eia! Eia!
Wider die Natur
Inter faeces et urinam gaudeamus igitur!

Die OPERETTE rüstet auf –

»La Grand'duchesse de Gerolstein«
par Jacques Offenbach

Zur Neuinszenierung mit Käthe Dorsch
in der Berliner VOLKSBÜHNE Dezember 1932

Verboten: 31. Januar 1933
für die Dauer des 1000jährigen Reiches

Auftrittscouplet der *Großherzogin:*

Ach! Wie
liebe ich die Soldaten, liebe ich
die Soldaten! Liebe ich die Soldaten!
Prall das sündige Fleisch gezügelt,
Wirkt der Mensch wie neugebügelt!
Ach! Wie
liebe ich die Soldaten!
Wahre Männlichkeit verraten
Uniformen allein!

Männer! Männer! reihenweis'!
Ist's der Mensch – ist es die Masse?
Weiß nur, daß ich kalt und heiß
Bis ins Innerste erblasse!
Ist es der Mensch – die Uniform?
Ich weiß nur eins: ich lieb enorm!

Chor: Sie liebt enorm! Sie liebt enorm!
Sie liebt enorm.

Die *Großherzogin:*
Ach! Wie
liebe ich die Soldaten!
Wahre Männlichkeit verraten
Uniformen allein!

Folg' ich Regungen abnorm,
Sündigen oder vaterländ'schen?
Ist's der Mensch in Uniform?
Ist's die Uniform im Menschen?
Ist es die Marschmusik – der Takt?
Lieb' sie in Wichs – und lieb' sie nackt!

Chor: Sie liebt sie nackt!
Sie liebt sie nackt!
Sie liebt sie nackt!

Die *Großherzogin:*
Ja! Ach wie liebe ich die Soldaten!

Jetzt liegt die Bühne in tiefem Dunkel – Scheinwerfer beleuchten allein die Kanonenrohre, die Büste der Großherzogin und den Hintergrund üppig wogender Fahnen.

Hört her!
Hört, wohin ihr wollt!
Militär
ruft zu neuen Kriegen!
Und wir
zahlen seinen Sold
Aus unsrer Not mit Gold!

Wenn sie heut – weit und breit – ihre
Fahnen schwenken! schwenken!
Steht alles stramm in Positur!
Ach könnt ihr alles Leid ausdenken,
Das ganze Menschenleid ausdenken,
wirklich ausdenken?
wirklich ausdenken?
Nein!
Sie denken nicht – sie singen nur:

– Chorgirls, als Soldatinnen eingepuppt, tanzen an – in Reihen und Gliedern – Uniform-unisono:

Ach, wie
lieben wir die Soldaten! Lieben wir die Soldaten ...
Prall das sündige Fleisch gezügelt,
Wirkt der Mensch wie neugebügelt!
Ach! Wie lieben wir
die Soldaten! Lieben wir die Soldaten ...

»DIE FAHNE HOCH!
Die Reihen fest geschlossen ...«
Horst-Wessel-Lied

1919 – Deutsche Nationalversammlung
im Schloß Belvedere/Weimar
– und im Berliner Großen Schauspielhaus
Max Reinhardts – seiner Kleinkunst-
Bühne »SCHALL UND RAUCH«
in den Stallungen des ehemaligen
Circus SCHUMANN:
»Schwarze Reichswehr und Rotfront
– Hakenkreuz und Spartakus –
Rührsalschlager und Krawall
Kokain und Inflation
– SCHALL UND RAUCH«

Conférence zur Eröffnung

Verehrte Niezuhörer!
Dieses Cabaret
ist, wie Sie sehen und staunen werden,
ein *esoterisches* – Nur für Eingeweihte!
Die Weihen empfängt man beim Beginn
der Vorstellung – oder erwirbt sie beim
Eintritt durch Hinterlegung der Ablaß-
gebühren an der Kasse! . . . Wir tun nur
als ob . . . Aber wir tun es nie intensiv
genug! Denn die Ausbeutung der
Lächerlichkeit wird nicht zu brutal,
sondern zu feige betrieben. Auch sind
die Darbietungen gemeinhin nicht zu
tief im Niveau; sondern niveaulos.
Sie reichen an die Greuel und Scheuel
der Alltäglichkeiten nicht bis zu
ihrem Brech-Reiz heran. Kitsch, cochonnerie,
Patriotismus, wären, an und für sich,
nicht verwerflich. Nur dürfen sie in
intellektuellen Zensurtreibhäusern nicht
okuliert und beschnitten werden.

Anstößig allein ist der moralisierte
Sexus! Nichts ist so schamlos wie
das nackte Gerippe.

Antikem Brauchtum gemäß folge
nunmehr dem heroischen Kladdera-
datsch einer miserablen Geschichts-
tragödie das schadenfröhliche
Satyrspiel – dem Größenwahnwitz
der Schmieren-Cäsaren der Spott,
den ihnen das Vaterland schuldet!
Dem Versegerassel der »Festedrauf«-,
der »Gottstrafeengland«-Barden die
Moritat und der Gassenhauer!
An Motiven – an »mauvais sujets«
mangelt es nicht, an: Ausschweifungen
in allen Preislagen jeder
Geschmacklosigkeit – Hochstapeleien
in Sach-und-Ewigkeitswerten – Pöbel-und-
Hurrah-Sozialismus; Raub- und Fememord;
Landsknechttum im Solde jeder Demagogie;
der ganze Troß der apokalyptischen Phrasen-
reiterei sind so an der Tagesordnung wie
im finstersten Mittelalter! In diesen Belangen
ist unsere Aktualität nicht phantasieärmer,
als es die »120 journées de Sodome et Gomorrha« des
Louis-Alphonse
Donatien, Marquis de Sade, gewesen . . . nicht
armseliger als *Le Pauvre François Villon* und
seine saufenden, hurenden, räubernden,
killenden, dichtenden Spießgenossen: . . .

– Rire – jouer – mignonner et baiser
il n'est trésor que de vivre à son aise –
(– Immer lachen – spielen – mignonieren – küssen
Es gibt keinen anderen Schatz, um sich auszulieben)

Bloß: das Dämonische ging zum Teufel! Unsere
Inquisitoren, unsere »officialité«, amten
in Redaktionsstuben; in Paßbureaus; in
Zentralparteikomitees. Doch hier, in diesen
Lippenstiftrouge-geschminkten SCHALL-und-RAUCH-
Katakomben, aus denen der Manegegeruch,

die animalischen Hautausdünstungen noch
nicht ganz verduftet sind; noch nicht verblaßt
die visuellen Erinnerungen an den Rosenpopo der Wedekind-
LULU am Trapez; an die Staatsaktionen der
Großmaulathleten, der Schlagwortjongleure
und Kontorsionisten; an die Faxen des von
Rechts und Links gemaulschellten Dummen
August der Weltanschaubuden –
müßte, um mit einer halsbrecherischen, schwindel-
freien, ungesicherten Artistik konkurrieren zu
können, auch die Kleinkunst des CABARET
Spitzenleistungen darbieten: Hirnakrobatik
auf der Pointe; ein Daseins-Saltomortale
in das *Nietzsche*-»Jenseits von Gut und Böse«;
Astralleib-Exhibitionismus; eine expressionistische
Modenschau, vorgeführt von einer melodramatischen
TOULOUSE-LAUTREC-Diseuse in Schmachtfetzen, eine
sprechend ähnliche Imitation der Aphrodite
kallipygos – der schönärschigen, antiken Gottheit im
römischen Vatikan,
– mächtig aller politischen Dialektik:
des Rot- und Kauderwelsch – des Küchen-
lateins; des Diplomatenargot; des Zuhälter-
und Nuttenjargons, dessen die Literatur
sich – fallweise – bedienen muß, um nicht an
lyrischer Blutarmut auszusterben.

Aufmarsch der Großstadt

Herren der Unterwelt-Fabriken
  Marschiert!
Aus Kasernen-Schnapsbudiken
  Marschiert!
Endlos geht die Großstadt-Runde
Ob man ausschweift – exerziert:
  Wer auch kommandiert
  Unser ist die Stunde!
    Marschiert!

Herren der Kanzeln und Katheder
Marschiert!
Schiebt ihr Bildung oder Leder –
Spekuliert!
Laßt nicht locker! Macht die Runde,
bis ihr sitzt – und präsidiert!
Der Erfolg regiert!
Unser ist die Stunde!
Marschiert!

Zeitungsherren! Die Presse kabelt:
Marschiert!
Das Gerücht, das Umsturz fabelt,
Marschiert!
Sensation macht ihre Runde –
bis die Bombe explodiert.
Was da auch passiert –
Unser ist die Stunde!
Marschiert!

Herren und Damen von Film und Bühne
Marschiert!
Zirkusclowns der Volkstribüne
Marschiert!
Radler der 6-Tage-Runde
Wer beim Endspurt triumphiert:
Der Rekord regiert –
Unser ist die Stunde
Marschiert!

Herren der Pflasterpromenaden
Marschiert!
Seidenfähnchen – dralle Waden
Marschiert!
Um das Laster geht die Runde,
wo die SITTE spioniert –
Das Geschlecht regiert
Unser ist die Stunde –
Marschiert!

Herren vom Browning und vom Messer
Marschiert!

Massakriert die Menschen-Fresser
Marschiert!
Macht zur Nacht die letzte Runde,
– bis ihr am Schafott krepiert!
GOTT und Spott regiert –
Unser ist die Stunde
Marschiert!

Tempo-Synkopen

La chanson – the song
haben nicht nur eine
ehrenwürdige Tradition,
sondern auch eine gloriose
Zukunft. Führen sie uns
doch zur kommenden Dichtung:
dem internationalen Sprachen-
ragtime . . .
Das Ketzerbrevier – 1921

1
Sie kommen
von weither übers Meer
The Jazzband – the Jazzband
und blasen wie das Wilde Heer
und rasen wie ein Wildenheer
von New Orleans bis Westend.
Es hüpfen wie das *kangoroo*
der Frackmensch und der Nackte –
– Der Buffalo – das Steppengnu
stampeden nach dem Takte:
I want to be
I want to be
I want to be down home in Dixie
and cowboys rings
bei scharfen drinks!
Gieß ein, sweetheart, und mix sie!
Und hopst du, wo die Farbigen springen
und grüne Dollars reifen,
dann hörst du die Skylight-Angels singen
– was die Spatzen vom Dache pfeifen –.

2

Sie spielen im Hottentottenkral
– Sahara – oh Sahara! –
Sie spielen in einem Nachtlokal
am brausenden Niagara –
Es tanzt ein steifer Pelikan
am Turm zur blauen Pagode –
Es klingeln die Glocken aus Porzellan
– und Lamas singen zum Tode:
  I want to be
  I want to be
  I want to be down home in Dixie!
Schnapsbrüder rings
bei scharfen drinks!
  Sister, fill up und mix sie!
Und schwingst du, wo die Dollars springen
  Und Saxophone keifen,
Dann hörst du die Engel im Himmel singen,
was die Spatzen vom Dache pfeifen.

3

Sie spielen zum Tanz auf jedem Staat
  in EUROPE – in den Tropen –
Ein abgedankter Potentat
  – ein abgesetzter Autokrat
  summt näselnd die Synkopen –
Da trommeln sie das Xylophon
– und wüstes Heimweh packt sie –
Um Republik und Fürstenthron
spielen im Ragtime-Takt sie:
  I want to be
  I want to be
  I want to be down home in Dixie
    mit *cronies* rings
    bei scharfen drinks!
Honey! fill up und fix sie!
Und laßt ihr ein paar dollars springen,
  wollt nach der bottle greifen –
Dann hört ihr alle Goldenglein singen,
  was die Spatzen von Wallstreet pfeifen –.

Hart
Am Start
Die Muskeln auf der Lauer
Zweimalhunderttausend
Augen:
Saugt sich fest die Menschenmauer
Arche Noah voll Gedränge!
Fest
Gepreßt die Schenkel ans Gestänge
Nackt und bloß –
Und Revolver Herr und Frack
Blitz und Schlag
Los –
Getreten treten treten
Hirne am Pedal!
Stahl
Und Reifen
Greifen frisches Holz der Kurve
Sirrend knirschend –
Wo einst Wälder . . .
Nur einen Atemzug
Pneumatiks vollgepumpt!
Durch Wälder pirschend grün vermummt . . .
Wo Glocken läuten: Beten
Beten Beten – Treten Treten
Wo zur Ruh die
Starterglocke!
– Immer dieser Herr im Frack –
Wo zur Ruh
Die Fahrer kreisen
Kreisen kreisen
Großer Zeiger!
Kleiner Zeiger!
Wozu . . . Wozu . . .
Glocke Start der erste Tag!

Aus der Koje
Schläfrig schlingernd
Matt
Am Rad!

Die Schläfen fingernd
– Eben träumend noch von Meeren, Möven, Boje!
Salzig! –
Reckt der Hals sich
In den ew'gen Kreislauf eingetreten
Treten treten
Heißgelaufen
Kreisen ist der Lauf der Zeit
Mit den Zeiten um die Wette
Rund ums Rund die Radlerkette
Und Sekunde vor Sekunde rückt der Zeiger
Weiter –
Vor –
Stoß!
Losgetreten treten treten!
Und Sekunden
Überrunden!
Angesetzt!
Musik setzt an!
Musik Musik
Sieg! Sieg!
»Wo zur Ruh«
Mit Paukenschlag
365 Tage
Pumpt sich der Pneumatik Herz
Voll mit Plage voll mit Schmerz
Des Blutes Kreislauf!
Kreislauf:
Immer wieder Herr im Frack . . .
Kreis! Lauf!
Aufhören!
Der zweite Tag!

Ohne Ende!
»Spende der kleinen Amalie«
365 Francs. Der Preis
Einer Nacht! Die Kanallje
Hat Durst auf Schweiß!
Prost!
Losgetreten! Überrunden!
Das Geld ist gefunden
Ein Fressen!

Diese Amalie
Hoch zu Rad
Möcht ich zwischen die Schenkel pressen
Rund und glatt!
Rund ins Rund um jede Rundung!
Radlerheil und Volksgesundung!
Mein Nebenmann
Zieht an
Durchs Ziel! Zu Ende!
Der Pöbel zerklatscht die Hände
Das Pack
Säuft Sekt
Weißt Du, wie Amalie schmeckt . . .
Immer wieder der Herr im Frack –
Der dritte Tag!

Da kreisen sie wieder!
Einer hinter dem andern
Wandern
Die Zeiger den ewigen Trott –
Wandern Kreisen Treten!
Beten:
Deinen Eintritt segne Gott . . .
Treten immer die Pedale
Jimmy – Internationale
Die alten Lieder!
Das Publikum stinkt zum Himmel
Einer hat die Bartflechte Einer säuft Kümmel
Diesem Gewimmel von Warzenkröten
Möchte man vor die Pedale treten!
Die Bäuche
Diese aufgepumpten Radfahrschläuche
Treten Treten Schlag für Schlag!
Der vierte Tag!

Und der fünfte Tag
Schieber und Lumpen
Zahlen Preise, daß wir das Hirn leerpumpen
In 365 Tagen
Muß das Blut durch die Kurven jagen
Durch jede Faser Durch jede Windung
Den ewigen Kreis

Einer bekam schon Gehirnhautentzündung
Sein Hirn lief sich heiß
Und einer muß auf dem Magen
Einen Eisbeutel tragen
Zur Kühlung! Wie wohl ein Wald
Kühlen mag? . . .
Aus Morgen und Abend
Der fünfte Tag!

6
Tage
Rennen!
Brennend liegt das Hirn auf der Lauer
6 × zweihunderttausend Augen:
Saugt sich fest die Menschenmauer!
6 × zweihundert und tausend!
Brausend
Aus den Nüstern schnaubend
Atemraubend
Uns den Atem raubend!
Pestend Schweiß!
Heiß und bloß
Los –
Getreten treten treten
Musik Musik
Treten Treten wie zum Beten
Musik Musik
Räder greifen
Ineinander
Auseinander!
Reifen
Knirscht am frischen Holz
Schießt Kobolz
Und ineinander
Aneinander
Räder! Räder!
Nur noch Räder!
Feste! Feste!
Zieht vom Leder
Preßt die Schenkel
Rund ins Rund um jede Rundung
Jede Stunde Jede Windung

Hirn an Hirn
Ins Hirn gerädert!
Und die Stunde
Wird zergliedert
Zur Sekunde
Und zerhackt
Im Takt die Runde
Hart
Am Start
Die Hirne brennen
In dem Kreislauf
Freilauf
Endlos
Los
Auf und davon
6
Tage
Rennen!

Salto mortale

Ach, du lieber Augustin, Augustin, Augustin
Ach, du lieber Au . . .
Schau
der Eccentrics
Mit Fußtritts
Und slapsticks
Die Wände lang
längelang =
Chorgirls aus
Engel-Land
reigen am Gängelband
zeigen die Schenkel =
ihr Lullaby
  lullaby –
Ach, du lieber . . .
Husch – und
vorbei –
und

Vorhang und Tusch =
Seile in
Eile hin –
Kreisen Maschinen
zu Eisengardinen
im Dickichtgeschlinge
der Stricke und Ringe
Sich bäumend im Saale
die stählerne Schlange
des SALTO MORTALE
Und Vorhang auf
Kopfhang und
Ach, du lieber Augustin, Augustin, Augustin . . .

Und:
Auf in den Kampf
der Torero zieht
Scheinwerferlicht – Stolz im Gesicht –
Schnurrbart gezwirbelt –

Arme gewirbelt =
Rechts hin und links hin
Alles ist
Opernglas-Auge
und
Augustin =
Staunend bestarrt
und =
Auf in den Kampf
Und
Muskeln im Krampf =
Fertig
zum Start
Himmelwärts
Kopflings
Auf
in den Absprung
Hopp!
Kerzengrad
Neunzig Grad
LOOPING – the – Loop
Und =
Rad hin,

ist Alles hin!
AUGUSTIN!!!
Schmettert hin =
Rettet ihn =
Ärzte hin =
Alles ist
Augustin
Alles ist
Blut
Und
Auf in den Kampf – und =:
Wie sie so sanft ruhn = und
Augustin aufgebahrt
Letzte Fahrt
Vorhang zu
Sang- und klang-
Los gepfiffen:
Ach! Du mein –––
. . . / - . . / - . . /
Alles
ist
hin.

Amerikanisches Riesenspielzeug
(Jazz-Fuge)

Täglich
        ging die wunderschöne
                        Miss Vanderbilt
Täglich ging – ein Neger folgt ihr
                        Miss Vanderbilt
Ging durch hundert Alabastersäle
        und durch einundzwanzig boudoirs
Ging – und alle Türen sprangen –
        Ging durch grillrooms und saloons und bars
Täglich ging des Ölmagnaten Tochter
                        Vanderbilt
Ging – und goldgerahmt hing überall
                        ihr Wunderbild

Rennställe besaß sie – Jazzkapellen und Zuckerplantagen
Swimmingpools – Luftballons und Limousinen-Garagen
Wolkenkratzer   Wald und Flur
Täglich ging
        Miss Vanderbilt
                                        round the clock
                                        Punkt 12 Uhr
        Zu dem Wintergarten
                wo
                    an dünner Seidenschnur
                            bau-
                                    melt die Welt
Da steht sie des Abends davor
        Sieht den Mond aufgehn – läßt ihn untergehn
        kann im Ozean
                    sich im Spiegel besehn
        Und schließt sie das Himmlische Tor
Auf Erden wird's dunkel –
                    eine Sternschnuppe fällt
        zu Füßen ihr
        ein Gefunkel erhellt
            Menschheit und Viehzeug
                Und Lokomotiven
                Kugel, dreh dich!
                Alles seh ich
                aus der Lady-Perspektive
                    Liliput beim Schlafengehn –
                                                                        swell!
. . . Sleep well, Miss Vanderbilt, sleep well . . .

Täglich ging zum Riesenspielzeug
                                            Miss Vanderbilt
Täglich ging – ein Schwarzer folgt ihr –
                                            Miss Vanderbilt
Aber eines Tages ging der Schlüssel zu
    des Wintergartens Goldenen Torn
    ging der goldige Treib-Hausschlüssel
        zu der Erde ihr verlorn
Tausend Neger rannten schnurstracks
                                        mit Miss Vanderbilt
Starrten durch die Stachelhecken
                                        auf der Erde Jammerbild

Schrecken herrschte – Unwetter –
Unheil und Zerstörung
Aufruhr – Umsturz und Volksempörung
Luftballons stürzten – Banken und Staaten
– Meuterei der Bleisoldaten
bis der Schlosser hinbestellt
Alle Schlösser durchgefeilt
zu dem Wintergarten
wo
an dünner Seidenschnur
bau-
melt
die Welt
Da stand sie des Abends davor –
Sah die Felder kahl – sah die Häuser leer
keine Tiere mehr – keine Seele mehr
Da schloß sie das Himmlische Tor
Auf Erden ward's blackout – der Mond schien so grell
auf Mister Vanderbilts Geldkarussell
– Menschheit und Viehzeug
Und Lokomotiven
Kugel, dreh dich
Nichts mehr seh' ich
aus der Dollarperspektive
Klägliches Riesenspielzeug vor dem
Schlafengehn
Liliput kaputt –
to Hell!
. . . .
Sleep well, Miss Vanderbilt, sleep well . . .

Der Rattenfänger von Hameln

Europäer, Neger, Spießer,
Arbeitsdrohnen, Tausendfüßler,
Webt Probleme und spinnt Phrasen,
Schwebt in heiligen Ekstasen:
Heute siegt die Kriecherei
– Früher gab es noch Kamele,

Manche edle Löwenseele –
Heut ist alles eine kleine hundsgemeine Viecherei!
Spießer, Europäer, Neger,
Alles seid ihr, bloß kein Held.
Nur ein tücht'ger Kammerjäger
Taugt für diese lausige Welt.
Wollt ihr euch als Freiheitssänger
Immer weiter noch blamieren?
Ich, der alte Rattenfänger,
Weiß euch besser zu kuriern!
Kommt hervor aus Kalk und Schiefer,
Kommt aus Hütte und Palais,
Allerliebstes Ungeziefer,
Daß ich euch bei Licht beseh!
Alles, was da kreucht und fleucht,
Kommt hervor! Ich führe euch
Zum Schlaraffenland der guten
Wertbeständigen Valuten.
Schon steht mein Autobus bereit
Und ich am Führersitz der Zeit.
Immer rein, meine Herrn, immer rein:
Läuse, Flöhe, Wanzen, Fliegen,
Eingestiegen! Eingestiegen!
Bitte da die Herren Kröten
Etwas mehr nach vorwärts treten!
Doktor Lurch und Fräulein Schnecke,
Platz ist noch auf dem Verdecke!
Ah! Der Floh des Herrn Ministers
Und die Wanze des Philisters!
Unkultur in Reinkultur!
Dies war meine erste Tour!

Trockne Schleicher, Schieber, Kriecher,
Grillenfänger, Bildungsviecher,
Webt Probleme und spinnt Ränke,
Wühlt im Erdreich, knabbert Schränke,
Motten aus dem Königsstaat,
Lebtet einst im Hermeline,
Eingekampfert am Kamine,
Heut habt ihr die nöt'ge Reife
für ein Sintflutseifenbad!
Schieber, Kriecher, trockne Schleicher:

Alles seid ihr, bloß kein Held.
Unsre Lebensmittelspeicher,
Das ist eure lausige Welt.
Wartet, bis die Trübsalsunke
Euch die Zukunft aufgetischt,
Daß ihr aus der Unheilstunke
Euer Fett im Trüben fischt!
Kommt hervor aus Kalk und Schiefer
Kommt aus Reichstag und Café,
Allerliebstes Ungeziefer,
Daß ich euch bei Licht beseh!
  Alles, was da kreucht und fleucht,
Kommt hervor! Ich führe euch
Zum Schlaraffenland, dem guten:
Pöbelherrschaft, Zarenknuten!
  Schon steht mein Autobus bereit
  Und ich am Führersitz der Zeit:
Immer rein, meine Herren, immer rein
Keuschheitsbrummer, Florstrumpfflieger.
Eingestiegen! Eingestiegen!
Bitte da die Herren Proleten
Etwas mehr nach oben treten!
Fräulein Hakenstabheuschrecke,
Platz ist noch auf dem Verdecke!
In der Nächstenliebe Mantel
Sitzen Marder und Tarantel –
Unkultur in Reinkultur!
  Dies war meine zweite Tour!

Neunmalschlaue, Trottel, Dichter,
Leichtgeflügeltes Gelichter,
Die sich nur von Luft ernähren,
Schwebt Ihr stets in höhern Sphären?
  Heute siegt die Kriecherei!
    Einst hat man Euch Dichterlinge
  Aufgespießt wie Schmetterlinge.
Heut ist alles eine kleine hundsgemeine Viecherei!
Dichter und Ihr Neunmalschlauen:
Alles seid Ihr, bloß kein Held.
Flügel habt Ihr statt der Klauen,
Und Ihr taugt nicht für die Welt.
  Spreizt Ihr Eure Schillerschuppen,

Buhlt um Lorbeer und Applaus,
Aus den Larven, aus den Puppen
Kriechen nur noch Würmer aus!
Komm hervor aus Kalk und Schiefer,
Hinterhof und Atelier,
Allerliebstes Ungeziefer,
Daß ich Euch bei Licht beseh!
Alles, was da kreucht und fleucht,
Folgt mir nach! Ich führe Euch
Zum Schlaraffenland der Künste,
Honorierter Hirngespinste!
Schon steht der Autobus bereit
Und ich am Führersitz der Zeit:
Immer rein, meine Herrn, immer rein!
Kirchenmäuse, Eintagsfliegen,
Eingestiegen! Eingestiegen!
Bitte da die Herrn Poeten
Etwas mehr nach hinten treten!
Aufs Verdeck die Himmelstürmer!
Pillendreher, Bücherwürmer!
Rückgratlose, kriecherische
Brillenschlangen, Tintenfische!
Dekadenz in Reinkultur!
Dies war meine letzte Tour!

CHRONIK DER LUSTBARKEITEN

1920 – Die Herren
Generallandschaftsdirektor WOLFGANG KAPP
ERICH LUDENDORFF – General a. D. –
WALTHER VON LÜTTWITZ
– Freikorpsgeneral –
unternehmen ihren GENERALSPUTSCH –
die Arbeitnehmer den Generalstreik –
Flucht der Weimarer Republik
aus der Reichshauptstadt Berlin
nach Stuttgart –
Kurssturz der deutschen Wirtschafts-
und Börsenpapiere –
Aufruhr der RUHR-Kohlen-Kumpels –
Enteignung der Thüringer Villenbesitzer
durch den legendären
ROTEN RÄUBERHAUPTMANN MAX HÖLZ

»Am Abend saßen Preußen und das Reich noch friedlich in einer Jessnerpremiere, und als sie aus dem Theater kamen, wälzte sich schon ein phantastischer grauer Heerwurm von Döberitz nach Berlin.«
Carl von Ossietzky – über den KAPP-PUTSCH in der »WELTBÜHNE. Wochenschrift für Politik, Kunst und Wirtschaft«.

1921 – Die Chansonsängerin und Diseuse
TRUDE HESTERBERG
gründet die WILDE BÜHNE
im Keller des Berliner THEATERS DES WESTENS

Drei Songs aus ihrem Repertoire:

Dressur

Der Zirkus herrscht! Der Weltquatsch ist beendigt!
Vor dem Dompteure bebt die Kreatur.
Wir zeigen euch die Bestie Mensch gebändigt,
Zum erstenmal! Ein Wunder der Dressur!

Es riecht nach Wildnis. Hört ihr, wie sie kreischen
Ihr »Vive la guerre« und »Immer feste druff«?
Die lieben Tierchen möchten sich zerfleischen,
Doch zittern sie vor meinem Peitschenknuff.
Sie knurren: Gewalt!
Halt!

Das Tier ward Mensch – der Mensch ward Tier –
Wer Phrasen drischt, den dreschen wir!
Und das Publikum
Ringsherum
Sträubt die Haare
Fanfare
bläst Tusch:
Der Mensch ist gut
Ob Christ, ob Jud
Kusch!

Alles – in Freiheit dressiert,
Alles – pariert und harrt des Winks
Von rechts bis links!
Das Tier ward Mensch – der Mensch ist feig
Und frißt sich auf mit Krieg und Streik!
Sie würden sich zerfetzen
Nach Noten und Gesetzen
Und fürchten die Dressur!
Das ist *Kultur!*

Den Judenfresser, der Semiten wittert,
Halt ich mit einem Hakenkreuz in Bann –
Dort drüben fletscht die Presse eingegittert,
Ob sie ein neues Stück verreißen kann!
Ihr seht das Kapital die Krallen lutschen;
Der große Trust verschlingt die Konkurrenz,
Das Rudel der Parteien schnappt nach Putschen,
Und hungernd faucht die Völkerkonferenz.
Sie brülln: Gewalt!
Halt!

Ich zwing euch vor der Fütterung
Zuerst durch diesen Reif zum Sprung!
Und das Publikum

Ringsherum
Sträubt die Haare
Fanfare
bläst Tusch:
Der Mensch ist schlecht
Ob Herr, ob Knecht
Kusch!

Der Zirkus herrscht – Kulturen gehn zugrunde!
Die Bestie schleicht geduckt zu neuem Sprung
In der Manege großem Erdenrunde
Gebändigt – bis zur nächsten Vorstellung!
Ich trete in bewährter Heldenpose ...
Das Raubtier scheucht dies helle Rampenlicht –
Scheinwerfer an! Zur Schlußapotheose!
Und Aug in Aug seh ich euch ins Gesicht!
Ihr schreit: Gewalt?
Halt!

Ihr spitzt nach jedem Wort das Ohr;
Ich werf euch meine Perlen vor!
Und das Publikum
Ringsherum
Sträubt die Haare
Fanfare
bläst Tusch:
Der Mensch ist gut!
Und lechzt nach Blut
Kusch!

Alles – in Freiheit dressiert
Alles – pariert und harrt des Winks
Von rechts bis links!
Das Tier ward Mensch – der Mensch ist feig
Und frißt sich auf mit Krieg und Streik!
Sie würden sich zerfetzen
Nach Noten und Gesetzen
Und fürchten die Dressur!
Das ist *Kultur!*

Das Börsenlied

Es braust ein Ruf wie Donnerhall:
Spekulieren! Spekulieren!
Es fuchteln Hände überall,
Den Kurs zu dirigieren!
Und droht euch Streik – und liegt ihr schief:
Per saldo hilft kein Toben!
Und Zeit ist Geld – und Mensch ist Brief!
Noch lebt ein Mehrwert droben!
Geht's auf und ab in dem Gewühl:
Gewinnen und Verlieren,
Uns eint doch alle ein Gefühl:
Spekulieren! Spekulieren!
Das Rennen beginnt
    Ums Glück der Welt!
    Denn Zeit ist Geld!
    Wer wagt, gewinnt!
    Immer nur
                groß
                        reingestiegen!
Denn wir ha'm nichts zu verliern!
Wenn wir in der Kurve liegen,
Gibt's nur eins noch: Spekuliern!
Kauft Papiere! Wechselt Noten!
Zeit ist Geld und Geld ist Macht!
Zeigt euch bieder – trotzt Verboten,
Falsch ist's immer, wie ihr's macht!
Nur ein Echo von jeder Seite:
Wir sind pleite, pleite, pleite!

Wohin ihr blickt! In Ewigkeit:
Börseaner – Börseaner!
Es kämpft um jedes Zins-Fußbreit
Aufs Blut der Geld-Indianer!
Es will den letzten Kurs verstehn
Empirisch der Gelehrte –
Ein Dichter fixt am Markt Ideen
Der unnotierten Werte!
Vom Rhein zum Belt – vom Pol zum Nil
Sieht man sie aufmarschieren.

Sie kennen alle nur ein Ziel:
Spekulieren! Spekulieren!
Das Rennen beginnt
  Ums Glück der Welt!
  Denn Zeit ist Geld!
  Wer wagt – gewinnt!
  Immer nur
        groß
            reingestiegen!
Denn wir ha'm nichts zu verliern!
Wenn wir in der Kurve liegen,
Gibt's nur eins noch: Spekuliern!
Ob ihr ausschreit – ob ihr stumm seid,
– Zeit ist Geld und Geld ist Macht! –
Spekuliert ihr auf die Dummheit,
Habt ihr stets das Glück gemacht!
Nur ein Echo von jeder Seite:
Wir sind pleite, pleite, pleite!

Es bieten die Partein zum Kauf:
Republiken! Republiken!
Der Pleitegeier obendrauf,
Der brütet Pleiteküken!
Und schreit ihr aus der Konfusion:
Helft uns! Wir sind am Ende!
Fragt man zurück per Telephon:
Was zahlt ihr Dividende?
Wir ham's geschafft! Wir bleiben kühl!
Mag Thron und Volk haussieren!
Uns eint doch alle ein Gefühl:
Spekulieren! Spekulieren!
Das Rennen beginnt
  Ums Glück der Welt!
  Denn Zeit ist Geld!
  Wer wagt, gewinnt!
  Immer nur
        groß
            reingestiegen!
Denn wir ha'm nichts zu verliern!
Wenn wir in der Kurve liegen.
Gibt's nur eins noch: Spekuliern!
Was du heute kannst besorgen:

Zeit ist Geld – und Geld ist Macht!
Heute noch zu stolz zum Borgen,
Morgen schon mit Glanz verkracht!
Nur ein Echo von Mensch zu Gott:
Wir sind bankrott!
Bankrott!
Bankrott!

Die Arie der Großen Hure Presse

Jedermann,
Der lesen kann,
Ist meinem Reiz verfallen.
Jedermann, der auf sich hält, er stellt mir nach.
Über jeden führ' ich Buch, wenn etwas vorgefallen,
Ob der Unmensch einen Mord, ob ein Gedicht
verbrach.
Der Provinzler lernt das Gruseln vor der Sünde,
Und der Künstler schlottert bleich vor der Kritik,
Auch der Staatsmann, daß ich seine Schwächen
finde,
Denn ich lüfte die Dessous der Politik.
Das Histörchen und Skandälchen sucht Verbreitung,
Bis die Neuigkeit die ganze Welt durchdringt!
So erscheint an jedem Tag mein Kind, die Zeitung,
Schwarz auf weiß geschmückt und unschuldsvoll
geschminkt.
Durch die Straßen ein Getümmel.
Und dann bricht es
Wie aus heiterm Himmel,
Des Gerüchtes Donnerwetter:
EXTRABLÄTTER! EXTRABLÄTTER!
Und es wächst die Zeitungsletter
Aus der Rotationsmaschine
Zur Lawine aus Papier!
Und ein Flüstern
Neugierlüstern:
Was ich wohl verbergen mag!

Von der Sensationenfülle
Löst sich Blatt für Blatt die Hülle –
Ich, Frau Presse, bring es an den Tag!

Jedermann,
Der zahlen kann,
Ist meiner Gunst verfallen!
Jedermann, von mir verführt, hat abonniert.
Über jeden führ ich Buch, wenn etwas vorgefallen,
Ob er sein Geschäft, ob seinen Tod man inseriert.
Jeder Kaufmann buhlt bei mir um die Empfehlung,
Und ein Jüngling sucht bei mir ein liebend Herz,
Ich verkünde voller Scham von der Vermählung,
Voller Tränen von der Hinterbliebnen Schmerz.
Denn die Ware und die Liebe sucht Verbreitung,
Bis die Neuigkeit zu aller Ohren dringt!
So erscheint an jedem Tag mein Kind, die Zeitung,
Schwarz auf weiß geschmückt und unschuldsvoll
geschminkt.
Durch die Straßen das Getümmel
Schreit den Namen,
Wie aus heiterm Himmel
Der Reklamen Ruhmgeschmetter:
EXTRABLÄTTER! EXTRABLÄTTER!
Und es wächst die Zeitungsletter
Aus der Rotationsmaschine
Zur Lawine aus Papier!
Und ein Flüstern
Neugierlüstern:
Was ich wohl verbergen mag!
Von der Sensationenfülle
Löst sich Blatt für Blatt die Hülle.
Ich, Frau Presse, bring es an den Tag!

Jeder Held
Auf dieser Welt
Ist meinem Leib verfallen.
Jeder Mann, der sich verschwört, gehört mir an!
Über jeden führ ich Buch, wenn etwas vorgefallen,
Und vollende zum Geschick, was ich nicht wissen
kann!
Aus den Anarchistenklubs und den Konklaven,

Das Geheimnis hinter intriganten Türen,
Spionieren die Reporter, meine Sklaven,
Um es frech in alle Welt zu depeschieren!
Und das kaum gesprochne Wort hat schon Verbreitung,
Eh die Neuigkeit zu aller Ohren dringt,
Und so schreitet mit der Zeit, mein Kind, die Zeitung
Schwarz auf weiß geschmückt und blutendrot
geschminkt
In den Straßen ein Getümmel:
So bricht plötzlich
Wie aus heiterm Himmel
Der Verhetzung Donnerwetter:
EXTRABLÄTTER! EXTRABLÄTTER!
Und es wächst die Zeitungsletter
Aus der Rotationsmaschine
Zur Lawine aus Papier!
Und ein Flüstern
Fragt sich lüstern,
Wo den Brand ich schüren mag!
Bis die indiskrete Fülle
Blatt für Blatt ich nackt enthülle!
Ich, Frau Presse, bring es an den Tag!

WILDE BÜHNE

Ehrentafel:
»Morgenrot, KLABUND! die Tage dämmern!« [† in Davos]

KURT TUCHOLSKY [Freitod in Gripsholm, Schweden]

1922 Gastspiel: BERT BRECHT mit seiner »Ballade vom Toten Soldaten«

Ansage [W. M.]: »EIN NEUER Zeitdichter«
und:
Absage an das empörte, zahlende Publikum:
»Das war eine Blamage, aber nicht
für den Dichter, sondern eines
Publikums, das sich noch einmal

rühmen wird, heute und hier
— und immer — und überall
dabei gewesen zu sein!«

1923 Lokales und Vermischtes: Rätselhafte Brandstiftung
gegen die WILDE BÜHNE:
»Brutstätte des KULTURBOLSCHEWISMUS
und der entarteten Literatur«

1929 — Ein Leichenwagen fährt vorüber . . .

Durch die tagelose Früh
Hüpft der Sarg in leisem Spotte
Weise nickt der Gaul im Trotte:
Hotte hotte
Hotte hüh!
Schaust du, Kutscher, ob die Fuhre
Heimlich von der Karre stieg?
Reckt sich eine Hand zum Schwure?
Keine Not!
Tot ist tot
  Du deutsche Republik!

Der verlornen Liebesmüh
Singt der Erbenchor bigotte
Trauerpsalmen an der Grotte:
Hotte hotte
Hotte hüh!
Durch die letzten Tagesblätter
Rauscht die welke Politik
Greise schauen nach dem Wetter
Gibt es Putsch?
Futsch ist futsch
  Du deutsche Republik!

Träne, rinne! Regen, sprüh!
Ringelreihen tanzt die flotte
Opportune Würmerrotte

Hotte hotte hotte hotte
Hotte hotte
Hotte hüh!
Würmer nur, nicht Barrikaden,
Feiern heute ihren Sieg.
Nicht Proleten – fette Maden
Halten Schmaus.
  Aus ist aus
  Du deutsche Republik!

Durch die tagelose Früh
Stallwärts zottelt Kutschers Lotte
Schüttelt ihre Sorgenzotte
Hotte hotte ...
Hotte hüh ...
Doch dem Kutscher, traumverfallen,
Klingts wie Militärmusik
Und er läßt die Peitsche knallen:
  Schimmel zieh!
  Hotte hüh
  Du deutsche Republik!

1930 – Lied vom trocken Brot

Wer arbeit't muß auch essen. Und weil er essen muß
Das macht das Essen so teuer – daß er mehr arbeiten muß
Und wenn er noch mehr arbeit't – is mit der Arbeit Schluß
Dann gibt es keine Arbeit – so daß er hungern muß!
Rechten Linken! Rechten Linken!
Trocken Brot und Wasser trinken
Das ist unsre Welt!
Keen Ende und keen Anfang
Immer an der Wand lang Immer an der Wand lang
Dahinter liecht das Jeld!

Wer hungert, kann nich arbeit'n Wer nich
arbeit't braucht kein Brot
Brot gibt's nich ohne Arbeit – kein Brot is
Hungersnot!
Und Hungern, das tut Wunder – das ist eine
Himmelsmacht
Daran haben sich Millionen – Millionen gesund
gemacht.
Rechten Linken! Rechten Linken!
Kohldampf schieben –
Sich betrinken –
Das is, was uns erhält.
Uns trennt bloß eine Hand lang –
Immer an der Wand lang Immer an der Wand
lang
Dahinter liecht die Welt!

1931 – Burgfrieden

Nun tretet alle, Mann für Mann,
Am vorbestimmten Platze an,
Daß wir trotz Not und Bürgerkrieg in Frieden
überwintern
Die Letzten werden Erste sein –
Drum schauet alle freundlich drein –
Die Vordern wie die Hintern!

Du Hydra Kunst, halt ein dein Gift,
Sei honigmild in Bild und Schrift
Und reinige den Augiasstall von jedem Pessimiste!
Bedenkt, daß einst die Stunde schlägt,
Wo man euch all zusammenlegt
Auf einer schwarzen Liste!

Leg deinen Magen an den Gurt,
Prolet, daß er nicht boshaft knurrt!
Hebräer, zieht die Nasen ein, den Anstoß zu ver-
meiden!

Denkt dran, ihr Kindlein, jung und alt,
Daß weder Untat noch Gewalt
So provoziert wie
Leiden!

1932 – Frühlings-HEIL

Dem »Landesverräter« und Strafgefangenen
der Weimarer Republik
CARL VON OSSIETZKY

Nun arscht die Scholle Erdgeruch. Und harsch und rauh
Mobilisiert April die Frühlingsstürme –
und Pirol Amsel Drossel schlägt im Gau:
Wählthitler!
Wählthitler!
Wählthitler!

Weithin deckt sich mit Grün der Aufmarschplan –
Gen West und Ost steht strammer Eichwald Wache –
Veilchen! sei deutsch! Orientgewächsen Rache!
Wolln Sie jefälligst Haltung annehm', Sie Schwan!
Frühling erwache!
Frühling erwache!

Auf sein Kommando horen Wald und Fluren –
– Schlagt dort dem Judenpack die Schädel ein. –
Der Acker prangt von Fahnen und Monturen –
auf Leichenfeldern wird die Ernte sein –
Autarkisch wachse Roggenbrot,
Blu-Bo-gefärbt vom Morgenrot!
Bis von der Erde schwindet,
was völkisch nicht empfindet!
Macht endlich Schluß damit!

Wenn es der FÜHRER fordert, daß es lenze,
hängt jeden Rosenkranz ans Hakenkreuz!
Laßt keine Abendländer über Deutschlands
Grenze!

– Vernichtung rings! – zum HEIL! der Mannen Teuts!
Gießt ÜBER ALLES Feindesblut!
Wächst auch kein Halm – wächst doch der Mut!
Durch Brache auf gen Ost zum Ritt!
TEUT schenkt nicht Frühlingsgaben,
daß Juden sich dran laben!
Dreck!
Weg damit!

Fragt nicht, wer diesen KAMPF begann!
Wenn längst verbellt das HEIL-Gekeuch,
schlägt Urwald Euch in seinen Bann –
Baum, deutsch und welsch, setzt Früchte an
auch ohne Euch! Und lang nach Euch!
Häuft für die Zukunft Stein auf Stein
für Deutschlands Zuchthausmauern –
Saat senkt ins Dritte Reich sich ein
und wird es überdauern!

Das Wahlresultat
(1932)

Deutsche!
Es geht um das Schicksal! Wählt!
Jeder ist Stimme – und jedermann zählt!
Brecht die Ketten – schmiedet das Band!
19 Parteien
19 Programme schreien:
Wir retten das Vaterland!
Vater und Sohn,
Greise, Kinder, Mütter, 60 Millionen
Das Land
Bienen und Drohnen –
»Wir geben Ihnen anschließend die Wahlresultate bekannt!«
36 Millionen lauern gespannt:
Das Resultat!
Bauern am Pflug –
Saat, die keimte, und Erde, die trug –

Kumpel im Schacht und Piloten im Flug –
Denker und Dichter
Greise und Kinder
Und Schinder und Richter
Menschen-Gewimmel
Und Menschen privat
Monopole und Macht
Kunst und Kohle und
Giftgas!
Menschen, wählt!
Jede Stimme zählt!
Und über allen Stimmen ein Himmel
Über allen der Staat –
Wer ist das?

»Wir geben ihnen jetzt das Wahlresultat:
8 Millionen 8 tausend zwohundertneunzehn
Nationalsozialistische Arbeiterpartei!«
Müller! Pg.!
Da bin ich dabei!
Schicksal ist jüdischer Dreh!
Schicksal ist Masse – und der tägliche Fraß!
Ich stehe allein!
»Ein rheinisches Mädchen
Beim rheinischen Wein . . .«
Nein!
Kein Aas fragt nach mir!
Aber wir sind die Partei
Und wir sind die Rasse
Und wir sind der Staat!

»Wir geben Ihnen anschließend das Wahlresultat:
4 Millionen 674943
Sozialdemokratische Partei!«
Müller! Schlosser! Ich bin dabei
Seit zwanzig Jahren –
In allen Zellen –
Wir waren
Die vaterlandslosen Gesellen –
Wir standen parat
Diesen Staat einmal umzukrempeln –
Zwanzig Jahre geschindet –

Zwanzig Jahr unter preußischem Säbel!
Ich hörte noch Bebel reden
Vom Morgenrot:
Brot und Arbeit für jeden!
Jetzt bin ich erblindet –
Jetzt geh ich stempeln.
Ach, bitte, mein Herr! Wo ist das gelobte Land!

»Wir geben Ihnen anschließend die Wahlresultate bekannt:
2 Millionen 869602
Kommunisten!«
Müller! Rotfront! Ich bin dabei!
Neger! Chinesen und Christen!
Traktoren sind Schicksal – und Glaube ist Wahn!
Schicksal ist
Fünfjahresplan!
»Ein rheinisches Mädchen
Beim rheinischen Wein ...«
Nein!
Es wird nicht um einen gehn!
Gefühle sind kapitalistischer Dreh!
Wer henkt wen?
Für uns denkt
Das Zentralkomitee!

»Wir geben Ihnen anschließend die Zahlen der andern Partein:
Deutschnationale: Eine Million 500000!«
Müller! Hauptmann a. D.
Bureau –
Vorstand in Firma Müller und Co.
Eintritt verboten!
Stramm national
Bis auf die Knochen!
Gedenket der Toten!
Uns haben die Feinde das Rückgrat gebrochen!
Nieder die Roten – und rettet das Kapital!
»Ein rheinisches Mädchen
Beim rheinischen Wein,
Das muß doch der Himmel ...«

»Wir geben Ihnen anschließend die andern Partein:
Zentrum: 3 Millionen 374tausend!«
Brausend in Prozessionen!
Glaube!
Es wird sich im Himmel lohnen!
»332 Tausend!
121 Tausend!«
Hausend in Städten
In Lauben und Zillen
In Spitälern – in Villen
Stimmen, die beten – und Stimmen, die brüllen –
Stimmen von Sterbenden – Stimmen von Wählern –
Vier Jahre Krieg
Vier Jahre Blut
Müller: ein Mensch, der sich quält –
Und Müller: ein Katholik –
Müller: ein dreckiger Jud –
Müller: ein krummer Hund –
von Müller – General!
Müller, Armierungssoldat!
Deutsche! Wählt!
Jede Stimme zählt!
Schicksal ist Zahl!
Und
Was ist der Staat?

Ein Wahlresultat!

Das Endresultat

> *»Paragraph 19*
> *Strafarbeit umfaßt harte, körperliche oder besonders schmutzige Arbeit. Als Nebenstrafen kommen in Betracht: Strafexerzieren, Prügelstrafe, Postsperre, Kostentzug, hartes Lager, Pfahlbinden.«*

Erlaß vom 1. August 1934 – Disziplin- und Strafordnung des K.Z. Esterwegen, in das mit andern CARL VON OSSIETZKY eingeliefert wurde –

Lied der Arbeitsdienstler

Sprung auf, ihr Dienstfreiwilligen!
Feuern! Der Geist verreckt!
Wir können es nicht billigen,
daß uns Kultur beleckt –
  Der Mensch wird neu gestaltet
  behelmt – gehörnt – behuft –
    und gleichgeschaltet –
      GOTTgleich geschaltet!
Die Dienstfreiwilligen marschieren
auf allen Vieren –
        Der Urwald ruft –

Wir mustern den Proletarier
vom Wirbel bis zum Schweif,
ob auch das Schwein ein Arier
und zur Er-Nordung reif –
  Wir werden euch schon lehren,
  den Mist zusammenzukehr'n –
  Wer schlappmacht, ist ein Schuft!
  Steht stramm:
        und tragt in Ehren
  die Braune Lagerkluft!

Zum Lohn leckt uns die Stiebel!
  Zwangsarbeit – die macht frei!
Am Anfang – vor der Bibel –
erschuf euch die Partei!
  Jetzt werd't ihr umgestaltet!
  Das Recht wird kniegebeugt!
  Strafordnung verge-waltet!
  Das Ganze halt!
Stillgestanden!
        Der FÜHRER zeugt!

Aussage eines Mithäftlings:

»Damals mußten alle Gefangenen Steine klopfen und Steine karren, weil eine Mauer gebaut werden sollte. Auch OSSIETZKY mußte die Steine karren. Es war eine große Quälerei« –

REMINISZENZEN I

»Die GOLDENEN zwanziger Jahre
sind auf dem besten Wege, ein
Schlagwort zu werden. Was ist aus
diesem Zeitraum so unbestimmbar?
Wird er nicht auf höchst eindeutige
Weise von markanten Einschnitten
wie dem Ende des Ersten Weltkrieges
und der braunen Machtübernahme
nach vorn und hinten begrenzt?«

Zitat aus einer »Standortbestimmung
der expressionistischen Literatur« –

»Glückliches Zeitalter, das die Alten
das Goldene nannten. Nicht so
sehr, weil das GOLD, das in
unserem EISERNEN so hoch
geschätzt wird, so unschwer
erworben wurde. Vielmehr,
weil die Leute, die damals
lebten, noch keinen Unterschied
machten zwischen Dein und Mein.
In jenem seligen Zeitalter
war Alles Allen kommun –
gemein.«

Zitat aus der »Ansprache des Don Quijote
an die Ziegenhirten der Mancha«.
– Miguel de Cervantes Saavedra 1605 –

1

ICH SCHREIBE –
und die Welt schreibt *1930*
Sie trieb es ziemlich toll und deliriert
Der Zeitpuls fliegt – die Denkerstirn ist schweißig
Als Fortschritt wird uns dieser Wahn serviert.
Mit Stratosphärenflug Atomen Quanten
Rückt man der Erde auf den mürben Leib.
Doch Höhlentier und Snob sind nur Varianten
Und Krieg und Umsturz dient dem Zeitvertreib.
Seit Adams Fehltritt und dem Schachzug Kains
Transfiguriert man nur ihr Einmaleins!
Und hält man über unser Jahr Gericht
Dann weiß ja jeder besser, wie es war –
Jedoch, was wahr ist, das erfährt man nicht!

Der *Chor:* Das wollen wir auch gar nicht wissen, Herr!
Wir leben nicht gestern nicht morgen
Sondern heut! Und Ihr Weltuntergangsgeplärr
Herr! sind das Ihre einzigen Sorgen?

2

Ich schreibe
und ich werde kein Atom verändern
Mein Schreiben macht den Kohl und mich nicht fett!
Von Meetings Pulten Bühnen Radiosendern
Sind wir mit Weltverbesserungsideen komplett
Man speist die Hungrigen mit fetten Lettern
Das heißt mal Volk mal Vaterland mal Gott
Ach Gott! errette uns von unsern Rettern
Die Welterlöser gründen ein Komplott!
Mensch Tier und Pflanze Wasser Luft und Stein
Wovon wolln uns die Herrn denn bloß befrein?
Die sitzen über jedes Jahr Gericht
Und schrein: Wir wissen es, wer schuld dran war –
Jedoch, was wahr ist, das erfahrt ihr nicht!

Der *Chor:* Es ist schon genug, daß man Verse verfaßt,
Nicht, daß man das Lästern erlaube!

Und wenn Ihnen dieser Planet nicht paßt
Herr! dann machen Sie sich aus dem Staube!

3
Einigen wir uns: das Leben sei eine Pracht!
Dann um so schlimmer, was ihr daraus macht!
Wer sagt, der Schwindel sei nicht sonnenklar,
Der lügt der Gegenwart ins Angesicht!
Wir wissen, was der Held in der Gefahr,
Der Tatmensch tat, den man jetzt heiligspricht.
Wir sahen, daß die Historie anders war –
Doch grad was wahr ist, das erfahrn wir nicht.

*

4
Wir sind nun alle historisch!
Wir waren ja alle dabei –
Und das Ganze war eine notorisch
heroische Schweinerei.
Wir haben uns auf höhern Befehl empört
Irgendeiner Partei!
Nur keine Autoritätsfummelei!

Der *Chor:* Bravo!
Pfui!
Hörthört!

5
Wir sind eine große Geschichtszahl –
bekleckert mit ewigem Ruhm –
Wir leben in einem Gerichtssaal,
verurteilt zum Heldentum.
Wir haben unseren Lieben Soldaten gemacht
– wie sich das gehört –
Und uns dabei halbtot gelacht.

Der *Chor:* Hurrah!
Pfui!
Hörthört!

6
Einst wird man uns alle beschreiben,
Doch ob uns das behagt,

historisch uns einzuverleiben,
danach hat kein Aas uns gefragt –
Denn für was man tut, was man so tat,
das steht in keinem Buch –
Ein Lotterielos sind Ruhm und Fluch.

Der *Chor:* Nieder!
Pfui!
Verrat!

Vanity Fair

Kauft, Leute, kauft!
Und schätzt es nicht geringe!
Wer hat noch nicht? Hier ist das Große Heil
Um einen Pappenstiel, fünf Pfifferlinge
Statt um ein Menschenleben euch schon feil.
Hier dieser Hampelmann – dem zahllos Opfer fluchen,
Und sein Programm dazu – auf einem Pfefferkuchen
Zählt nach!
Es wird euch nicht verargt.
Wenn ihr den ganzen Ruhm – in Ramsch verwandelt –
Zu einem Schleuderpreis herunterhandelt.
Alles hat seinen Preis – hat seine Zeit
Hier: auf dem Jahrmarkt aller Eitelkeit!

Seht dies Gestell!
Es ist die höh're Warte,
Auf die ein Philosoph sich einst gestellt.
Mit seiner Weisheit, seinem weißen Barte
Hat er sich jeder Schandtat gleichgesellt . . .
Lest diesen Heldensang!
Daß er von ihm berichtet,
Dafür hat einst der Schuft Millionen hingerichtet.
Nur nicht gekargt!
Denn euer Kopf zieht Nutzen aus den Bänden –
Ihr könnt sie auch fürs Gegenteil verwenden:
Alles hat seinen Preis – hat seine Zeit
Hier: auf dem Jahrmarkt aller Eitelkeit!

Und diese Schere hier – zum Ehrabschneiden,
Dazu die Weste eines Biedermanns!
Ihr macht wie er Karriere mit den beiden . . .
Die Weste ist beschmutzt – die Schere ganz!
Greift zu! Ich pack's zusammen ein mit einer würz'gen
Verleumdung. – Alles für zwei kleine Kinderfürzchen!
Ein Ahnenpaß!
  Sein Träger, eingesargt –
Hat zu den teuren Ahnen sich versammelt,
's ist Zeit, daß nun auch er am Stammbaum bammelt . . .
  Alles hat seinen Preis – hat seine Zeit
  Hier: auf dem Jahrmarkt aller Eitelkeit!

Und von der Stimme, die sich heiser hetzte,
Hier ist das Megaphon, das euch erschreckt –
Dies Schandmaul, das die Menschlichkeit befetzte:
Sie taugen gerad, daß man die Spatzen neckt!
Ihr habt gemordet und auf Schwache losgedroschen
Dafür!
  Und jetzt riskiert ihr nicht mal einen Groschen?
Eh es der Knochenmann zusammenharkt:
Ein Gretchenhemdchen – ein Parteiabzeichen
Und dies Gedicht –
  Wo findet ihr dergleichen?

Alles hat seinen Preis – hat seine Zeit
Auf diesem Jahrmarkt aller Eitelkeit!

Das MANISHTANEH
(Was ist der Unterschied?)

Stimmen der jeweils Herrschenden Ordnung

Als GOTT uns beschert die sieben magern Jahr',
    da haben das Korn wir gescheuert.
So teuer das Wohl uns des Vaterlands war,
    so haben das Brot wir verteuert,
    so zehrten wir von der Not bis zum Rest,

so schwoll uns der Mut, so glaubten wir fest,
daß auf den Glauben allein noch Verlaß ist.
Wir hielten durch,
jetzt sind wir dran
und beten, daß der Arme Mann
zum Nachtisch unser Gast ist.
Was ist der Unterschied?
Was unterschied
die magre von der fetten Zeit?
Zu jeder Zeit
stehn wir bereit
Wir bauen auf
Wir bauen auf die Gläubigkeit
und handeln recht –
recht spekuliert.
Wir tragen die Verantwortung
die Ordnung
und die Fahne.

Stimmen der immer beherrschten Un-Ordnung

Als
GOTT-*mit-Uns*
im Felde stand,
da waren auch wir willkommen,
in Treue fest fürs Vaterland,
bis man es uns genommen.

Da war kein Unterpfand zu schad',
kein Opfer – bis zum Selbstverrat –
und nichts so sicher wie der Tod,
auf den allein Verlaß ist!
Der ließ uns nicht im Ungewiß:
daß Jedermann
sein lebensfremder Gast ist. /

Was ist der Unterschied?
Was unterschied
das Jetzt von der Vergangenheit?

Man baut uns ab,
man baut auf unsre
Gläubigkeit . . .
Was ist uns GOTT –
ob Jud, ob Christ –
Wenn GOTT ein Dummer Teufel ist /
Die Folgen tragen wir –
Ihr – – –
tragt die Fahne –

REMINISZENZEN II

Hinterhoflied des Lumpensammlers

Lumpen! Papiere! Alte Kleider!
Bei mir wird jeder seinen Krempel los!
Wacht auf! Wacht auf! Verstockte Hungerleider!
Det letzte Hemde und die neiesten Palletohs!
Und hängt ooch dann und wann
Noch'n kleener Orden dran
Man leejt sich Stück for Stück
Ssurick
Und hat man Jlück
Langt's schließlich zu'ner janzen Klempnerei!
Et jibbt valeicht mal wat,
Wo man die neetig hat!
Geschwindigkeit
Und Findigkeit
Is keene Hexerei!

Wie
man
Karriere macht
Ob man's mit Ehre macht:
Das kommt weißjott nich darauf an!
Der eine macht's mit Fraun
der andre macht's mit Klaun
Mit'm Linkseffet,
Mit'm Rechtseffet
Es hat so jeder seinen Dreh!
Das Wie ist stets ejal
Es bleibt nur die Moral:
Was einer ist! Was einer hat! Was einer kann!

Vatis Zylinder! Muttis Ohrenspangen!
Der Mensch is een Jewohnheitssäujetier!
Wat ihm schon längst zum Halse 'rausjehangen
Da hängta noch mit seine janze Lebensjier
Und klebt auch dann und wann
So'n bisken Seele dran
Man nimmt se Stück for Stück
So mit
Und hat man Jlück
Findt sich davor ooch mal een Amatöhr

Et jibbt valeicht mal wat
Wo der det neetig hat
Mit Dussligkeit
Und Schussligkeit
Wird keener Milljonöhr!

Wie
  man
    Karriere macht
Ob man's mit Ehre macht,
Es kommt weißjott nich darauf an!
Der eene macht's auf nobel
der andre mit'm Hobel
Mit's Portmonneh
Mit Schweinsjlacé
Es hat so jeder seinen Dreh!
Das Wie is janz egal
Es bleibt nur die Moral
Was einer is! Was einer hat! Was einer kann!

Perlen, Brülljanten und Effekten
Ick zahle immer nur den höchsten Preis –
Ob sie am Busen – ob im Kehricht steckten
Wenn man die Dinger nur sich 'rauszupolken weiß!
Und hängt auch dann und wann
'n janzet Schicksal dran
Man wickelt Stück for Stück
Sich ein
Und hat man Schwein
Findt ma valeicht een janzet Hemd nach Maß
Et kommt ooch mal een Tach
Da denkst du Lump so nach:
Mit Plackerei
Abrackerei
Du lebst hier nich zum Spaß!

Wie
  man
    Karriere macht
Ob man's mit Ehre macht
Es kommt weißjott nich darauf an!
Der eene macht's im Tritt
der andre looft so mit!

Auf'n Kanapeeh
In de Charité
Es hat so jeder seinen Dreh!
Das Wie is janz egal
Dir bleibt nur die Moral:
Nich: was man is – Nich: was man hat – Nur: was man kann!

Ode an Berlin

»Ausgebürgert wurden wegen Untreue und Landesverrates aus dem Deutschen Reich: . . .«
– Namensliste des Reichsgesetzanzeigers
– M bis Z – 1934

Manchmal berliner ick aus'm Traume –
  Und soo' ne Träne kullert mir auf't Schemisett.
Ick höre ümmassu:
  »Nu sind wa frei im deutschen Raume!«
Ne, Emil; nich, det ick Dir flaume,
Aber Emil, angter nanu (entre nous):
  Jloobst'n det? Jloobst'n det?

  I
Ihr Spreeathener,
                    rauh, mit defter Plauze:
Wir kenn'n uns doch – mir kommt ihr doch nich doof.
Der helle Deez – die wunderkesse Schnauze –
Der vierte Hinterhof mit Feez und Schwoof –
Die ›jriene Minna‹ – und die Mutta Jrien –
Und sonntachs nach de Müggelberje peesen –
Mir wollt a was assähl'n von fremden Wesen?
  Mir nich, Berlin!
  Mir nich, Berlin!
Ick war doch imma mang eich mang mit Herz und Breejen!
Det ist der Dank – is das der Dank?
Von wejen!

  II
Ihr duften Pankejöhr'n – Ihr frechen Bollen!
Wir jing'n uns doch ins jleiche Freibad aal'n.

– Een Kissken, Schatz! – Herr Oba, noch swee
Mollen!
Der Mond, da drob'n – der konnte uns wat mal'n!
Det war doch soo! – wir hatten doch wat los,
Wenn wir zwei in de Lausekiste pennten.
Jetzt quatschste wat von fremden Elementen?
Ne, sach ma bloß!
Ne, sach ma bloß!
War ick nich ümma mang dir mang mit Seele, Leib und
Breej'n?
Det is der Dank – is das dein Dank?
Von wejen!

III

Ihr Bowkes – und ihr blauen Abführmittel:
Jetzt bin ick Neese, wenn's nach Treptow jeht?
Nu brillt Ihr: Heil? und looft im braunen Kittel?
Wat denn! Da hat woll eener dran jedreht?
Ick weeß doch, wo de Ferdeäppel bliehn –
Ick stand doch du und du mit jedem Zossen.
Mir habt ihr aus de Innung ausjeschlossen?
Sach ma, Berlin,
Schämste dir nich?
Ick bleibe mang dir mang mit Schnauze, Herz und
Breejen!
Wat is dein Dank – das is dein Dank?
Von wejen!

Standbild an einer Grenze

1

Der Weg geht hier zu Ende –
Wer ist der Mann aus Stein,
Ohn' Spende – ohne Hände
Und ohne Heil'genschein?
Auf seinem Sockel steht: Kehr um!
– Erzähl mir seine Legende
Und sein Martyrium!

Man nennt ihn bloß
Sankt Heimatlos!

2
Als ihn durch Mord und Brände
Die Diktatur vertrieb,
Fleht er, daß er nur fände
Die Kraft zum Wort – und schrieb
Schrieb sich die Finger wund und krumm
Zu künden die Legende
Von diesem Martyrium.

– Was trägt im Schoß
Sankt Heimatlos?

3
Da hält er ohne Hände
Der Sprache Dornenkranz,
Zu sagen, wie ohn' Ende
Die Leiden seines Lands.
Die Fremde wendete sich stumm . . .
Sie hielt für eine Legende
Das ganze Martyrium.

– Welch Wunder groß
Tat Heimatlos?

4
– Ach daß man mich verstände!
Rief er, was ich gemeint!
Nun steht er im Gelände
Zum Warnungsmal versteint.
Wer in dies Land will, liest: Kehr um!
Hier endet eine Legende,
Beginnt das Martyrium!

An dieser Schicksalswende
Entscheidet sich das Los!
Hier geht eine Welt zu Ende!
Betet für Heimatlos!

(Paris, 1936)

UND EUCH ZUM TROTZ

Wer von Sodom und Gomorrha
Nicht um jeden Preis sich lossagt –
Wer zurückblickt – wer sich umsieht
Wie ein Wurm wird er zertreten
Ob er weissagt – ob er schwarzsieht:
Immer wehe dem Propheten!

Porträt nach der Natur

Niedergeschrieben in der
Halle des
Berliner HOTELS KAISERHOF
– Dezember 1932 –,
als sich dort der
ehemalige Erste-Weltkriegs-
Gefreite A. HITLER
teetrinkend aufhielt,
um vom Reichspräsidenten
Paul von Hindenburg-Beneckendorf
seine Beförderung zum Reichskanzler auszuhandeln.

Ein Schritt von mir! Tuchfühlung fast! Da steht Er!
Bum!
Aura von Waih-Geschrien – und Heil-Gezeter!
Fünf Herren! Zackig! Seele angewinkelt!
Nackenkrumm!
Zwei Falten! Mundabwärts gesteilt! Verhalten!
Vom Schicksal eingeplättet!
Die rechte Schulter hängt! Krampfhaft-lässig! Stimme knarrt: Anpfiff!
Böhmisch gefettet!
Kinn flieht! Gehacktes Bärtchen trommelt: Angriff!

Nachts aber träumt das!
Bodenloses öffnet sich dem Falle –
Der Wille irrt in Öden ohne Zweck
Der Traum, kaftangewandet, spreizt die Kralle:
Judas Rache!
Den Albdruck weg!
Den Albdruck weg
Deutschland erwache!
Die Rechte in der Tasche! Linke mahnt! All-Deutschlands Ober-
Haupt!
Versetztes Lächeln! Ein getretner, grober
Schani, der eines dicken Juden ekles Trinkgeld klaubt –
Verfluchte Drohnen! Faust stößt vor! Der Wunder-Attentäter!
Mittelstandsheiland!

Den Kopf im Mythos! Knöcheltief durchs Blutmeer der Verräter
Zum Rasse-Eiland!
Hat er geträumt? Er sieht sich um! Millionen folgen!
Bumm! Da steht er!

Der Hinkende Teufel

Er hat ein verkniffenes boshaftes Gesicht.
Kein Wunder, er ärgert sich, daß er so klein
geblieben ist.
Ödön von Horvath, Ein Kind unserer Zeit

Nachts, wenn die Herzen ticken –
der Leichennebel kocht,
Schleicht sich der Hinkende Teufel und
schaut und kraucht und pocht
Dachauf, dachab – in lahmem Trab –
Durch Mauerwerk und Menschenhaut
Gafft er mit geilen Blicken,
Und hockt er auf dem Schornsteinriff,
Wenn der hinkende Teufel am Kragen Euch hat,
Befallen die Ratten die sinkende Stadt –

Mit seinen Ratzenspitzeln
durchschnüffelt er Bett um Bett –
Sie ritzen und sie schnitzeln
sein Fickwort in jedes Brett –
Papier – aus jedem Tintenfaß –
Besudeln sie mit Rattenhaß
Sie hetzen und sie kritzeln –
Den Ahnenkult, der tot sich barg,
den nagen sie aus seinem Sarg –
Wo der Hinkende Teufel vom Dache schwatzt,
ist gleich die ganze Kultur verratzt –

Mit wehrhaft blankem Kiefer
höhlen sie Keller und Haus –
Fressen sich tiefer, noch tiefer
und quieken: Menschen raus!

Sobald die Bäuche voll bepackt,
Schließen sie ihren Afterpakt
Mit allem Ungeziefer –
Dann rüsten sie das Henkersmahl
Dem Volk im Einheitstopf total –
Und der Hinkende Teufel führt sie zur Macht
Und liefert die Große Ernährungsschlacht.

Nachts, wenn die Wände ächzen,
ist die Parteihölle los,
Die spukt –
HEILkrächzend ins Braunhemd,
und stemmt und bläht es groß.
DEUTSCHLAND, erwache! Aufgemacht!
Daß Kraft durch Freude – Augen rechts! –
reinrattig sich begatte!

Und schleift vom Volksgenossenbett
die Beischlaftrunkenen ins KZ.
Und der Hinkende Teufel begeilt sich und gafft:
Die Rassenschande ist abgeschafft.

Angstvision der Feme

Szenenentwurf zu der Inflations-Tragiburleske
DER KAUFMANN VON BERLIN
[Nicht gespielt bei der Uraufführung 1929]

Vor dem Vorhang der Ansager:

1492
Die Geheimprotokolle der spanischen
Juden bei ihrer Austreibung durch
die Hl. INQUISITION

1903
wiederentdeckt von den Kosaken
des Zaren Nikolaus II. während

der Säuberungs-Pogroms
in den Gettos von KISCHINEW

1919
nach dem Schmachfrieden von
Versalljes – neu herausgegeben
von Hauptmann von der Beck –
mit einem Vorwort von
General ERICH LUDENDORFF
nebst Anerkennungsschreiben
allerhöchster Herrschaften des
Deutschen Adels sowie auch
des Auslandes

1920 – »Völkischer Beobachter«
»Es handle sich um eine Fälschung!
schreit immer wieder das Weltjudentum aus.
Der beste Beweis für die Echtheit«
ADOLF HITLER

Bühnenbild: Potsdam [Bauhausprofessor Moholy-Nagy]

Darsteller:
Sieben Hebräer,
vermummt, mit Kaftanen –
mit gelben MOGEN DOVID [Judensternen]
– peiesschwarzen Perücken –
ummauscheln den Wunder-Rabbi
LOEW
der Prager ALT-NEUSCHUL-Synagoge

Nigen des Chasen (Gesang des Kantors)

Chor: – Mir sennen gekummen, die Sieben Weisen von Zion
– Rache nehmen an dem Christen, der uns in das Poinim spie!
– Wir hob'n erwählt den *Roten Messias*, zu entfachen eine Revolut-zion

Chor: – Zion! Zion
– Soll die Welt farsinken in der Anarchie!

– Auf daß unser Kol erschalle
Lechodaudi likras kalle
Alljuda über alle!
Den Datschen blutigen Zoff!
Masseltoff – Masseltoff – Masseltoff!

– Wir Sieben aus Zion wollen umzingeln die ganzen Gojim
– Ihre Kinder zu beschneiden, sind die Messer schon gewetzt
– Wir wollen oisruf'n die Republik Jeruscholajim
– Le chajim! Le chajim!
– Unser Rothschild soll als *Meilech* sein gesetzt!
(Gesang und Tanz)

– Wir sieben Weisen wollen nicht mehr saufen dem Brontef
Emmes mit den datschen Schicksen trinken echten Wein vom Rhein!
– As wir welln gesiegt, das sol sein far die Jidenheid ein Jontef!
– Gut Jontef! Gut Jontef!
– Soll das Ende von den ganzen Risches sein!
Auf daß unser Kol erschalle
Lechodaudi likras kalle
Alljuda über alle!
Den Datschen blutigen Zoff!
Masseltoff – Masseltoff – Masseltoff!

Ein Zornesblitz erleuchtet das Antlitz des Preußenkönigs Fridericus REX

Sprecher (Rezitativ):
Da sprach der ALTE FRITZ:
*Pots*blitz!
Daß diesen Spuk ich banne,
So will ich meinen Krückstock ziehn –
Wir hauen sie in die Pfanne!
Victoire, mes Braves!
Die Jüden fliehn!

Die Weisen von Zion:
Waih geschrien – waih geschrien!

*

Erhaben
das Glockenspiel
der Potsdamer Garnisonkirche:
»Üb immer Treu und Redlichkeit
Bis an dein kühülees Grab
Und weiche keinen Finger breit
Von GOTTES Wegen ab!«

Die Umschöpfung

Und eines Tages warn sie so weit
Da waren sie: Über alles
Und bis zur Übermenschlichkeit
Total befreit – wie niemals seit
Der Schmach des Sündenfalles!
(Im Anfang schuf Gott den Himmel und die Erde . . .)

Kein Himmel mehr – nur Flugabwehr
Neinsager deckt die Erde
Da war nichts mehr – kein Feind, kein Ehr!
Doch sie marschierten drüber her
Mit dräuender Gebärde.
(Da sprach Gott: die Erde lasse junges Grün sprossen . . .)

Da pflanzten sie um jedes Gras
Ein Drahtverhau zur Warnung!
Setzten den Frühling unter Gas
Krochen in Deckung, suchten todblaß
In grünenden Wäldern nach Tarnung.
(Da machte Gott die beiden großen Leuchten . . .)

Da ward nicht Tag, nicht Nacht geschont.
Sie richteten Kanonen.
Sie ballten die Fäuste gegen den Mond

Und brüllten: Wir sind zu sterben gewohnt
Wir sechsundsechzig Millionen!
(Da segnete sie Gott und sprach: Seid fruchtbar und mehret euch . . .)

Sie mehrten sich, ohn' Liebe und
ohn' heimliches Begehren.
Sie paarten sich je nach Befund
Es heirateten »Erbgesund«
Und »Tauglich-zum-Gebären«.
(Und Gott schuf den Menschen nach seinem Bilde . . .)

Da maßen sie erst mal das Bild
Nach Farben, Nasen, Schädeln
Die Abel wurden abgekillt
Die Kaine wurden umgedrillt
Den Adam zu veredeln.
(Und Gott sah, daß alles, was er gemacht hatte, sehr gut sei . . .)

Da bauten sie, daß ihr Walhall
Den Himmel überrage –
Kündigten Gott den Sündenfall,
Boten ihm einen Frieden im All
Zunächst bis zum jüngsten Tage.
(So wurden vollendet der Himmel und die Erde . . .)

Der Basilisk – ein Wintermärchen

Nun naht der Winter – rückt zusammen!
Es war einmal – ich sah es noch!
Es war einmal (soll's Gott verdammen!)
Ein Krötenei im Kellerloch
In unserm Hause – dem entkroch –
Ein Basilisk entkroch.
Die Uhr schlägt acht – acht schlug die Uhr
Als, krach! der Basilisk entfuhr
Mit Giftgespuck – mit Haßgekeuch . . .
Hüt't euch, ihr Leut!
Bald frißt er
Euch!

Es war einmal – es war die Hölle!
Er schlief auf einem Henkerbeil.
Fraß unser Brot, spie sein Gewölle,
Er wuchs und schwoll und krähte geil:
Horcht! Horcht! Das ist sein Schrei ... heil heil ...
(Der Basilisk Heilheil!)
  Die Uhr schlägt neun – neun schlägt die Uhr,
  Der Basilisk ist auf der Spur!
  Ach, daß er nicht das Land verseuch!
    Hüt't euch, ihr Leut!
    Sonst frißt er
    Euch!

Durch Kammern, Luken, Stiegen, Gänge
Spektakelte der Teufelskrach,
Preßt uns den Atem in die Enge,
Schon hockt er fett auf unserm Dach,
Bleckt seinen Schnabel groß – und sprach
(und basiliskisch sprach):
  Die Uhr schlägt zehn – zehn schlägt die Uhr
  Nun macht mir Euren Treueschwur
  Ihr Nimmersatts – Ihr Hungerbäuch!
    Hüt't euch, ihr Leut!
    Bald freß ich
    Euch!

Da rotteten die Weichselzöpfe
Sich gläubig gaffend um das Haus –
Die Wechselbälge – Zwitterkröpfe,
Sie brauten ekelbraunen Schmaus
Und riefen dann zum Herzog aus
Den Basilisken aus.
  Die Uhr schlägt elf – elf schlägt die Uhr
  Sein Blick lähmt alle Kreatur.
  Da hilft kein Kreuz – kein Pentateuch.
    Hüt't euch, ihr Leut!
    Bald frißt er
    Euch!

An Menschen Statt sah man ihn thronen,
Es huldigten ihm Herrn und Heer,
Es buhlten Könige und Nationen,

Boten ihm Bündnis, Gold und Ehr –
Das Scheusal keifte stets: mehr! . . . mehr!
(Der Basilisk: Mehr . . . mehr . . .)
  Da schlug die Uhr: schlug Mitternacht:
  Zerbrecht die Basiliskenmacht!
  Verschreibt ihr euch dem Teufelsspaß,
    Hüt't euch, ihr Herrn!
    Seid ihr
    Der Fraß!

Das Sturmtier fuhrwerkt durch die Essen,
Es heult und schürt den Brandgeruch.
Wir aber können nicht vergessen.
Ihr Kinder, schließt das Märchenbuch –
Es haftet noch der alte Fluch
(Es haftet dran der Fluch).
  Die Uhr reiht Stund an Stund zum Jahr –
  Es blaßt die Schrift – es bleicht das Haar.
  Wenn man vom Basilisken spricht,
    Kinder, vergeßt!
    Wir können's
    Nicht!

Die Sage vom Großen Krebs

Es geht um – es geht um eine böse Mär
Vom Krebs im Mohriner See . . .
Ihn ketten zwei Jahrtausende schwer –
Und wär er frei,
  Ging alles rückwärts und verquer,
    rückwärts und verquer.
Läutet die Glocken bim bam bom
  Hosiannah!
    Gott geb's,
  Daß nimmermehr loskomm
  Der Große Krebs!

Denn kröche der Krebs aus dem Morast,
Marschierte ein ganzes Heer,

Das würgt und mordet, hetzt und haßt
Ihm hinterher.
  Im Krebsgang rückwärts und verquer,
    rückwärts und verquer . . .
Marschierte das ganze Rückwärtser-Heer.
  Hosiannah!
    Gott geb's,
  Daß loskomm nimmermehr
  Der Große Krebs!

Dann kreiste zurück die Jahrhundertuhr
Zur ewigen Mitternacht . . .
Und wenn die berauschte Kreatur
Vom Traum erwacht,
  Geht alles rückwärts und verquer,
    rückwärts und verquer
Zu Hexenbränden und Judenpogrom . . .
  Hosiannah!
    Gott geb's,
  Daß nimmermehr loskomm
  Der Große Krebs!

Wohin er kröche, folgt seiner Spur
Die Pest vom Mohriner See,
Und es regierte die Krebs-Diktatur
Und kommandiert:
  Das Ganze rückwärts und verquer,
    rückwärts und verquer!
Nieder mit euch! Kadaverfromm!
  Hosiannah!
    Gott geb's,
  Daß nimmermehr loskomm
  Der Große Krebs!

Ach, hör mich, Volk – welch du hier lebst
Und zwischen Berg und See
Um täglich Brot und Freiheit krebst:
Laß ihn nicht frei –
  Sonst geht es rückwärts und verquer,
    rückwärts und verquer . . .
  Wir alle, alle hinterher –
  Und euer Wille geb's,

Daß loskomm nimmermehr
nimmermehr
Der Große Krebs
Der Große Krebs!

(Erschienen am Vorabend des Berliner Reichstagsbrandes – 27. Februar 1933 – in dem von Carl von Ossietzky noch redigierten Heft der »WELTBÜHNE«)

Ritualmärchen von den zwei Judenkindern

I
Zwei Kindlein – krausgelockt – selband
Gingen zum Metzger Hand in Hand.

Was soll's denn sein? Ein Viertel Schwein?
Die Kinder sprachen traurig: Nein!
Soso! Wie heißt ihr denn, ihr Luder?
Ich heiße Esther,
Sprach die Schwester.
Ich heiße Jakob,
Sprach der Bruder.
Der Metzger grinste hämisch:
Hihi hihi Hoho hoho
Esther und Jakob rumvidibum
Ich lach mich schief – ich lach mich krumm,
Zu komisch! Nein! Zu komisch!

II
Zwei Kindlein – krausgelockt – selband
Standen vorm Metzger Hand in Hand.
Der Metzger brüllt: Ich rat's geschwind:
Du Jakob bist ein Judenkind!
Schaut her, ihr Leut! Da habt ihr Juda!
Die schwarze Esther
Ist die Schwester,
Der schieche Jakob
Ist der Bruda . . .
Den prüf ich anatomisch!

Hihi hihi Hoho hoho!
Der ganze Laden glotzte dumm
Und lacht sich schief – und lacht sich krumm,
Zu komisch! Nein! Zu komisch!

III
Zwei Kindlein beben, Hand in Hand,
Vor Angst der Bruder – die Schwester vor Schand.
Ich – schrie der Metzger – schlacht Schwein und Rind,
Ihr Juden schlachtet Christenkind!
Wenn ich euch nun den Garaus mache
Mit meinem Messer
Dir, schwarze Esther,
Und deinem Bruder?
Rache an Juda . . .!

IV
Sein Schrei wuchs epidemisch
Juhuh! Huhu! Hepphepp! Hepphepp!
Die ganze Straße schrie und lief
Den Kindern nach – und lacht sich schief,
Zu komisch! Nein! Zu komisch!

Ein Judenmädchen legt Hand an sich,
Den Grund zum Selbstmord, den kannt' man nicht . . .

Die Sühne

Auch ihn hat eine Mutter einst getragen,
  Dafür trug er ein Schild:
    Ich bin ein Jud'.
Sie schworen, man hörte straßenweit sein Klagen
Zum Steinerweichen:
    Ach! mir geht es gut!
  Doch da die Schreie ihre Ruhe raubten,
  Machten sie ihn im Walde ungescheh'n
– Was ihm geschah, das konnt' er nicht behaupten –
  Und sie meinten –
    (sie meinten): der Wald werde es schon nicht seh'n . . .

Auch sie hat eine Mutter einst getragen
– und taten sehr erstaunt: er war doch
Jud'!?
Sie ließen flammende Proteste jagen
in alle Welt: Seht her, wie wir uns plagen
Um seinetwillen! Er aber schweigt und ruht ...
Doch da die Andern sich nichts wissen machten,
Da sperrten sie noch Hunderttausend ein
Und machten ungeschehen, was die sich dachten ...
Und sie lachten (sie lachten),
Gott könne (von uns aus) – in Teufels Namen
dem toten Juden verzeih'n ... !

Das Tränenfaß

I

Am Schutthang, wo die Knochen dorrn
– Der ärmsten Kindlein Zeitvertreib –
Und was so Gott erschuf im Zorn,
Logiert ein hornalt Kummerweib –
Logiert das Kummerweib.
Ist tief ins Herze ganz versteint
Aug, Ohr und Seel vertrockent –
Verflucht, daß sie da hockend
Der ganzen Menschheit Augennaß
Auffang in einem Tränenfaß,
Bis sein Maß vollgeweint.
»Weint euch die Augen blind –
weint euch die Augen blind!
Mischt aus den Tränen mir schläfernden Wein.
Weint euch die Augen blind – daß ihr Ruhe findt.
Kummerweib, schlummerlos – alte Kathrein!«

II

Um eine Liebste – um ein Grab
Trägt jeder seins wie Edelstein
Und ladet es am Schutthang ab.
»Füllt ihn nur ein!« singsang Kathrein
»Den alten Sorgenwein!«

Das schleppt und schleppt auf schwärnden Sohln
Von Kindern sich zu Eltern,
Den herben Saft zu keltern.
Aus Kerkern – von den Ohne-Paß,
Das tränt ohn' Unterlaß ins Faß
  Netzt ihm doch kaum die Bohln . . .
    »Weint euch die Augen blind –
    weint euch die Augen blind!
    Mag von den Tränen die Erde verschnein!
    Weint euch die Augen blind –
    draus sich ein Tüchlein spinnt
Kummerweib, schlummerlos, alte Kathrein.«

III
  Saß nun an achtzig Jahre da,
  als kam ein Mann aus Deutschland her,
  Der hat von dem, was ihm geschah,
  Nicht eine einzige Träne mehr –
  Nein, keine Träne mehr!
»Flennt mir ein bißchen! Seid so gut!
Gebt einer Kummerlosen
Den salzigen Almosen!«
Da schüttete er seinen Haß –
Und überfloß das Tränenfaß
  Von einem Tropfen Blut
    »Voll ist das Tränenfaß – voll bis zum Übermaß . . .
    Ach, nicht von Tränen! Was tatet ihr drein?
    Aus eurem Augennaß – brenn ich euch bittern Haß –
Kummerweib, schlummerlos, alte Kathrein . . .«

Brief ins Exil

Ach, Liebster Du!
  Wenn Du mich sähst . . . !
Wie lange hält uns noch das Hoffen!
Ach, keine Scham gilt . . . Du verstehst!
Dein letzter Brief kam wieder offen . . .
Nachts – wie Du mich im Traume schreckst
Ich greife, daß er nicht verschwimme . . .

Was Böses hat Dich weggehext
Dich Dein Gesicht und Deine Stimme ...

Nein! Nein! Sprich was! Ich muß Dich hörn!
Hast mich noch lieb? Du darfst auch streiten!
Ich möcht Dich herzen – Dich beschwörn –
– gäb's mit dem Paß nicht Schwierigkeiten ...
Bist Du denn noch wie früher nett?
Holst mir noch rasch Johannisbeeren?
Wachst, bis ich schlaf, an meinem Bett?
... Ich denk, wovon werdn wir uns nähren?

Wohnst Du im alten Zimmer noch?
Du warst bei mir ... sonst war es schaurig,
Wenn groß der Mond zum Giebel kroch ...
Mond mag ich nicht! Er macht mich traurig.
Wie sahst Du aus ...! So leichenblaß ...
Sag, kannst Du drüben was verdienen ...?
Nur weg von dort! Versprich mir das!
Wo's Sonne gibt und Apfelsinen ...

Oft, fiebernd, sehe ich Dich nahn ...
Dann plötzlich gellt's von Schreien und Pfiffen
... gibt's kein Entrinnen aus dem Wahn?
(Sie haben Dich wieder angegriffen!!)
  Sorg so um Dich, als ob ich's tät!
– Dein Freund sorgt sich um mich im Leide ...
Hauch diese Zeiln wie ein Gebet!
Ich küsse Dich!
  wir grüßen beide ...

Ja, ich vergaß ... las grad Dein Buch
Um Mitternacht! ... die andern schliefen ...
Da machten sie – nach Dir –
Besuch!!
... Es war ein Wort in Deinen Briefen ...
Ach, keine Scham gilt! Muß ein Wort
Uns nun in alle Ferne treiben!
Dein Freund meints auch ... Ich muß hier fort!!
Sei klug!
Du darfst mir nicht mehr schreiben!

... Und Euch zum Trotz – Paris 1934

Daß diese Zeit uns wieder singen lehre
  Die guten Lieder eines bösen Spotts
  – Selbst wenn uns Herz und Sinn danach nicht wäre –
    Nur Euch zum Trotz!
    (Nur Euch zum Trotz ...!)

Und singen, bis es wider Euch sich kehre –
  Und einen Keil treib in den groben Klotz!
Und daß es etwas uns die Brust entschwere!
  Und uns zum Trost! Und Euch zum Trotz ...

AUSLANDSCHAFTEN

Anno Domini 1936

An vierzig Jahr' alt
durch Verwüsten
– sechstausend durch die Weltgeschichte –
Wenn nicht Luftspiegelungen und Gesichte
zuweilen die Auswandrung versüßten –
Ihr, die ins Getto sie verbannt:
die Kehrichthaufen eurer Erde –
Abfall von eurer Glaubensherde
Den Seuchenherd aus Unverstand
angesteckt an Ketzerbrand –
Aussatz der Zehn-Gebote-Plagen –
Ihr hört nicht auf, als schuld daran
die Ausgetriebenen anzuklagen –
sie in den Exodus zu jagen –
– Heimsuchung im Gelobten Land –
Wer zählt die Kreaturen am Rande?
Das: Jude-, selbst ein Neger Sein
mög' ihnen allen GOTT verzeihn!
Arm
und
allein:
ist eine Schande!

Fort!
Schritt für Schritt – durch Heuchelei!
Visa der Fremdenpolizei.
DIASPORA
Wann seid Ihr ausgeHEILt
von diesem Wahne?
Wo ist der Unterschied
im Getto?
Manishtaneh – – –

Der Emigrantenchoral

Werft
eure Herzen über alle Grenzen,
Und wo ein Blick grüßt, werft die Anker aus!
Zählt auf der Wandrung nicht nach Monden, Wintern,
Lenzen –
Starb eine Welt – ihr sollt sie nicht bekränzen!
Schärft
das euch ein und sagt: Wir sind zu Haus!
Baut euch ein Nest!
Vergeßt – vergeßt
Was man euch aberkannt und euch gestohln!
Kommt ihr von Isar, Spree und Waterkant:
Was gibt's da heut zu holn?
Die ganze Heimat
Und das bißchen Vaterland
Die trägt der Emigrant
Von Mensch zu Mensch – von Ort zu Ort
An seinen Sohl'n, in seinem Sacktuch mit sich fort.

Tarnt
euch mit Scheuklappen – mit Mönchskapuzen:
Ihr werdt euch doch die Schädel drunter beuln!
Ihr seid gewarnt: das Schicksal läßt sich da nicht uzen –
Wir wolln uns lieber mit Hyänen duzen
Als drüben mit den Volksgenossen heuln!
Wo ihr auch seid:
Das gleiche Leid
Auf 'ner Wildwestfarm – einem Nest in Poln
Die Stadt, der Strand, von denen ihr verbannt:
Was gibt's da noch zu holn?
Die ganze Heimat und
das bißchen Vaterland
Die trägt der Emigrant
Von Mensch zu Mensch – von Ort zu Ort
An seinen Sohl'n, in seinem Sacktuch mit sich fort.

Werft
eure Hoffnung über neue Grenzen –
Reißt euch die alte aus wie'n hohlen Zahn!

Es ist nicht alles Gold, wo Uniformen glänzen!
Solln sie verleumden – sich vor Wut besprenzen –
Sie spucken Haß in einen Ozean!
  Laßt sie allein
  Beim Rachespein
Bis sie erbrechen, was sie euch gestohln
Das Haus, den Acker – Berg und Waterkant.
Der Teufel mag sie holn!
  Die ganze Heimat und
    das bißchen Vaterland
  Die trägt der Emigrant
  Von Mensch zu Mensch – landauf
      landab
  Und wenn sein Lebensvisum abläuft
      mit ins Grab.

Die kleinen Hotels

I

Vom Bahnhof angeschwemmt – im Strom der Massen
Fiebernd von Schwindsucht deines letzten Gelds
Treibst du durch Reusen immer engrer Gassen
  Die abzweigen
  Zu den Absteigen
    Zu den
    kleinen Hotels.

Wenn dich ein Blick taxiert, tu unverfänglich!
Tritt ein; bring Glück herein! Und: Gott vergelt's!
Es keuchen hinterdrein treppauf die Jahre kränklich
Du bist verdonnert nun auf lebenslänglich
Zu kleinen Hotels
  Zu kleinen Hotels
    Zu kleinen Hotels.

II

Dort fällst du mit der Tür in sieche Räume
Zu Häupten droht im Sturz der Mauerfels –
Pitschnaß das Bett vom Angstschweiß fremder Träume

Die aufquellen
Aus den Abfällen
Der kleinen Hotels.

Du mußt des Nebenzimmers Pein erdulden,
Daß sie sich schlaflos auf dein Kissen wälz –
Daß dich des Nachbarn Wollust würgt – und alle
Schulden
Die prasseln nachts aufs Dach aus vollen Mulden
Auf die kleinen Hotels
Auf die kleinen Hotels
Auf die kleinen Hotels.

III

Willst du dich frierend an der Liebsten wärmen
Schmiegst du dich eng in ihres Atems Pelz –
Die Neugiergnomen werden dich umschwärmen
Die nachts spuken
In den Dachluken
Der kleinen Hotels.

Versuch zu fliehen aus dem Wust von Gängen –
Schon schrillt die Glocke wütenden Gebells . . .
Tapetenranken fangen dich in ihren Fängen
Bis sich allmählich ganz zum Sarg verengen
Die kleinen Hotels
Die kleinen Hotels
Die kleinen Hotels . . .

Ich studierte die Geschichte der Revolution.
Ich fühle mich wie zernichtet unter
dem gräßlichen Fatalismus der Geschichte.
Ich finde in der Menschennatur eine
entsetzliche Gleichheit, in den menschlichen
Verhältnissen eine unabwendbare
Gewalt, allem und keinem verliehen.
... Ich gewöhne mein Auge ans Blut.
Aber ich bin kein Guillotinemesser ...
GEORG BÜCHNER an seine Braut

AN LA DOULCE FRANCE
– Paris = Là-bas –

I
Über
la PLACE de la CONCORDE
gleißt die Hochsommerhitze
– Quatorze Juillet –
steif
ragt der LUXOR-Obelisk
aus pharaonischen Vergangenheiten
in den Glanz
der DRITTEN REPUBLIK –
und balanciert auf seiner Spitze
die
tricolore
KOKARDE:
LIBERTÉ – FRATERNITÉ – EGALITÉ
= Ah, ces filles!
au Bal des Sansculotte =
Ici, on y danse!
LA DOULCE FRANCE =
– Allons, Enfants! circulez
et pas d'Histoire!
Le Jour de Gloire est arrivé –

Über
Place de la Concorde = Place du Tertre =
= Montmartre = Quartier Latin

rast le
CANCAN de la Horde
um die
Gleichheit-Maschine
des Docteur GUILLOTIN =
Vengeance!
Aux Armes, Citoyens!
Les Aristo – à la lanterne
– Merde aux BOURGEOIS!
= Sales Etrangers!
Refugiés:
à la Porte!
– à la Gare! –

– A moi!
= Ich bin's!
Öffne – so öffne mir doch!
Laß mich hinein,
DOULCE FRANCE –
in
Dein
bohemes
Chez-toi =

II
PARIS = Là-bas!
Und unterirdisch
donnert der METROzug
Auf den Stationen
stehen als Leichenspuk
die Wartenden Spalier –
= Draußen
am Ende der Welt
in der ›banlieu‹
– in der Bannmeile -
geht
in Eile
Niemandmehr
quer
überfeld =
Beim Zöllner zahlt
der Tod den ›octroi‹ –

»Passeport, s'il vous plaît«
– *Je suis*
le Roy!

An Chartres

Es wohnen in Moskau und in Indien
Ganz wie in Chartres Gläubige auch –
Du räkelst dich auf einer grindigen
Anhöhe und bläst dünnen Rauch.
Du wäschst dein 13. Jahrhundert
Dir eitel in den schmutzigen Bach –
Wenn dich ein Reisender bewundert,
Dann lachst du übers ganze Dach.
Träge sickert durch schmale
Gassen das Gestern ins Heut –
Und überall die Kathedrale
In einem Himmel voll Geläut.

Es fallen dir die alten Bauten
Wie Zähne aus den Mauern aus –
Es ädert sich in dürren Rauten
Gotik um dein ergrautes Haus –
Die Fenster schauen sich in die Stuben –
Mitwisser ungesühnter Schuld –
Und Bilder treiben in den Schuben
Unzüchtig greisen Ahnenkult –
Tief im Maul der Portale
wird Historie zerkäut –
Und überall die Kathedrale
In einem Himmel voll Geläut.

Zwei Brudertürme – nächtlich hämisch
– der eine reich – der andre schlicht –
einer romanisch – jener flämisch –
versöhnen sich im Tageslicht.
Und wenn die Leucht-Apotheose
ins Innere durch das Glas zerbricht,

entfaltet die Legenden-Rose
im Kelch ihr feuchtes Angesicht –
    Haben am Abendmahle
        sich die Apostel erfreut –
            so füllt von neuem ihre Schale
                die Kathedrale mit Geläut.

Als Mahnmal frisch vergoßnem Blute
steht da ein Gußstahl-Monument
beim Heldenfriedhof – an der Route,
die sich nach TOURS zu Tode rennt –
Doch streift im Flug der Fledermäuse
der Nachtspuk das Portalgestein,
dann krampft sich Chartres ins Gehäuse
der starr verkalkten Bräuche ein –
Weit
        auf den Hügeln – im Tale
schnarcht das Sprengel verstreut =
Und drüberhall die Kathedrale
aus einem himmelvoll
                                        Geläut –

Vor Reims

Wo man in Ost und West den Gegner drosch,
Füllt Neugier eines Tags und Schlachtfelds Leere,
Und Erbfeind, Krämerseele, Hunne, Boche
Pflückt Souvenirs sich auf dem Feld der Ehre.
Wieviel gefallen – wo die Schlacht begann,
Schrieb Klios Griffel mittels Handprothesen,
Und »was man sah« und »wo man dagewesen«,
Kreuzt man mit einem Heldenmale an.
Voran, voran
Für Ruhm und Arbitrage!
Der Voyageur
Rückt hinterher,
Er und die ganze Bagage:
Ladies und Gentlemen! Knickerbockers! Kodaks!
Thos Cook and Company
(*Dulce et decorum est pro patria mori*).

Dies ist Mirakel von demselben Geist:
Die Kathedrale und die Kriegsmaschine.
Der Mensch, der die Historie bereist,
Bewundert an der Plastik die Ruine.
Wo Kunst sich eine Ewigkeit ersann:
Einschlag am Christus – Altar links beschädigt,
Wird mit dem battlefield zugleich erledigt,
Was man an einem Tag so schaffen kann.
Voran, voran
Für Ruhm und Arbitrage!
Der Voyageur
Rückt hinterher,
Er und die ganze Bagage.
Schrapnellkettchen gefällig? Hornbrillen? Granatsplitter
unter Garantie!
(*Dulce et decorum est pro patria mori*).

Das wunde Land trägt Ginsterstrauch-Verband
Und einen fürchterlich berühmten Namen.
So bombensicher ist kein Unterstand
wie unsre bombensicheren Champagner-Reklamen –
Die Große Zeit steht stramm – das Blut verrann
in Strömen . . . Cordon Rouge – Veuve Cliquot –
Le grand Crû – Au Chemin des Dames =
Messieurs – dames! Ladies and Gentlemen –
Voyageurs! Visiteurs! Voyeurs!
und die ganze Bagage!
Heran! Heran!
Les Affaires – l'arbitrage
à tout-à-l'heur'!
Victoire der Baukunst und der Strategie!
Dulc' et decorum'st pro patria mori!

Hymne auf Korsika

Vier Söhne hat Korsika uns geschenkt
Die hielten es hart auf hart
Und haben das Schicksal mitgelenkt
– Jeder auf seine Art!

I.

Der ERSTE wurde Empéreur!
  der zweite Korse: Bandit!
Der dritte war: COTY, Parfumeur –
  der vierte: Préfet de Paris!

Als »Le petit Caporal« aus dem
          Mutterschoß kroch,
  hat ihm das Herz gepocht.
Doch zog Er das große Cäsaren-Los,
  hat das GOTTESgnadentum sich
          unterjocht,
Daß selbst der PAPST ihm ins
          Hinterkreuz kroch –
Hat am Brand von Moskau sein
          Süppchen gekocht –
Doch von Korsika, von Korsika
          kam er nimmer und nirgends los!

Kein Machtwahn kann berauschen
  wie korsisch gekelterte Luft –
Keine Fahnen können sich bauschen
  wie der Wald der BAVELLA-Kluft!
Europa war Deine Maîtresse
Europa hat Dich verjagt
– Es schläft sich bei keiner princesse
wie bei einer korsischen Magd!
Ach, Napoleon! Daß Du in Frankreich gethront,
– hat sich das eine Mondnacht Ajaccios gelohnt?

Vier Söhne hat Korsika uns geschenkt
– die hielten es hart auf hart!

II.

Als der Mißratene auszog
          vom Mutterschoß,
  hat ihm das Herz gelacht –
Er zog beherzt das Räuberlos –
  hat Touristen um ihre Juwelenpracht

und die Hüter der Ordnung
ums Leben gebracht –
Doch KORSIKA, sein KORSIKA
ließ ihn nimmer – nein, niemals los!

Kein Himmelbett kann federn
wie korsisches Unterholz
Man reist nicht auf Gummirädern
wie in den CALANCHES so stolz!
Doch, ach! Nur so kleinweis zu morden,
war nie ein gutes Geschäft!
Denn bloß durch Titel und Orden
wird eine Mitwelt geäfft!

Daß Du Reiche beklaut –
Und der Armen geschont –
ROMANETTI!
hat Dir das einer gelohnt?

Vier Söhne hat Korsika uns geschenkt –
die hielten es hart auf hart.

III.

Als der Dritte, der Vierte vom Mutterschoß
zogen gen Frankreich weit –
Da zog der Schlaue das Börsenlos
und ward durch Parfums und
Petroleum groß
– und der Graue durch Sittlichkeit ...
Doch die intimsten Regionen
enthüllt keine Spekulation
Und COTYS Toilette-Transaktionen
erfüllte kein frischer Ozon =
In BONIFACCIOS Grotten

ein blaues Wellengrab
tut wohler – als verrotten
in den Akten –
d'un Monsieur CHIAPPE!
Denn eher wird man das Leben bloß
– als korsische Polizisten los!

Vier Söhne hat Korsika großgesäugt
   – Die waren von Jugend auf hart
Und haben sich nie dem Schicksal gebeugt
   Hartnäckig
                  auf korsische Art –
– Den *Kaiser* traf ALBIONS Hinterlist
– Den Hauptmann ein Räuberfallott
– CHIAPPE? Na, der wurde gleich Polizist.
– COTY? Der erklärte Bankrott . . .
   Aber
         – ob Halbgötter –
                              halb so groß
   Ganz kam keiner davon
      von Korsika –
         »Ach, Du mein Korsika . . .!« –
                              los =

Warnung

Erlischt
         der letzte Cognac-Stern
NAPOLEON –
                  au »Bistro de la Seine«
dann gehet lieber fremd – und fern
mit einer Schiffs-Sirene –
   Man erkundige sich beim Reisebureau
      nach ihrem Preise –
                              nach Übermeer –
   achtern – in ihrem Boote:
   dem »BATEAU IVRE
            ARTHUR RIMBAUD« –
   Auf der Galeere
      der
         FÜHRER – DUCE – CAUDILLO:
         der
            Irren–DON QUIJOTE

NO EXIT
Entscheidung der »Sûreté Nationale – Zône libre –«:
Kein Exit-Visum ...

Das Amtsorgan:
C'est vous? (– Sind Sie der? –)
Der Schatten (schweigt)
Die Beamtenhand des Gesetzes
(greift zum Telephonhörer,
kurbelt, kurbelt – und meldet sich)
Oui, c'est moi! A l'appareil!
(am Apparat) – Oui, c'est lui!
C'est son nom!
(horcht) Compris! (verstanden!)
– Compris? (verstanden?) – – Allez-oust!
(hinaus!) =

Mirakel des Heiligen Bürokratius

Halb tot geschunden – der halbe Mann
Dem teuren Vaterland entrann

Ich grüße Dich, Fremde – sei Heimat mir!
– Zeigt Euren Paß – zeigt Euer Papier!

Man nahm mir Paß Weib Kind und Gut
Seht mich doch an! Hier rinnt mein Blut ...

Wir sehen es – doch nur mit Papiern
Kann Euer Blut die Grenze passiern!

Die Wache gab ihm einen Stoß –
Da stand der Mann im Staatenlos

Die erste Nacht schwand – die Sonne brannt
Und dörrt das Gras durch den Ohneland

Die zweite Nacht kam eine Magd
Die ihn nicht sah – doch mit ihm sich behagt

Neun Monat drauf in Schmerzen gebar
Ein Kindlein das ohn Wesen war –

Die dritte Nacht irrt sein Gespenst
Wo Politik ans Jenseits grenzt –

Die vierte traf ihn ein Mandat:
Steh auf und wandle! rief Sankt Bürokrat

Und sieh und siehe! die Akten schwolln
Er wandelte leibhaft in Protokolln

Ward ihm bei Buße befohlen daß
Er samt Gebeinen sein Gastgrab verlaß.

Hymne auf den Sieger von GUERNICA

Hier sehen Sie
im Tal des Todesschweigens
das Postament
DEM RETTER DES
ALLSPANISCHEN VATERLANDS
ZUM EWIGEN ANGEDENKEN
eigens
ganz in Eisenerz gegossen –

Beachten Sie!
Man hat,
IHM Platz zu schaffen,
eine ganze Stadt –
ihrer Sechstausend –
merken Sie die Zahl –
radikal – umstandshalber
abgeschossen –

Hier stehen Sie –
wo einst GUERNICA stand –
auf der historisch gewordnen Erde

des Unbekannten
Ermordeten – und anerkannter
Reliquienknochen.

Betrachten Sie dagegen
die diktatorische Gebärde
des echten Patrioten
– hoch zu Pferde –
verwegen aufgereckt
zum Unterjochen –

In dieser Pose
schlug der famose
Stratege
siegreich
sein wehrlos Volk
so lenkte er die Schlacht
so hat er an der Spitze
fremder Flieger
das Vaterland
dem Boden gleichgemacht.

Ließ seine Bauern mähen wie ihr
Getreide –
Und so bedeckte er mit Heldentum
sich SELBST – mit ihrem Leichendünger
ihre Weide –
ALLES zum Heile Spaniens
– sich zum Ruhm –

In solcher Positur –
GOTTfürchterlich – vor nichts sich grausend –
wie ihr IHN hier gen Himmel ragen seht
so hielt ihn fest
der Herzschlag von sechstausend
Baskenflüchen
und ihrer verfluchten, erschlagnen
Prediger Stoßgebet . . .

Erfahren Sie!
Zum Bau von diesen Quadern
ließ der brave General

von FALANGE-Luftgeschwadern –
ohne der Kranken sich zu kümmern
dies Hospital – ganz links –
zertrümmern –

Bewahren Sie genau
das Denkmal im Gedächtnis!
Denn hier errangen die Unsterblichkeit
der Name: MOLA
und des Baskenvolkes
ständiges Leid
GUERNICA zum Vermächtnis
und dem General zum Segen –

Prägt es euch ein
ihr trägen Zeitgenossen!
Denn diese Trümmer sind
ein Meilenstein –
Hier haben die Barbaren sich
eingeschossen
auf ihrem Flug!
Wo wird der nächste sein?

LA FRANCE PETAIN

Ein Wintermärchen
im Totenschiffhafen
des Mittelmeeres
Marseille – 1941
Fünf Uhr früh

Das Verhör

Von einem Eis-Mistral links und rechts
geohrfeigt, flattert ein Schattenmensch
über die Einöd-Mole »*de la Joliette*«
und hält, indes das Abendland
in einer Schneewehe versinkt, vor
einer Stacheldrahthecke neben der
klaffenden Tür der Paßpolizeibaracke ...

Eine Stimme von drinnen: *Entrez!*
Der Schatten gleitet über die Schwelle
und wirft seinen Schattenriß auf
die Bretterwand – und den angenagelten
Öldruck: *Maréchal Henri-Philippe*
Pétain – Père de la Patrie.
Langes Schweigen – kurzes Gehüstel
hinter dem Bürokraten-
Schreibpult:
»*Vos Papiers?*«
Aus seinem schlotternden Mantel-
täschchen polkt der
Schattenjemand ein Zettelchen
mit einer Blaustiftnummer und dem
violetten Stempel
Préfecture de Départment du Rhône:
›valable – sans idée de retour‹
[›Gültig zur einmaligen Ausreise
ohne Rückkehrabsichten‹]
– und steckt den Wisch in
die Krebsschere der Beamtenhand, die in
die alphabetische Kartothek
rückwärts langt:
»*Allez-vous-en!* –
Hinaus!«

*

Erlaß der
Deutschen General-Kunndt-
Militärkommission:
»Marseille, 17. Juni 1940
§ 19 Die französische Regierung
ist verpflichtet zur Auslieferung
aller in französischen Gebieten, Kolonien
Protektoraten, Mandaten
namhaft gemachten Deutschen.«

*

Im Kohlenbunker des Exilmenschen-Schmugglers
LEVIATHAN II

Seefahrt tut NOT!
Captain Ahab! OLD NICK!
Farewell, *Melville* and MOBY DICK
Unsre Zukunft liegt auf dem Wasser
vom letzten Abendrot besonnt –
Der Silberstreifen am Horizont
– Adé! wird blasser und blasser –

*

Eines Flüchtlings Verfolgungswahrträume
– A Refugee's Nightmare
– Travelogue in colours

via
die ROTHAUT-Westindies
– Große und Kleine Antillen
– Karibisches Ultramarin
– Korallengeschmückte Meerbusen
– Smaragdgeäderte Buchten
– Dschunglige Vulva-Vulkane
palmig geschürzter
Kaffee , Tabak-brauner
Kreolentöchter
des Commonwealth –
über FLORIDAS
brillante Hôtel-Glaspaläste
– Everglades-Moore
– Bulldozer-Dorados
zum
»U. S. A.
Immigration Naturalisation
Office
Columbus Avenue
NEW YORK, City
N. Y.«

*

THE HEARING
(Verhör)

»Sie kommen . . . ?«
– Ich komme – (– aber entkam ich?)
aus EUROPE-KZ.
(nicht los . . .)
»O. K.!
Go back where you came from
That's the American way!
Love it or leave it«
»Lieb oder laß es!«
– on pursuit of HAPPINESS –
auf der Jagd nach der Glückszahl –
– Downtown – uptown –
Broadway – Mainstreet

*

HIOB
the Job

– Shoeshine, Mister?
– Teller-Auto-Leichenwäscher
[free lance] freier Schreibarbeiter

nie abgesandt –
verfaßt
vor Untergängen,
in Gefangenenlagern,
von Flucht zu Flucht
durch vier landlose, lieblose
Zwischenzeiten (1937–41),
in denen es keinen Aufenthalt
gab – keine Adresse – und keine
Empfängerin –

»*Setzen Sie das fort, immer wenn Sie in arger Bedrängnis sind. Sie werden es noch oft vonnöten haben.*«

Ödön von Horvath
auf einer Postkarte an den Autor

I

(Wien, November 1937)

In einer Nacht, die ich nicht schlief,
Setzt ich als Segel diesen Brief.
Schon ließ die Hölle aus dem Schoß
Die Stürme der Verzweiflung los . . .
Ich schrieb, ich schrieb – doch jedes Wort
Holt eine Sturzsee über Bord . . .
  Ich sann, ich sann – doch die Gedanken,
  Erbebend, lösten ihre Planken.

Und »Du«, der ich mein Schiff verhieß,
War einzig, die den Nord mir wies . . .
Dich suchte, keine Antwort fand
Mein Herz, das SOS gesandt . . .
Ich horchte: zwischen Tanzmusik
Scholl Propaganda, Heil und Sieg . . .
  Ich würgte an des Schlagworts Bürde
  Und fühlte, daß ich zeitkrank würde.

Mir war, als ob ich sank und sank,
Als wüchs aus meinem Schädel Tang –
Als stieß der Fische kalte Gier
Sich an dem schwanken bleichen Tier,
Aus dessen Schlund der Gram, gestaut,
Perlt silbern auf mit Gurgellaut . . .
  Als ob mich ganz des düster-nassen
  Exils Medusenarme fassen.

Was sich da tummelt, das verdammt,
Wer nicht dem braunen Schlamm entstammt,
Nicht folgt der glitschigen Moral:
Bist du nicht Hai, sei glatter Aal!
Lurchiges Pack, qualliger Schleim
Nahm sich das Wrack Kultur zum Heim,
  Kneift meine Hand mit Bruderscheren,
  Um mich zum Rückwärts zu bekehren.

Weißt Du, was vorsintflutlich noch
Im Seelentief sich so verkroch,

So übernächtiges Geschmeiß
Vom untersten Inferno-Kreis –
Bloß Muskeln, Schnute und Geglotz –
Uns anstiert mit gereiztem Trotz,
   Sukkuben, die nach Chaos hungern:
   Hellichten Tags sehn wir sie lungern.

... Was mitternächtige Hexenzunft,
Scheu vor der Sonne der Vernunft,
Aus Krötenlaich und Schlangenkraut
Im Dämmerschlaf zusammgebraut,
In einem Alchimistenpult
Gebrütet, treibt es Ahnenkult ...
   Aus schmutzigen Phiolen gegoren,
   Nennt es sich rasserein geboren.

Unausgeschlafener Nebelspuk
Regiert die Welt mit Lug und Trug.
Ein Besenstiel, mit Macht behängt,
Springt um, als ob er Staaten lenkt ...
Und ein Homunkulus bekräht
Neidsüchtig die Humanität.
   Und was der Alltag uns berichtet:
   Spinn-Parzen haben's nachts gedichtet ...

Genug! Ich blicke wolkenwärts ...
Der Mond entblößt ein Endchen Sterz ...
Gereimte Seufzer, dran er schuld,
Trägt er mit himmlischer Geduld.
Der tausendfältige Kuppler ist
Der Welt verdächtig als Trotzkist,
   Seit Liebespärchen Radio hören,
   Um Linientreue sich zu schwören ...

Wie seiner Philomele Sang
Wortlos aus wunder Kehle drang,
Klagt an die Sprache, die ich schrieb,
Seit man die Zunge ihr zerhieb.
Und schweigen sollt ich, wenn sie girrt
Und zärtlich mit den Schändern wird
   – als wolltest mit vertrauten Scherzen
   Du, Liebste, einen andern herzen ...?

Talent und Seele gäb ich fort –
Verschriebe sie . . . hätt nur mein Wort
Den bösen Blick – das Starrkrampfgift,
Daß ich allein durch Niederschrift
Der Narrheit Heiterkeit entfach
Und sie und mich zu Tode lach!
  Den Schimpf verzeihen? Dich vergessen?
  Nicht, ehe mich die Würmer fressen!

Sein will ich ein papierner Schuft,
Unwert selbst Deiner Nähe Duft!
Ich schwör's, so wahr es drei jetzt schlägt –
Auch weil mich hitziger Föhn erregt . . .
Doch bräch' ich das Gelübde je,
Dann sag: er tat's für die Idee,
  Zu irgendeinem höhern Segen
  Gleich den erfolgreichen Kollegen!

Oft wolltest Du, daß ich gestand,
Ob echt, was ich für Dich empfand . . .
Echt . . . wie ich Salomonis Braut
In Seifenblasen schimmernd schaut –
Bin, wenn Dein Blick mich überirrt,
Vom Festglanz kindlich echt verwirrt . . .
  (Echt, wie einst Rilke für den Teetisch . . .
  Echt, wie dem Heut der Rassen-Fetisch!)

Aus uferloser Einsamkeit
Mein Wort steigt ins Unendlich-Weit,
Daß es zurück den Ölzweig bringt,
Sein Gruß in seinem Schnabel winkt . . .
Als zu Dir mein verwaistes Ich
Dem Eis der Diktatur entwich,
  Sah ich am Strand das Pack sich wälzen,
  Blutheiß in räudigen Werwolfs-Pelzen.

Horch! Welch Ermordeter Gestöhn
Klagt um Gehör aus diesem Föhn?
Manch weltumwälzendes Projekt,
Ewige Werte, unentdeckt,
Scheitern am Stumpfsinn, ungeschehn,
Eh sie im Ruhm vor Anker gehn . . .
  (Selbst tausendjährige Reiche waren
  Wie Fürzchen doch, dem Geist entfahren).

Als Segel setzt ich diesen Brief,
Bis sich die Nachtsintflut verlief . . .
Krächzend und rabenschwarz verläßt
Die Stundenschar das Zeitgeäst,
Brackwasser spiegelt leichenfahl
Ergraut unsteten Hoffnungsstrahl . . .
  Der Charonspost geb ich das Schreiben –
  Ach, wird's zu Deinem Herzen treiben . . .?

. . . über dem Kahlenberg tauchen Geschwader Großdeutscher Jagdflugstaffeln auf; im Stadtpark die »Pestvögel« eine Spezies eisgrau geschechter Sperlinge, die (laut Berichten österreichischer Ornithologen) sich nur selten zeigen; wie der Volksmund behauptet: vor Türkeninvasionen, Epidemien und gottlosen Heimsuchungen.

II

(Wien, in der Rauhnacht)

Ich habe diese Nacht befragt
– Rauhnacht, vom wilden Heer durchjagt –,
Da tun sich vor dem Mordsgeschnauf
Abgründe unserer Zukunft auf . . .
Da brummt in seinen Nebelbart
Der Sturm den Spruch, der unsrer harrt . . .
  Da zählt der Tod nach Schädelwürfen,
  Wie lange wir noch denken dürfen . . .

Da lügen sich die Balken krumm . . .
Die Volkserlöser gehen um . . .
Die Wände spitzen ihre Ohrn . . .
Da spitzelt's aus den Ofenrohrn . . .
Daß Caspar, Melchior, Balthasar
Vor ihrem Zugriff uns bewahr!
  Da schmuggelt sich in Brief und Betten
  Verleumdung ein – nichts kann uns retten.

Ich habe die Rauhnacht heut gestellt:
Gesteh! Was treibst du mit der Welt?

Lehrst sie die Ammendiktatur?
Den Wohlstand aus der Müllabfuhr?
Metaphysik aus hohlem Faß?
Erzählst vom schwarzen Schaf ihr was?
  (Auch ich, von Tollheit rings umschwefelt,
  Hab wider die Vernunft gefrevelt!)

Rauhnacht ist drauß' – in mir bist du.
Daß Drauß' und Drin kommt nicht zur Ruh . . .
Das Blut der Opfer, ungestillt,
Trübt mir den Blick – verwischt Dein Bild . . .
Mein Brief an Dich – ein Zeitbericht,
Zeigt mir mein eigenes Gesicht.
  Indem die Umwelt ich entsiegel,
  Schreibend, seh ich mich selbst im Spiegel.

Was? Bin ich denn nicht Zoll um Zoll
Der Retter, den man lieben soll?
Du wirst beglückt – erbarmungslos!
Von Mir entzückt! Ich mach Dich groß!
Bring Dir das Heil – das Du verschmähst,
Wenn Du dabei zum Teufel gehst!
  Umsonst, mein Volk, hätt ich geduldet?
  Auf ewig bleibst Du mir verschuldet!

Nein, lieber beim Heurigen und heut
Als später Ruhm beim Grabgeläut –
Als im Walhall – als Weihrauchduft
Aus einer Kapuzinergruft . . .
Und als zum Heldenmal versteint
Im Park (vom Taubendreck beweint . . .)
  Alles fürs Grabmal – dicht daneben
  Flüstert ein Paar: ». . . für Dich nur leben!«

Für Dich mein Brief aus Mitternacht.
Ich setz ihn gegen jene Macht,
Die mit Verdacht, die durch Verbot
Mich aus der Finsternis umdroht,
Die, frei zu atmen, mich beklemmt . . .
Denn Eines hab ich, das sie hemmt:
  Sehnsucht nach Dir! Das ist das Zeichen –
  Das zwingt sie magisch, mir zu weichen!

Wünsch gar nicht, daß mich je verläßt,
Eh ich verlösche, mein Protest.
Wo immer Despotie begann,
Schrie es aus mir: Ich klage an!
Empört! Und habe mir verhehlt,
Wie Du, mir nah, Dich stumm gequält ...
  Wie sollt ich schreiend Unrecht hindern?
  Konnt nicht mal Dein Erleiden lindern ...

Zur Freiheit! Edel war der Rausch ...
Was aber gaben wir in Tausch?
Zu Menschenrechten! Selbst: Zu Gott!
Das letzte Wort sprach das Schafott!
So haben wir mit Feur und Schwert
... niemals geliebt, nur ... stets bekehrt –
  Als ob durch Standrecht, Ukas, Feme
  Man uns die Kinderängste nähme ...

In dieser Rauhnacht fremder Pein
Trat es aus mir ins Zimmer ein ...
Und unausweichbar saß es da ...
Ich suchte meine Schuld ... ich sah
Mein Innres offen – tief verschreckt
Mich selbst –, so hab ich dich entdeckt ...
  Von mir zu Dir, um zu beglücken,
  Mußt eine Welt ich überbrücken ...

... genau so weit, wie dieser Brief
Von mir zu Dir – doch teuflisch tief
Voll giftiger Zweifel ... Drüberweg
Schritt ich und schaut nicht nach dem Zweck ...
Denn glaub mir! Die mit Gott-Allürn
Zu ihrem Heil die Welt verführn:
  Auf Böcken und Prinzipien reiten
  Sie mitten in die Bluthochzeiten.

Ich habe diese Nacht befragt ...
Heimkehrt die Frage, wie es tagt ...
Ging von mir aus; wo steckt der Sinn?
... und steht nun da als Bettlerin ...
Viel schenkt ich her an Witz und Wert –
Hab ich gefragt, ob Du's begehrt?
  Nimm, was Du brauchst – kann ich's Dir geben,
  Beschwert's Dich nicht: mich selbst – mein Leben ...!

... Als dieser Tag verdämmert, gibt es Wien nicht mehr. Nie zuvor sah ich solch rapiden Physiognomiewandel. Der Hunneneinbruch, der Türkensturm konnten nicht befremdender gewirkt haben ... Die Fahrt ins Kopflose beginnt. In jedem überfüllten Abteil vertraute Gesichter; Kollegen; Prominente, die gestern noch die Gesellschaftschronik als »anwesend« gemeldet hatte. Draußen die Finsternis, im Vorbei zerfetzt von den Scheinwerfern, Biwakfeuern anrückender Panzerkolonnen – zur Generalprobe des »schlagartigen Überfalls«; des »Ansprungs wie der Blitz aus der Nacht« – auf die Ostmark nun; auf das Abendland morgen.

Das Neue Tagebuch, Paris, 6. Jahrgang, Heft 12

III

(Wien, im Jänner 1938)

An Dich ...
  weiß weder Ort noch Zeit ...
Wo mag ich sein? ... Es schneit ... es schneit ...
Wie Du nicht kamst – nicht kamst, folgt ich
Dem Zeiger, der an Krücken schlich.
Umwandernd so das Zifferblatt,
Starb ich in die verschollne Stadt ...
  Aus den Spionen späht verwundert
  Ein abgelaufenes Jahrhundert.

Entsprang dem meinen über Nacht
Zu Euch, Vorfahren! Aufgemacht!
Ich fand die zeitverschneite Spur ...
Erfahrt, wie man mit uns verfuhr!
Kasernen – Gleichschritt – Fahnentuch,
Das erbten wir. Als Fortschrittsfluch!
  An Boxer, Söldner, Folterknechte
  Vermachtet Ihr die Menschenrechte.

Seht, ein Ersatzgeschlecht entstammt
Dem Makartplüsch – dem Wagnersamt,
Das einen Heiden-Unfug treibt –
Walküren – wehrhaft und entweibt –
Gerissen rassenreiner Tor –
Die Parsifals im Massenchor –
  Das zieht zum Gral mit Kind und Kegel,
  Das baut Zuchthäuser uns aus Hegel.

Von greisem Winter überflockt,
Flücht unters Dach ich – vor mir hockt
Entmenscht ein Übermenschenwrack,
Ein allmacht-trunkener Knochensack . . .
Das Schwester-Lama blökt im Flur:
»Mein Bruder! Genius hors concours!«
  Die irren Lippen seh ich beben
  Und rastlos lallen: *Gefährlich leben . . . !*

An welchen Pöbelsinn geriet
All deines Scharfsinns Dynamit!
Entwerter höchster Werte! Frech
Falschmünzer prägen dich in Blech.
Unter besessenen Spießern glänzt
Beim Stammtischrücken dein Gespenst . . .
  Die halten Radiogequietsche
  Für Machiavell, für Marx und Nietzsche . . .

. . . Es knirscht der Frost mit mir im Schritt.
Die Kälte streift mich: Kommst du mit?
Wie sich auf alles, was da denkt,
Das Schweigen der Polarnacht senkt!
Was weiden dort für Mammut-Narrn!
Ihr Anblick macht den Witz erstarrn . . .
  Des Hirns wird man sich ganz entledgen . . .
  Im Rudel heulen – Sauriern predgen!

Wohin . . . ?
  Läßt mich Dein Herz erfrieren,
Will ich in Gassen mich verlieren,
Wo mozartlicher Harfenton
Noch trotzt dem Goliath Megaphon –
Wo mich manch Haus barock beglückt,
Dem Quaderpathos mich entrückt
  Mit Amouretten, schneebehemdet,
  Von kalten Zweckbauten umfremdet . . .

. . . *unzeitgemäß!*
  Zeit ohne Maß
Wird Beute dem Termitenfraß . . .
Das Kollektiv . . . es überrennt,
Was blüht und träumt – es schwitzt Zement . . .

Hemmt Phantasie den Amoklauf:
Volk ohne Raum räumt damit auf.
  Dem »Großen Plan« – dem Moloch HORDE
  Schlägt man an Opfern Weltrekorde.

Unzeitgemäß! Zu heiligem Zweck
Verkommt die Kreatur im Dreck –
Ach! An vertracktem Kreuze hangt
Das Höhere, nach dem sie bangt!
Verdürstet sie und sehnt sich frei,
Labt sie der Essig der Partei –
  Gibt sie den Geist auf – naht der Haufe,
  Daß er sich heldisch dran besaufe ...

Zur Unzeit leb ... unzeitgemäß
Füll ich mein Leid ins Wortgefäß ...
Unzeitgemäß ... als tränkt der Tau
Ein Leichenfeld statt grüner Au ...
Als wenn im Ohr ein Vers noch klingt,
Da eine Welt in Trümmer sinkt ...
  Es rast die Zeit – kracht allerenden ...
  Mir, einsam, will die Nacht nicht enden ...

So heimatlos – so zeitenlos
Verbarg ich mich in Deinem Schoß,
Als ich in Dir vergaß die Zeit
Und, wider ihren Fluch gefeit,
Schon meint, daß gegen jeden Feind
Inbrunst uns samsonskräftig eint,
  Daß unsre Sinne sich verschwistern
  – Erwacht ich unter den Philistern.

Trau keiner Ruhe mehr – mich flieht
Der Schlaf, seit mich der Traum verriet ...
Und wandre wieder um das Stück,
Das mir der Tag raubt, nachts zurück ...
Das Dunkel baut die Städte um ...
Vergangnes: nächtlich geht es um,
  Vom »Ring« zu Wiener Waldeshängen
  Traumwandelt ich in Untergängen ...

Bis ich vor Deinem Fenster stand,
Schneeblind, das ich verschlossen fand . . .
Wohin . . .? Da lag ein Gassenschank
Zur billigen Seligkeit auf Fang.
Die Kehle naß! Die Augen naß!
Zu schreiben was! Zu saufen was!
  Daß ich den Rausch zur Neige trinke –
  Bis auf den Grund des Schreibens sinke!

. . . mit Morgengrau am dürren Leib
Schleicht sich herein das Zwielicht-Weib
Und fegt mit einem Nebelwisch
Das Dunkel aus, den Rausch vom Tisch . . .
Der Brief ward welk – das Wort verblich,
Seit Du nicht kamst . . . Ich schrieb:
  An Dich,
  Datiert aus der geheimnisvollen
  Zeitlosen Stadt, heut nacht verschollen . . .

IV

(Nice, Juni 1939)

Nachts . . .
  schwarz zerklüftet sah ich schon
Die Diktatur des Todes drohn . . .
Noch leb ich – Liebe so wie Haß
Verlängern mir den Lebens-Paß . . .
Noch faßte ich, ans Wort gekrallt,
Im Schreiben meinen letzten Halt . . .
  Hoffe noch, flüchtend unter Schemen,
  Ein Restchen Ich mit mir zu nehmen.

Im Nebel, dem ich knapp entrann,
Da rüsten sie das Stahlbad an . . .
Das Sklavenwesen, chaostoll,
An dem die Welt verwesen soll
Mit Geißelfahrt und Judenhatz . . .
  Schmiedet in der Reichsfolterkammer
  Der alte deutsche Hexenhammer.

Mitternacht ist nun, Mittelmeer,
Fruchtschwerer Süden um mich her ...
Wind, der der Wellen Leib befühlt,
Trinkt frische Mondmilch, eisgekühlt –
Zaust Palmen, lüftet dunkelsatt
Von Evas Scham ein Feigenblatt ...
  Und Brunnendrachen speien Vergessen
  Zum Kreuz, umbetet von Zypressen.

Wie eint sich hier Dämonenwahn
So engelhaft – so nymphoman!
Wie eine Quelle, unerlöst,
In ihrem Bette sich entblößt!
Wie sich im Ölhain das Geäst
In silbriger Umarmung preßt!
  Und wie sich Höllen- und Hadesschatten
  Da unter Phallusfelsen gatten!

Greises Gehöft, draus lasterhaft
Die Last geträumter Blüten klafft ...
Kastrierter Götter Trümmerbild,
Das sich mit Moos die Wunden stillt ...
Madonna, schmerzensreich umgleißt,
Die Jenseitswonnen süß verheißt –
  In elysäischem Verschwenden
  Will jedes sinnlich sich vollenden.

Da nun zum brünstigen Schöpfungslied
Der Mistral die Register zieht
Und zu der Stille Kontrapunkt
Des Krötensumpfes Bratsche unkt
– Zikaden geigen zum Beginn –,
Steigt der Choral: Ich bin! Ich bin!
  Und hingegeben frommem Truge,
  Himmelan braust die Daseinsfuge.

Und kämest Du ... mit jäher Schlucht
Abschützend rundet sich die Bucht ...
Bleiben! Im Fischerhafen fern
Blinkt ein Zuhause Stern an Stern ...
Ausruhen ... wenn unser Blut erregt
Gegen die Stundenklippe schlägt,
  Zeitlos und grenzenlos am Ziele
  Im unbefristeten Exile.

Daß ich den Schuft wegdenken könnt,
Der sich und uns kein Rasten gönnt,
Marschiert, bis ihm die Welt gehört,
Sie ganz besitze: ganz zerstört –
Dynamisch führt hinab, hinab
Im Leerlauf bis ins Massengrab ...
  Nur hungriger, je mehr er speichert –
  Verarmt, je mehr er sich bereichert ...

Der Terror! Mondhell ist er da!
Unfaßbar! Fast zum Greifen nah!
Ums Kap, in zaubrischem Versteck
Haust der großmäulige Menschenschreck ...
Am Zoll betrittst Du sein Revier:
Laß alle Hoffnung hinter Dir!
  Doch in der »Engelsbai« zum Feste,
  Hier tanzen, hier feiern die zahlenden Gäste.

Siehst Du das Segel suchend sich blähn?
Verfolgte, die nach Zuflucht spähn!
Kommt schlimme Botschaft mit dem Boot?
Ruft es: *Der große Pan ist tot ...?*
Der Wald steht bis ins Harz versteint,
Welkend, von Eulenschrei durchweint ...
  Doch allen Jammer übergellen
  Der Engelsbai Musikkapellen.

So, nachts, mit Totenwalzerklang
Feierte Wien den Untergang ...
Noch schau ich, schaudernd bis ins Mark,
Die Diktatur drohn, Sarg an Sarg ...
Seufzend empfängt mit feuchtem Kuß
Die Flut des Tages Leucht-Erguß ...
  Noch schreibe ich ... die Schemen blassen
  ... Von meiner Liebe – meinem Hassen ...

Falaise, Bezirksort des Calvados [Normandie] – 5700 Einwohner. Historische Sehenswürdigkeiten: Die Schloßburg, Geburtsstätte – 1072 – Wilhelms des Eroberers, Bastards Roberts des Teufels und der wunderschönen Gerberstochter.

»Au Diable« – Verschwörerlokal der »chouans« – »Käuze« – während der Großen Französischen Revolution.
Das Stadtgefängnis [XVIII. Jahrhundert] mit dem Galgenhof ... zur Zeit [Zweiter Weltkrieg] Notquartier der 300 feindlichen Ex-Allemands, die der pensionierte Kolonial-Colonel, Comte Untel de la Chose, eigenhändig gefangennahm.

V

(Camp de Falaise, Herbst/Winter 1939)

Nicht Tag, nicht Nacht ... und kein: Wohin ...
300 sind wir – nicht mehr bin.
Vom Heute, das wir abgeäst,
Auf Stroh, das unter uns verwest,
Am knappen Schlafe jeder zerrt,
Schnarchknurrend Mensch zu Mensch gesperrt,
  Mit seines Nachbarn Traum bebürdet,
  In einem Schuppen eingehürdet.

Dreihundert, jeder sich zuviel,
Sind uns im Weg – ohn jedes Ziel.
Der eine rennt im Rund sich wund –
Der spricht sich zu aus fremdem Mund –
Der döst – der wartet voller Müh
Auf nichts ... es wird nicht spät, nicht früh ...
  Wir, zwischen Herbsttrüb', Winterhelle
  Gefangen, leben auf der Stelle.

Rings aus dem glaubensfinstern Land
Von Kirchen schwirrt so Teufels-Tand ...
Das sucht sein Opfer – bläht sich breit,
Das schwächt ihm seine Männlichkeit –
Das holt uns aus, das schreit uns an,
Das zeigt uns an – und speit uns an
  Aus drachenmäuligen Regenröhren
  Und schöpft Verdacht aus Kreuzverhören.

Reißt Wunden auf – legt Kummer bloß:
Der tote Vater – Mutters Schoß ...
Und wen ich liebe – was ich treib –

Und diesen Brief, den ich Dir schreib –
Und ob ich: der – kein andrer sei . . .
So fragt die Höllen-Polizei
    Dreihundert aus, die um mich wimmeln,
    Lebendigen Leibs hier amtsverschimmeln.

Femschöffen – Fronvogt und Profoß,
Des Hochgerichts Nachrichtertroß:
Aus Grüften steigt er salbungsvoll,
Entrollt sein ledern Protokoll . . .
Ich kenn die Art: ideenstumpf,
Larven vom Teutoburger Sumpf –
    Vergrämte Urwald-Bürokraten!
    Hyperboreer – Halbasiaten . . . !

Sie stempeln siegeln kritzeln schmiern,
Mehrn rattenhaft sich aus Papiern –
Und Haus um Haus wird, gottverdammt,
Zu ihrer Brutstatt – wird ein Amt.
Ausweis! Ausweisung! Stempel drauf!
Fingerabdruck: ein Lebenslauf!
    So legen sie in staubverpackten
    Bündeln die Menschheit zu den Akten.

Der Minotaurus! Weh! Wir sind
In dieses Rindskopfs Labyrinth –
Er ist ein lahmer Colonel,
Abends zecht er im Stadt-Hotel
Aus Fachwerk, gieblig, holzgebaucht,
Vom Zeitgott schwärzlich angeraucht,
    Umflattert vom Gezänk der Dohlen . . .
    Ich war dort mal Kartoffeln holen.

Nordmannen haben da geheert,
Geherrscht und sich zum Kreuz bekehrt –
Die schöne Gerberstochter trug
Den Bastard, der die Briten schlug –
Wider die Sansculotterei
Erscholl der Bauern Käuzchenschrei –
    Jetzt wählt der Stadtklatsch uns zu Helden
    . . . sonst hat die Chronik nichts zu melden.

Wir: eingekäfigt, vogelfrei,
Ein Unheilsschwarm der Barbarei,
Bestimmt, um der zerstörungsgeiln,
Annahenden Plage vorzueiln,
Dem Grauen, das uns überkam,
Bis es uns selbst die Sprache nahm –
  Wir: ausgesandt als Warnungszeichen
  Hörn ungenützt die Zeit verstreichen.

So Tag für Nacht! Die Frühe loht.
Heimabwärts treibt ein Wolkenboot.
Wie stürmisch mir nach Dir begehrt
Gleich Bäumen, drein die Windsbraut fährt ...
Mit blanken Ästen, rank und wild
Umgreifen sie ein Nebelbild ...
  Starr, angewurzelt, traumverwundert
  ... Gedenke mein!
    ... wir sind dreihundert ...

Auf dem Exodus von $2^1/_2$ Millionen Parisern durch die Porte d'Orléans nach der totalen »Blackout«-Nacht vom 12. zum 13. Juni.

VI

(Flucht durch Frankreich, Sommer 1940)

Es war zu schwer!
  Nimm, Nacht, die Last,
Die du mir aufgebürdet hast!
Es war zu viel! So liebesleer
Ein Dasein: Ich ertrag's nicht mehr.
Es war zu weit! Verlorenes Spiel,
Besiegt im Ernst – weitab vom Ziel ...
  Ja, mein Talent! Ach, all mein Sehnen:
  Ins hohle Faß geweinte Tränen.

Ägyptisch finster blieb der Tag,
Als »La Nation« im Sterben lag.

Die Marseillaise blies zur Flucht,
Und des Bastille-Sturmes Wucht
Schlug um – es wankt am Wanderstab
Ein Heer, so stolz es keines gab . . .
  Wir zwei, wir doppelt ausgetrieben,
  Wir treiben mit, uns treu geblieben.

Grau in dem grauen Elendszug –
Den Himmelsblick zum Bombenflug –
Durch Heimat, die kein Heim mehr hat;
So Stadt und Dorf rollt Rad an Rad
Spurlos – die Würger auf den Spurn . . .
In Wagen reisend, die nicht fuhrn . . .
  Lebendige kamen daher in Särgen –
  Nichts blieb den Toten, sich zu bergen . . .

Im Trümmerfeld, wo die Gefahr
Hebamme bei der Schwangern war –
Durch Orléans, das neu im Brand
Frevelnder Scheiterhaufen stand –
Zusammen waren wir, als uns nach
Die Brücke jäh zusammenbrach,
  Als zwischen uns der Tod schon wählte
  – zu zweit: gefeit – uns so verfehlte . . .

Auf allem, was dem Feind entrann:
Kanone, Pflug und Heugespann
Samt Hausrat und Familienschatz
Erwinkten wir uns einen Platz . . .
Und Katastrophen-witternd schrie
Landfremd das stallwehkranke Vieh . . .
  Sank Abend in die Ackerbräune,
  Beschert er uns mit einer Scheune . . .

Im Stroh: wie schien Dein Leib ein Schloß –
Zuhaus, wenn Regen uns umfloß –
Schiff im Orkan – und muttersacht . . .
Die Sonne, nach der tiefsten Nacht,
Durch schwarzes Unheil, das da braut,
Ging leuchtend auf an Deiner Haut . . .
  Wie jugendrein kamst Du vom Waschen
  In trüben Brunnen – zum Überraschen!

Von kopflos Hastenden umstaubt,
Kein Wald, der Rasten uns erlaubt –
Die Quelle – kaum der Durst gestillt –
Spiegelt des Krieges Schreckensbild . . .
Zur Küste! – Albdruck-Strecken weit!
Schweiß, Lehm und Blut wob uns das Kleid –
  Bis Ausweg-sperrend die Pyrenäen
  Am Ende endlos vor uns stehen . . .

Ein ganzes Land ging außer Lands,
Ruhm Geld in blankgewetztem Glanz –
Die Werte, die die Welt entzückt:
Verworfen – keiner, der sich bückt . . .
Dem Untergang noch untertan . . .
Zurück spie sie der Ozean.
  Die Sintflut stieg. Zu Land, von Norden
  Wälzt der Morast die Sündpfuhl-Horden.

Wir sahen: von Wallfahrt, die nicht glaubt,
Lourdes bis aufs Wunder ausgeraubt –
Der Ablaß, drum der Fromme bat,
Das war ein Paß vom Konsulat –
Kein heiler Fleck an Stadt und Dorf . . .
Am Acker fraß der Hiobs-Schorf . . .
  Weihwasser nicht, aus allen Meeren,
  Heilte von des Verrates Schwären . . .

Was mein war, selbst mein Wort, ward hin:
So ärmer als ein Bettler bin –
Die Fessel, die in Nimes ich trug,
Wog vielfach, weil mich Frankreich schlug –
Der Wahn, in den Europa glitt,
Den ahnend ich längst vorerlitt:
  Nichts kränkte so – nichts tat zu wehe,
  Blieb mir noch Alles: Deine Nähe!

Das aber ist zu schwer!
  So nimm,
Nacht, von mir diese Last von Grimm!
Daß mich zuletzt noch ins Exil
Die Liebe stieß: das war zu viel!

Das ging zu weit! Noch der Verzicht
Auf Dich! Nein! Ich ertrag es nicht.
So nimm, Nacht, den schon lebensleeren
Leib, um mich völlig zu entschweren!

Alles verlief ganz glatt bis Anfang September, bis Mehring sich zur [spanischen] Grenze aufmachte ... mit einem tschechischen Paß, den ich ihm verschafft hatte, unter anderm Namen. In seinen schmudäligen, ungepreßten Kleidern, die er noch trug, nach haarsträubenden Abenteuern unterwegs, sah er mehr aus wie ein Tramp als wie ein Poet. In Perpignan mußte er in einen anderen [Güter]zug umsteigen. Zu seiner Überraschung und Freude war keine Bahnhofskontrolle anwesend. Unbehelligt ging er hinaus und setzte sich in ein Café, um sein nun nahendes Entkommen zu feiern. Fünf Minuten später wurde er von einem Geheimpolizisten dingfest gemacht. Ich vermute, daß dieser armselige flic sich eingebildet hatte, die Aufklärung für sämtliche Taschendiebstähle und Spitzbübereien der letzten sechs Monate aus Perpignans Kriminalgeschichte gefunden zu haben. Als aber der Polizeifahndungsdienst ermittelte, daß Mehring Ausländer war ohne Reisegenehmigung, ließ man ihn in das nächstgelegene Konzentrationslager schaffen, nach St. Cyprien, the pesthole of France ...
Zitat aus: *Varian Fry, »Surrender on Demand«, Random House, 1945.*

VII

(Camp de Saint Cyprien, September 1940)

Im Traum ... Dich suchend ... hext mich fest,
Umwächst mich Stacheldraht-Geäst ...
Zu Dir! Zu Dir! Im lehmigen Sand
Gelähmt, hat sich mein Schritt verrannt ...
Die Wolken fluchten – heißer Wind
Peitscht hoch mein Blut – die Zeit verrinnt ...
Stürzend seh ich Dein Sternbild hangen ...
Wieder hat man mich eingefangen ...

Und träum: in aberhundert Ställn,
Die von Gerudel überquelln,
Brüllt ein verbiestert scheues Wild
– Und trägt doch Gottes Ebenbild ...

Verzaubert so in räudiges Vieh
Von der Gefangenschafts-Magie.
  Unrat der Not – und Kot der Schande
  Füllt dies Inferno bis zum Rande.

Überall nicken sie mir zu
Durch jeden Zaun: Auch du ...? Auch du ...!
Mit blödem Grinsen, ungewiß,
Entblößt sich ihr Skorbut-Gebiß ...
Lemuren-Masken, langgemähnt,
Aus denen ein Erinnern tränt ...
  Und der Verzweiflung Ungeziefer
  Kriecht an ... Ich träum mich immer tiefer.

Und taste: in dem stickigen Pferch
Sielt Leib an Leib sich überzwerch –
Von magern Flanken, fieberheiß,
Beizend dünstet der Menschenschweiß ...
Ich streif die Ratte, die glatt und feist
Das harte Lagerbrot zerbeißt –
  Spür das Geschnüffel wütiger Hunde –
  Die »Garde mobile« macht ihre Runde ...

Doch plötzlich tagt mir's lichterloh,
Die alle kannt ich: wann und wo ...?
Die sah ich einst Gesellschaft spieln:
Die Kunstmäzene, Bibliophiln –
Beim Bachkonzert – beim Presseball ...
Da liegt der Fortschritt nach dem Fall!
  Bestimmt, Welträtsel zu studieren,
  Gelehrte find ich hier vertieren ...

In Paaren treibt man sie zur Fron
Mit dicken Prügeln, dürrem Hohn.
Sie balgen sich um schmutzigen Brei –
Und Seuchen schlafen ihnen bei.
Wer schmachtend nachts vom Wasser trank,
Den schleppt man morgens sterbenskrank ...
  Umsonst such ich mich aufzurütteln,
  Die Schreckgesichte abzuschütteln ...

Ich träum: ein Riesenzwinger sei:
Europa drin – rings Polizei . . .
Ich träum: Frankreich, das sich nicht wehrt,
Den Opfern hat's den Krieg erklärt . . .
Ich träum: den Sieg trägt die Sorbonne
Dank Spitzeln und Sûreté davon . . .
  Ich träum, daß sie das Gastrecht schänden –
  Und wir in Gleichheits-Kellern enden . . .

Träum ich? Nein! Wahr ist, was mir schien
Ausgeburt kranker Phantasien.
Saß doch drei Tag mit Lumpen so
In Perpignan, in dem cachot . . .
Las an den Mauern, aufgeplatzt,
Rot-Spaniens Flüche eingekratzt . . .
  Bin hinter Draht, im Sandgerölle,
  Genannt: »Die Pyrenäenhölle«.

»Saint-Cyprien – Ilot spécial«
Halb-Satan Mensch ersann die Qual –
Ein Federstrich – ein Blutbefehl:
Verfallen ihm mit Leib und Seel,
Schrein die Verdammten auf verstört:
Erlöse uns! Kein Heiliger hört . . .
  Welch ein Triumph! 4000 Juden
  Verludern in den Bretterbuden.

Ich träum, Dich suchend, festgehext,
Wie Du mit Küssen mich bedeckst . . .
Ich fühl Dich noch – aus Deinem Glück
Reißt mich ein roher Griff zurück –,
Und wie Dein Lachen schon verklingt,
Kein Schrei, kein Brief mehr zu Dir dringt,
  Abstürzend greif ich voll Verlangen
  In Stacheldraht . . . ich bin gefangen . . .

VIII

(Marseille, Ende Oktober 1940)

Will Dir's gestehen . . . sag kein Wort
Von dem Vergehn: Ich wollte fort . . .!
Kumpane hatten's mir gesteckt,
Bei Suff und Nebel ausgeheckt:
Es geht ein Schiff um Mitternacht
Nach Unbekannt mit Flüchtlingsfracht . . .
  Ein Mordsplan – käm er je zu Ohren
  Der Obrigkeit, wärn wir verloren.

Will Dir's gestehen . . . Dich zu sehn,
Was tät ich nicht! . . . Jetzt ist es Zehn!
Marseille schlürft grad zum Leichenschmaus
Austern Seeigel Muscheln aus.
Draußen, mit hungrigem Gefauch,
Da schnappt das Meer – füllt sich den Bauch . . .
  Das ist die Ordnung: Immer munter,
  Mensch oder Fisch – es muß herunter!

Jawohl! Das Unten kommandiert –
Nach unten wird die Welt regiert.
Am Grund des Alls hat sein Revier
Der Zwischengott – das Übertier.
Jetzt ist's bald Elf – Marseille erlischt.
Die Wache, die nach Fremden fischt,
  Geht um, geht um. Wer sie nicht meidet,
  Stirbt, von Gesetzen ausgeweidet.

Nord-West, der knotige Tyrann,
Pöbelt mich längs dem Hafen an,
Gießt über mich in windigem Haß
Die Schwärze aus dem Tintenfaß.
Er schreit mich taub – er bläst mich blind,
Daß ich den Weg zum Schiff nicht find . . .
  Entkäm ich euch, daß ihr mich los seid:
  Skylla – Charybdis . . . Dummheit – Bosheit!

Es geht ein Schiff nach Unbekannt . . .
Im Zickzack stößt mich ein Passant –

Ein Emigrant ... er sucht die Pier.
Sein scheuer Gang verriet es mir.
Ich folgte ihm die Mauern lang ...
Bald war's ein Schwarm, der meerwärts drang ...
  Schlag Zwölf mit schwerem Klöppel-Lallen
  Zählten wir auf uns niederfallen.

Stumm ward zum Schiff um Mitternacht
Der Menschenschmuggel eingebracht ...
Im Schuppen roch es grabesfaul ...
Die Brandung schleckte sich das Maul ...
Wir stehn gespannt: kommen wir frei?
Saufen wir ab? ... so ist's vorbei!
  Die Hochsee wird sich an mich schmiegen,
  Bis meine Sinne ihr erliegen.

Wir standen – Stund um Stunde starb.
Die Mienen wurden leichenfarb,
Und seekrank schlingerten die Bohln.
Wir wagten kaum das Atemholn,
Vom gleichen Schicksal angeschwemmt,
Fliehende Schatten – sonst uns fremd ...
  Ein Totenwrack trieb unterm Strande
  Mit unsrer Wünsche Konterbande.

Die Hoffnung bröckelte tick! tack!
Kalkweiß, stückweis von dem Verschlag
Hernieder – bis die Flüchtlingsschar
... um wieviel Jahr? ... gealtert war.
Vor wieviel Jahrn? ... Ich schau empor,
Ich läute wieder an dem Tor ...
  Du öffnest – heiß sind Deine Lippen ...
  Friedhofskalt weht es von den Klippen ...

Wenn wir das Fenster dann verhüllt –
Dein Zimmer dämmert Rausch-erfüllt –
November auf dem Herbsthorn blies:
... es war in Wien – es ward Paris ...
Dumpf rasselt ab das Zeitgewicht ...
Tick tack – Tag Nacht: so zuckt ein Licht ...
  Hell-Dunkel gleich den Leuchtturmfeuern,
  Tag Nacht ruhlos von Abenteuern ...

Es geht ein Schiff um Mitternacht –
Ertrunkne haben's klar gemacht –
Legt nirgends an – Klock Nimmermehr –
Sein Kapitän heißt Ahasver,
Der, lebensmüd, im Minenfeld
Mit Volldampf Kurs nach achtern hält . . .
Die Sehnsucht aber, Dich zu sehen,
Zwingt nächtlich mich, an Bord zu gehen.

IX

(Antwort auf einen Kartengruß aus New York
Marseille, November 1940)

»Love . . .«
namenlos – in Deiner Schrift!
Ich schlürf' sie Zug um Zug – wie Gift,
Das man, betäubt, sich einverleibt,
Wenn nichts mehr andres übrig bleibt
– Nächtigend stets: »bei Unbekannt« –
Wie kam es, daß Dein Gruß mich fand,
Daß er verstand, sich durchzulisten
Zum Strand der Ausweglos-Touristen!?!

Wie magisch wärmt meerüber mir
Dein Gruß mein schauerliches Hier . . .
Atembeklemmend kracht's im Schrank,
Als würd's dem dürren Holze bang,
Da Mitternacht von Dir mir spricht
Einsilbig schlicht
– konnt' ich doch nicht,
So sehr ich mich gemüht, bekunden,
Was einfach Dein Gemüt gefunden . . .

Der Marmor, draus ein Zeus entsprang –
So Bachs Toccata-Orpheus Sang –
Grecos entfleischte Sinnenlust –
Ein Ach! aus Hölderlinscher Brust –
Psalm, Sure, Minnelied, Sonett –
So jede Form von A bis Zet –
Dein Gruß . . . was bleibt von allem? Sie bringen
Ein ewiges Gefühl zum Schwingen.

Errechnet je das Leid der Streit
Um das: Als Ob – um Raum und Zeit?
Die Kabbala – »Das Kapital«?
Die Siebenzahl – das Integral?
Platon – Porphyrius – Abälard?
Da ich Dich nenne, bist Du wahr . . .
Ich bin: aus Deinem Sein und Wesen . . .
Ohne Dich möcht ich nicht genesen.

Wie rankt mein Wort sich blätterlos –
Wie liegen seine Wurzeln bloß –
Wie krankt es lieblos – wächst es wüst:
Da einzig Du darin erblühst . . .
Dran einzig Du lebendig reifst . . .
Tausendmal besser mich begreifst,
Wenn Du und ich uns eng umschweigen
– als wären mir tausend Zungen eigen . . .

»Komm bald . . .!«
Geschah es, daß ich schlief,
Und mich Dein Mund beim Namen rief . . .
Fühlst Dich so nah an – fliehst so fern . . .
Ich möcht die Schwere von mir zerrn,
Mitteilen Dir, daß ich Dein nur denk . . .
Schreibend erfriert mein Handgelenk . . .
Auf der Verfolgung eingewintert
In Mauern, draus die Schande sintert . . .

*H*erz, das ein Hauch von Dir beschleunt . . .
*E*insam: so ward der Nacht ich Freund . . .
*R*uf mich – ich werd zur Stelle sein,
*T*raum, unser einziges Stelldichein,
*H*eilige meiner Inbrunst Kraft!
*A*m Anfang war die Leidenschaft . . .
Hertha!
So setz ich Deinen Namen,
Sei mein Beginnen – sei mein Amen!

X

(Marseille, Silvester 1940/41, in memoriam)

An meine Kammer, wo ich welk,
Pocht zwölfmal an das Neue Jahr,
Spricht zugig hohl: Es war . . . es war . . .
Hängt seinen Jahrkranz ans Gebälk,
Verblüht – von Lügenluft erstickt –
Erschlagen – von der Not geknickt:
  Der beste Jahrgang deutscher Reben
  Ließ vor der Ernte so sein Leben . . .

Mühsam: Poet und Promethid,
Erdrosselt wie ein räudiger Hund –
Ossietzky, den man so zerschund,
Daß er voltairisch lächelnd schied . . .
Als man den Friedenspreis ihm bot,
Schloß er grad Frieden mit dem Tod . . .
  Der beste Jahrgang deutscher Reben
  Ließ vor der Ernte so sein Leben . . .

Es weht ein Blatt – kaum leserlich:
»Die Dummheit, die wir persifliert . . .
Die macht Geschichte. Die regiert . . .
Herzlichst *Tucholsky* . . . Ohne mich! . . .«
In Schweden, krank, doch unbekehrt,
Hat er den Schierlingstrank geleert . . .
  Der beste Jahrgang deutscher Reben
  Ließ vor der Ernte so sein Leben . . .

Ernst Toller, Freund aus Jugendland,
Bestimmt, um Bühnen, Meetings, Zelln
Mit ernster Tollheit zu erhelln,
Löschte sich aus mit eigner Hand . . .
In Übersee, weitab der Schlacht –
Warum hat er sich umgebracht . . .?
  Der beste Jahrgang deutscher Reben
  Ließ vor der Ernte so sein Leben . . .

Wo in der Welt wächst nun die Art
Von Stammtisch, nah dem Luxembourg,

Rechtspolitik und Linkskultur,
Die *Joseph Roth* um sich geschart . . .?
Von dessen Bart Weissagung troff,
Sich weise drum zu Tode soff . . .
  Welch edler Jahrgang reicher Reben
  Ließ vor der Ernte so sein Leben . . .

Kurz vor dem Fall der Stadt Paris,
Wo ich nach langer Haft Dich fand,
Besucht' uns oft der Emigrant
Ernst Weiss, der dort sein Leben ließ . . .
Arzt, Dichter: mischt er Giftarznei,
Nahm sie beim ersten Hunnenschrei . . .
  Der beste Jahrgang deutscher Reben
  Ließ vor der Ernte so sein Leben . . .

Theodor Lessing, femgekillt . . .
Und *Hasenclever*, einst vernarrt
In den esprit – im Camp verscharrt
Von Frankreich . . . Welch Komödienbild!
Carl Einstein: auf der Flucht erhenkt . . .
Olden, vor Kanada versenkt . . .
  Ein edler Jahrgang deutscher Reben,
  Nutzlos verschüttet, ließ sein Leben.

Doch *Horvath*, den ein Baum erschlug,
Damit solch Kleinod im Exil
Den Säuen nicht zum Fraße fiel,
Starb ganz er selbst: ein Satyr-Spuk . . .
Die Türe knarrt . . . zwölfmal pocht's an:
Die tote Elf – der Sensenmann . . .
  Der beste Jahrgang deutscher Reben
  Ließ vor der Ernte so sein Leben . . .

In dieser Kammer, wo ich welk,
– ich in Marseille, Du in New York –
Wo ausgejätet und auf Borg
Und fruchtlos in Erinnrung schwelg,
Drauf wartend, daß die Freundes-Elf
Gelinde mir hinüberhelf . . .
  Der beste Jahrgang deutscher Reben
  Ließ vor der Ernte so sein Leben . . .

. . . wär mir ein Etwas noch vergönnt,
Weil Neu-Jahr ist, so sei's: ich könnt,
Sturmläutend jeden Nervenstrang,
Dich hautdicht, duftnah herbeschwörn,
Dich atmen, tasten, schauen, hörn
Dank einem rauschhaft heilenden Trank . . .
  Aber der Wein, daß ich genese,
  Reift nicht,
    zerstört längst vor der Lese . . .

XI

(Marseille, Mitte Januar 1941)

Am knochenfahlen Häuserblock,
In den Bistro am Hafeneck
Tritt spät er ein und trägt am Rock
Finsternis Kälte Regendreck
Wie einer, dem nichts glückt, nichts frommt –
Von seines Tags Beerdigung kommt . . .
  Ein karger Gast – ein Unbekannter,
  Argwöhnisch hastig – ein Verbannter . . .

Woher? Sein trüber Rundblick stutzt,
Als säh er Gitterstäbe nur,
Von langer Wanderung abgenutzt
In Gängen einer Präfektur . . .
Die Freie vor ihm wie ein Kleid
Ward dem gefangenen Leib zu weit . . .
  So zwängt er sich durch Winkelgassen,
  Daß ihn nicht Ausweisjäger fassen.

Wohin? Er grübelt, trinkt und schweigt . . .
Doch weiß ich, daß er messerscharf
Die Armutsleiter abwärts steigt:
Unerlaubt hier – und fort nicht darf . . .
Um Pässe fleht nach Übersee
Auf seiner Bettel-Odyssee . . .
  Und keiner Heimkehr Hoffnungsfunken
  – Sein Ithaka ist längst versunken . . .

Wie hält er sich versteckt? Problem!
Aus dem Gesetzesauge späht
Nach seinem Fleische Polyphem,
Das er an Paragraphen brät . . .
Die Bettstatt teilt er, fluchtbereit,
Mit der Chimäre Einsamkeit . . .
Im Halbschlaf spitzt sein Ohr verstohlen
Nach Schritten: ob sie ihn nicht holen . . .

Die Kreuz und Quer zum Mittelmeer,
Wo der Antike Geist verscholl
– Ein technisches Pygmäenheer
Stürzt' den Olymp, vertrieb Apoll –
Aus Kirkes Menschen-Schweinezucht
Entwischt der Dulder auf der Flucht
Zu fremdenfeindlichen Phoceern:
Amts-Kannibalen – Rechtsverdrehern . . .

Er sinnt – von Sorgenspinnen umwebt . . .
Doch stößt ein Kutter ab vom Quai,
Der nach der Hafenausfahrt strebt,
Dann schaut er auf: . . . Penelopé!
Von seinem Arm die Lumpen streift,
Die Faust ballt – dann zur Feder greift . . .
Beginnt zu schreiben – weltabwesend . . .
Ich schreibe mit, gedankenlesend:

»Viel Narretei hab ich bereist:
Hört' der Sirenen Zukunftslied –
Sah Feingeist, der nur Lotos speist –
Kyklopenplebs in Reih und Glied . . .
Hier – heute, da ich Niemand bin,
Wo steuert mich mein Dämon hin?
Irrfahrend auf einem lecken Kiele
Zu Dir als meinem Lebensziele . . .

Und da die Toten ich besucht'
In ihrer Republik Zu-Spät,
Wo jeder der Versäumnis flucht,
Bat ich, daß einer mir gesteht:
Lohnt es sich, einen Tag zu sein?
Helden und Seher sagten: Nein!
Hätt ich Dein Bild nicht mitgenommen,
Wär nicht von dort zurückgekommen . . .«

Durch Finster Kälte Regendreck
Schlurfend zum knochenfahlen Haus,
In den Bistro am Hafeneck
Kam spät er stets – heut blieb er aus.
Nahm ihn vielleicht die Wache mit?
Ob sie ihn tot vom Stricke schnitt?
  Tot oder lebend: sie werden ihn halten
  Und selbst im Hades noch verwalten . . .

XII

(Marseille, Januar 1941)

Acht Jahre Nacht . . . und immer knapp
Am Abrutsch – ohne Sang und Klang . . .
Anabasis! Und mancher sprang
– wir sahn kaum hin – ins Jenseits ab . . .
Seit wir nicht mehr beisammen sind
– Du warst mein Licht –, so tapp ich blind
  Den steilen Hang. An jeder Meile
  Steht – ihrer tausend – eine Zeile . . .

Was sucht ich? Macht? Halt nichts davon.
Der hat sie, den der Fortschritts-Trug
Mit der Begriffsverwirrung schlug;
Der Architekt von Babylon –
Der Machtwahn, himmelan getürmt,
Der wähnt, daß er den Himmel stürmt,
  Und spielt mit Gottes Donnerkeilen,
  Wie ich mit diesen tausend Zeilen.

Besitz? Nach den acht Jahren Weg
Hab nichts und also nichts verlier . . .,
Die Plündrung Oesterreichs raubte mir
Das Dasein: meine Bibliothek.
Die Gauner, die sie mir gestohln,
Werdn sich Belehrung draus nicht holn –
  Nichts könnte ihre Sturheit heilen
  . . . nicht einmal meine tausend Zeilen.

Beifall? Wer schmeichelt meinen Ohrn?
Wie rasch wird Ruhm ein Steckbrief sein,
Läßt man sich mit Parteien ein:
Epheben und Huren der Diktatorn –
Heut Pöbel – morgen Publikum ...
... mein Wort sei Dein – sonst sei es stumm!
  Bitt Dich drum, keinem mitzuteilen
  Den Inhalt dieser tausend Zeilen.

Liebe? Weil ich nichts so begehr
Wie Dich – nicht Ruhm, nicht Macht, nicht Geld –
Entwich sie mir, stets fortgeschnellt
Von eines Zufalls Ungefähr ...
Lockt doch so übermächtig, daß
Im Aussichtslos nicht von Dir laß –
  So klimm ich wie an Fakirseilen
  Ins Leere an den tausend Zeilen.

Schreibend, sooft ich nicht mehr schlief:
Im Lager, Nacht-Asyl, cachot,
Mich bangend, litt ich zwiefach so:
Des Tags in Wahrheit – nachts im Brief –
Beichtend, erzählend ... Dir zugedacht.
»An dich ... Durch Güte ... Dank der Nacht«
  Zerreiß ihn – packt Dich Langeweile ...
  Lies nur die tausendeine Zeile:
    Ich liebe Dich!

Zwei Erlebnisse, auf der Fluchtstrecke geblieben

La Bonne Dame D'Etampes

I

Wund im Abendrote
Schwelen die Balken ... verglühn
Rostig vom Eisen-Kote
Nordischer Harpyen –
  Gräberlose am Platze
  Haben ausgewohnt,

Erwürgt vom Krieg beim Schwatze
Unter dem unerlebten Mond . . .
  Wo vor Stunden Etampes noch war . . .
    »Bon soir, Messieurs-dames, bon soir . . .«

II
Von der Blumenterrasse
Hebt sich ein Häuschen und gafft
Auf die besudelte Gasse,
Hoch die Gardinen gerafft,
  Da ich mich – flüchtend – versäumte,
  Fragt ich die Dame den Weg,
Die abseits sich verträumte
Zwischen zwei Zäunen am Gartensteg –
  In Etampes, wo keiner mehr war . . .
  »Bon soir, Madame, bon soir . . .«

III
Stumm –
  den Schrei noch im Munde:
Was ihr denn eben geschah . . .
Steht in dunkelnder Stunde
Aufrecht ihr Leichnam da . . .
Aus ihren Augen schauen
Schamlos-offenbar
  Die Unzucht und das Grauen,
  Seit sie dem Tod zu Willen war . . .
    Prüfend zupft sie der Wind am Haar:
    ». . . Trop tard, Madame, trop tard . . .«

Der Wanderer

Immer wieder – zu Tausenden – bin ich begegnet
Diesem Wanderer: von Schicksalsschlägen bucklig und krumm . . .
  In seiner Armut bis aufs letzte Hemde durchregnet . . .
Weiter! befahl ihm die Stimme im Nacken. Sieh dich nicht um . . .
Sie kommt – doch du kommst nie an! –, die werwolfäugige Meute,
Deren Haßfunkeln auf der Stelle dich lähmt . . .

Wenn du dich je verschwatzt beim Mitleid der Leute,
Sollst du verstummen, von fremder Sprache beschämt –
So verurteilt, wandernd den Lebensweg abzubüßen,
Vorwärts – vorwärts in immer verlangsamter Hast
Mit schon beerdigten Füßen
Tiefer und tiefer –
von Land zu Land – durch Morast . . .

Immer wieder sah ich ihn vor mir – in Schwärmen,
Diesen Wanderer: zum Leben zu alt und zum Sterben zu jung –
Auf der Suche nach Wesen, die ihn durch Anhören erwärmen –
Mit der Laterne strauchelnd durch Götterdämmerung:
Nur Flucht, wohin er sich wandte – an brandhellen Horizonten
Geborstenes Obdach –
der Schatten der Wälder verdorrt . . .
Bog er in Gassen ein mit heimatlich dunkelnden Fronten,
Wehten die Wetter der Fremde ihn wieder fort . . .
Schneeflocke ward er, mit der alle Windsbräute tollen,
Schneeball in jugendtörichter Götter Spiel . . .
Aber gerät sie ins Rollen einmal, die Völkerlawine,
Begräbt sie Ahasver am Ziel . . .

TRANSATLANTISCHER PSALTER

Liebeslied an la Martinique

I
Nach schäbiger Überfahrt mit Kriegsfracht, Negertruppen
An Bord der »Wyoming« – durchs Ozeangemisch
Durch gasseneng anrüchige Inselgruppen
  Torkelnden Seegangs – ächzend in den Masten –
  Verstopft von Tanghaar, Schwämmen, Quallenquasten
Von Deinem tropischen Toilettentisch –
  Sah ich Dich nackt – Du kamst vom Baden feucht und
    lecker:
  Matrosenliebchen der Amerika-Entdecker ...

  Laß mich Dich streicheln, schöne Martinique ...
  Wie müd – wie wach, da ich nun bei Dir lieg ...

II
Du senkst die Lider, wenn Dein Mund mit spitzen Zähnen
Ein Rauschkraut zwischen Deinen offenen Lippen kaut –
Von welcher Sehnsucht tropfen diese Tränen?
  Aus Deinem Urwald züngeln Ringelnattern
  Dein Dickicht atmet – Kolibris im Flattern
Nippen den Perlenschweiß von Deiner Haut ...
  Wie viele taten gütlich sich an Deinen Küsten –
  Saugten sich toll und voll an Deinen Kokosbrüsten.

  Umkühle mich, Du kleine Martinique
  Daß ich mich tief in Deine Dschungel schmieg.

III
Vulkanisch bebt Dein Bett, doch jungfräulich am Morgen
Rötet Dein Hymen weithinaus die keusche See ...
Palmenumkräuselt ist die Scham verborgen –
  Dein ölig schwarzes Haar wellt in Kaskaden
  Es buchten sich die Hüften und die Waden
Und mit dem Meerschaum spielt Dein großer Zeh ...
Seit Du Kolumbus trafst, schliefst Du mit allen windigen
Reichen goldsuchenden Befahrern von West-Indien ...

  Gönn mir zwei freie Nächte, Martinique ...
  Nichts bracht ich mit mir, als ich Dich bestieg.

IV

In unsern Halbtraum kreischt vom Fort de France die
Ballnacht ...
Betäubt von den exotischen Parfums der Sünderin
Entschlummer ich unter sternenschwerer Allmacht.
Fänd mich Dein Gouverneur in Deinen Betten
Er legte mich auf frischer Tat in Ketten
Weil ich ganz ohne Ausweis bei Dir bin ...
Vor Tintenfässern kuppeln Diplomaten und verhandeln
Mit welcher Großmacht sie Dich künftighin ver-
bandeln ...

Fünf Nächte schlief ich, süße Martinique,
In dem Bordell »Zur Hohen Politik« ...

Rescue-Visa

Was willst du mehr? ... Bist hier ... übers Meer, über
Tropen gerettet ...
Im Nu, auf einen Wunschteppich gebettet,
Brachst du die Siegel auf der Paßkontrollen –
Eh noch der Un-Geist, darin eingeglast,
Dich überdampfte – eh er dich vergast –
Und willst dem frostigen Seelenklima grollen,
Weil du dich schwer tust – an das Einst gekettet?
Was willst du mehr, Poet? du schreibst ...
Du bist gerettet.

Du greifst, wo man die Zinsen drischt, nach tauben
Halmen.
Atmest die Luft, die Industrien verqualmen.
Im Räderwerk Fortunas eine Niete,
Vom Steinwall hallt dein Seufzer echofremd ...
Das Weise China wäscht dein letztes Hemd ...
Bei Zions Witwe nächtigst du zur Miete –
Und Farbige Not weckt dich mit Jubelpsalmen ...
Du predigst in Prärien – versäuselst in den Halmen.

Stiegst aus Erniedrigung zu wimmelnden Handelshallen,
Aus Hungersnot zu schimmelnden Warenballen . . .
Ein Erdteil wird zur Formel für Unendlich . . .
Siehst Kriege abrolln, friedlich kauend, gespannt –
Lebst mit der Liberty im Ehestand –
Gigantik gähnt dich an – dir selbstverständlich,
Daß Bach-Kantaten kommerziell erschallen . . .
. . . Um schließlich im Ikarus-Wahn aus allen Wolken zu fallen . . .

. . . und hättest der Liebe nicht:
Hast dich umsonst gerettet –
Die unbegrenzte Möglichkeit verwettet –
Vertrunken dein Talent . . .
Im Katzenjammer
Fragst du Prosperity: wozu du bist?
Und die Kosmetik-Venus stimmt dich trist.
Aufs Leben schaust du aus der Penthouse-Kammer
Im Reservat, auf Charity gebettet . . .
Verwünsch dich nicht, Poet . . .
Du schreibst . . .
Du bist gerettet . . .

Riverside-Drive

Doch warum schreibst du . . . ?
Schau! Gerad lenkt eine lumpige Fähre
Durch Nebelfaltenwurf . . . wohin? . . . ins Ungefähre –
Und über Brücken-Stahlweb, von Felsen zu Felsen gesponnen,
Rasen hin und her . . . warum? . . . der Tragkraft entsprechende Tonnen . . .
Sag, warum schreibst du . . . ?
Weil, wenn kein Hinüber wäre,
Von mir zu dir . . .
ein uferloser Wahn . . .
Ich's nicht ertrüge . . .
und damit es sich bewähre,
Schreibe ich . . . weiß nicht, bin ich Brücke oder Kahn

Was schreibst du?
Ob es eine Liebeserklärung ist,
Ein Vers oder ein Gesuch um Bewährungsfrist ist –
Was immer ...
Was hierorts Gemeinplatz und Plattheit, bezweckte Gemeinheit,
Flußüber, miasmenperlmuttern, erbaut sich in zwerghafter Feinheit ...
Was schreibst du jetzt ...?
Ein Gleichnis von Fähre und Brücke ...

Warum nicht best-sellers oder erfolgreiche Stücke?
Weil mir die Spannkraft fehlt, um mich zu überheben ...
... *Dann dien' als Fähre ... Denn von Etwas muß man leben ...*
Du schreibst und schreibst ... für wen?
Du hoffst: dir zugeeignet –
Für Heut – fürs Publikum – für Nachruhm gleich geeignet ...
Du willst, ich sei Fährmanns genug, durch jede Fährnis zu leiten,
Und Brückenbauer hinweg über dunkle Vergangenheiten ...

Charon, der nüchtern die Blutschuld: das Qualgeld der Opfer einstreicht –
Orpheus, der, formgewandt, sich in *Plutos* Totenwerft einschleicht ...
... *Für wen schreibst du?*
... *Für die Schatten, die über die Brücke toben ...?*
... *Für Eurydikes Schatten-Ich?*
Für dich ... Für das Drunten, das Droben ...

Wie schreibst du? Zeitnah – oder von der hohen Brückenwarte ...?
... Im Pulstakt der Fluten ... daß bleib, was im Fluß ist ... es
strömе ... ich warte ...
Was in der Gegenwart ankert, muß seewärts, um nicht zu schimmeln ...
Was heute vom Stapel läuft, wird morgen von Ratten wimmeln ...

Die Fähre kreuzt auf billigem Ausflug zur Romantik
Den mit Barbarenprunk heimkehrenden Transatlantik . . .
Wie aber schreibst du? Surreal – gemeinverständlich?
Erst wer ertrinkt, begreift die Oberfläche endlich . . .

Wohin schreibst du . . . ?
    Schau hin! Gerad verschwand die Fähre
Im Nebelfaltenwurf – mein Wort an Bord . . . ins
                                                            Leere . . .
  Die Strömung hat bereits die Furche eingesogen,
  Doch hält – in sich gekehrt – der Brücke Aufwärts-
    Bogen . . .
Wie fände ich dich je im tausendfenstrigen Dasein
Drüben, würde ich nicht in schwindliger Schwebe dir nah
    sein . . .
. . . *Was wird die Antwort sein?*
    Die Frage . . .
      Kein Empfänger –
Kein Hafen, der sie löscht . . .
    Die Fähre fährt nicht länger . . .

Zu beiden Seiten des Atlantik

Denn gleich dem Kind, das, um ein Weltmeer zu befahren,
Ein Boot aus einer alten Zeitung knifft
  Mit einer ungelesenen Überschrift:
    Auf solchem Boot, das kaum zum Bordstein aufreicht
    Und von der ersten Schicksalswelle aufweicht,
  Reis' ich entgegen meinen Greisenjahren
Und blick zurück auf ungelesene Gefahren . . .

Und blick zurück . . . Was sehe ich? Die Brandung immer
Aus meiner Kindheit her –
    und sie berennt
  Der zweiten Lebenshälfte Kontinent . . .
    Nun hier, da sich die Jahre überstürzen –
    Sich die Gezeiten meines Blutes kürzen,
  Rasch alternd sich umtrübt der Hoffnungs-Schimmer,
Versalzt der bittre Alltag mir der Brandung Immer . . .

Vergessen ist die Fahrt – die Tiefe – die Bestimmung,
Die zahllos meinesgleichen weggerafft . . .
Ich denk: Ach, nur ein Meer . . . Ich hab's geschafft . . .
Von zuviel Abenteuern totgelangweilt,
Beschau ich mir, was nackt den Strand entlangeilt . . .
Fahrlässig vor der unheilschwarzen Kimmung,
Folg ich der ersten besten, flüchtigen Liebesstimmung . . .

Bald überflutend, wolkenwild – bald dünenträge
Verändert sich das Landschaftsbild der Zeit . . .
Doch ihres Glast-Palastes Wirklichkeit –
In Hast gebaute Meeresspiegel-Hallen –
Liegt vor mir, zu Erinnerungsschutt zerfallen . . .
Landheimwärts kehrend die versumpften Wege,
Bleibt die Verlockung fremder Küsten in mir rege . . .

Denn jenem Kind, das, um ein Weltmeer zu befahren,
Ein Boot aus einer alten Zeitung macht,
Hab ich die frühe Botschaft nachgedacht . . .
Ich hab sie aus dem Rinnstein aufgelesen . . .
Ich kenn das Kind . . . Ich bin es selbst gewesen . . .
Doch Tausende, die mit mir Kinder waren,
Die gingen dran zugrund . . .
Ich habe sie erfahren . . .

Denn: Aller Anfang ist schwer

Und als er an der Reling stand,
Winkt sie, die Fackel in der Hand.
Da küßte er dem Riesenweib
Von fern den nebelweichen Leib
Und schaut sie an.
Doch sie verschwand
In einer Wolkenkratzer-Wand . . .

Und als er die »First Papers« nahm,
Sich brüstet als ihr Bräutigam,
Sich hart durchs neue Leben schlug,
Ihr jeden Cent nach Hause trug –

Sie schaut nicht hin, wie er sich plagt,
Und hat sich steinern ihm versagt . . .

Fünf Jahre dient er um sie ab,
Schaut keine an, und lebte knapp.
  Doch als man in den Sarg ihn tat,
  Geschminkt, in seinem Hochzeitsstaat,
Da haucht sie:
    Wandre in mich ein!
Ich bin, die Freiheit, Ewig Dein . . .

Kleine Windmusik

Ein Wind, der aufkam,
Bestrich die Düne,
Die uns aufnahm –
Geigte ins Grüne
Die Dünung des Meeres,
  Woher wir gekommen sind.

Und bang und gläsern
Zupft seine Brise
An Halmen und Gräsern
Die schrillende Wiese,
Das Sand-Clavicimbel
  Am näselnden Dünenhang.

Er fiedelt am krummen
Gesims der Kabine.
Vom Windfang brummen
Im Baß die Kamine –
Jedoch die Gespenster
  Schlagen die Fenster zu.

Der Wind – er bettelt
Am sicheren Ufer
Für windverzettelt
Landlose Rufer,
Es geht seine Klage,
  Daß sie nur Sage sind . . .

Daß sie so viel sind
Wie Sand im Meerwind –
Ein leichtes Spiel sind,
Weil sie nicht mehr sind:
Am wandernden Strande
  Flugsand von Niemandsland.

Es nimmt das Schmatzen
Im Schlunde des Sundes –
Das Zanken der Spatzen
Das Jaulen des Hundes
Es nimmt unser Schwatzen
  Die Stimme des Windes an . . .

Vom Sumpfe betrunken
Im Winde, der abflaut,
Krakeelen die Unken . . .
Die Nacht, die herabgraut,
Erschlafft uns hilflos
  Wie Schilf, wenn es windstill ist . . .

Desert-Flower

Unterm Sternenbanner segelnd –
  Wo die Wüste, ausgekehrt,
Ausgezehrt nach Regen dürstet . . .
Wo der Wind, sich überkegelnd,
Auf dem Salzschnee Schlitten fährt,
Wankt die Hütte, sandgebürstet . . .
  Glutumglitzert – lumpengrau
  Steht ein Paar – sind Mann und Frau . . .
    Sie gebar ihm eine Fabel,
    Und nun nährt sie Kain und Abel.

Abmontiert – vom Weg geraten –
  Überdrüssig, nimmersatt,
Gafft das Paar – und ein paar Bretter
Und das Bürgerrecht der Staaten:

Das ist alles, was es hat ...
Ungeschützt vor Wind und Wetter ...
  Sie war mannstoll – er war rauh ...
  Und sie wurden Mann und Frau ...
    Von der Freude, die sie büßte,
    Ward sie fruchtbar in der Wüste.

Hinter toten Drachen-Riffen
  Raucht und blitzt Schlaraffenland,
Wo sie Gottes Werk verbessern
Und den Überfluß verschiffen:
Manna für den Weltversand,
Büchsensamen – Blut in Fässern,
  Blueprints in die Wolken baun
  Und das Blau der Seen staun ...
    Und die Wüste wird zum Anger,
    Geht mit Paradiesen schwanger ...

Früchte wird Erkenntnis tragen –
  Und der bärenkräftige Kain
Den geschäftigen Bruder schlagen ...
Abel stirbt voll Zukunfts-Hoffen,
Doch, verflucht zur Höllenpein,
Kain – verludert und versoffen –
  Wird mit sündigen Fraun verkehr'n,
  Sie beschlafen, sich vermehrn,
    Ahnherr von Parteiprogrammen,
    Wird von ihm die Mehrheit stammen ...

Unterm Sternenbanner segelnd
  Wüstenwärts – erfolgsgeschwellt,
Wo bei den Kakteen-Galgen
Knochenwürfelnd, Schädel kegelnd
Sich um schnödes Seelen-Geld
Hurricane und Sandsturm balgen,
  Zügelt Adam das Gespann,
  Pflockt ein Zelt und baut sich an –
    Da schon Evas Bauch sich ründet,
    Drin ein Bruderzwist sich kündet ...

An Florida

Aus der Korallen-Grotte
Des atlantischen Meers
Tauchst du, Kreolen-Kokotte
Eines Milliardärs.
Deine Lagunenhüften
Wölben sich niedlich empor –
südliche Winde lüften,
  Florida,
  Deinen Tropen-Flor . . .

Segeljachten bummeln
Achtlos auf deiner Bai,
Wo in der Tiefe sich tummeln
Säbelrochen und Hai –
Wo die Brandung längs der
Sandigen Dämme zischt –
Al Capone, der Gangster,
  Florida,
  Dich im Trüben fischt . . .

Über dunkelnden Teichen
Kraust sich der Palmen-Samt,
Draus das Fragezeichen
Der Flamingos flammt . . .
Deiner Schmetterlings-Seide
Ultramariner Schmelz
Funkelt vom falschen Geschmeide,
  Florida,
  Deiner Luxus-Hotels . . .

Bungalows schimmern wie See-Salz,
Drauf sich ein Pelikan ruht –
Und er füttert im Bläh-Hals
Seine gefräßige Brut –
Wenn der gezähmte Wilde
Deinen Abfall speist –
Und der Negro die Milde,
  Florida,
  Deines Klimas preist . . .

Manche Gründung verrottet,
In ein Dschungel gesargt –
Und die Spott-Drossel spottet
Auf dem Grundstück-Markt.
Auf bankrotten Farmen
Wuchert das Säge-Gras,
Wo dich ein Pflanzer in Armen,
  Florida,
  Einst leibeigen besaß . . .

Tragödie der Farbigen

Der Herbst küßt bunt
Die Landschaft wund –
Küßt die geschminkten Backen,
Den bronzenen Hügelnacken
Der kupfernen Mulattin
Und krächzt: Sei meine Gattin.

Die Landschaft spricht
Zum Herbst: Noch nicht!
Sie hüllt ihr Panorama
Ins Violett-Pyjama,
Deckt sich mit Besenginster
Und flüstert: Mach erst finster.

Der Nachtwind zischt.
Der Tag erlischt . . .
Der Herbst umarmt sie eisig
Und sucht ihr auf dem Reisig
Den Nebel abzustreifen,
Sie unters Laub zu greifen.

Er stürmt – er braust –
Er heult – er zaust
Die Landschaft an den Wipfeln,
Zerrt sie an Wiesenzipfeln
Ins Unterholz – er taucht sie
Ins Sumpfbett und mißbraucht sie.

Der Herbst entflieht . . .
Die Landschaft sieht
Vom weißen Winterlaken
Die Frühlingssonne blaken,
Und sie gebiert im Sterben
Dem Herbste farbige Erben.

The Drugstore

Zu ihrem Mainstreet-Tempel
Pilgert die Jugend gepaart –
Für seinen billigen Krempel
Hat sie an Tugend gespart
  Und sitzt geschart in bunter Reih . . .
  Sie schaut verklärt – er hält sie frei:
    Daß sich das Icecream-Mirakel
    Im Messing-Tabernakel
      Ihnen offenbart . . .

Der Weihrauch scharfer Drogen
Schwängert das Nasch-Lokal –
Von Mädchenlippen gesogen
Schäumt der gefrorne Pokal . . .
  Sie beten an der Bar zu zweit –
  Er schweigt sie an – sie horcht beiseit:
    Im Glase orgelt das Soda
    Und aus der Candy-Coda
      Steigt der Juke-box-Choral

Der Held – der Herzensbrecher
Der Stratosphären-Cherub,
Der gestern fremde Dächer
Unter Bomben begrub:
  Nun hockt er linkisch in der Reih
  Und lauscht dem kindischen Geschrei
    Heim von Doughboy-Geplänkeln –
    Errötend vor zwei Schenkeln,
      Ein naseweiser Bub . . .

Schindel- und Kisten-Gerümpel
Rostendes Auto-Gebein
Und hinterm Mainstreet-Tümpel
Der spiegelnde Drugstore-Schrein
   Im Kehricht der Unendlichkeit
   Ein sündhaft keimendes Zu-zweit . . .
      Denn dafür stritt er – durchschritt er,
      Der Minderjährigen-Ritter,
         Des Weltkriegs Höllenpein . . .

We are so lost, so naked and so lonely in America . . .
Thomas Wolfe

Wandering forever

Rauhwälder umstehen
Vermessene Chausseen
Geschmückt mit toten Seelen
An roten Marterpfählen
Rasendem Fortschritt trotzend
Auf Real Estate schmarotzend

Und Glücksjäger jagen
In donnernden Wagen
Damit sie Zeit gewinnen
Mit der sie nichts beginnen
Um immer den andern entgegen
Den Weg zurückzulegen . . .

Nachtreisende hasten
Sie rasten – sie tasten
Zum Wasserlauf des Lebens
Sie suchen es vergebens
Ein Totenfischer angelt
Die Zeit, die ihnen mangelt

Salzstürme verwehen
Auf süßen Seen

Sie blasen im Röhricht die Flöten . . .
Die Wasser des Weihers erröten
Ein Reiher auf Freiersfüßen
Neigt sich, den Osten zu grüßen . . .

Die Wege vereisen
Die Wagen entgleisen
Und alle Reisen enden
Im Rauhwald aus Legenden
Wo sie an Warnungsschildern:
»Dead End«, »End-Weg«
verwildern.

ANTIPHON

Der Trinker und die Spiegel

I
In der Taverne sitzt der letzte Gast,
Weiß nicht mehr: Was ist Rausch? Was war tatsächlich?
Sein Hirn ist träg – sein Denken ist in Hast . . .

Sein Blick taucht unter in Verlassenheit
Und streift in grünen Tiefen oberflächlich
Stets sich – an staubigen Spiegeln aufgereiht . . .

Er grüßt – es grüßt ihn jeder Spiegelmann,
Und vielfach gibt sich ihm zurück die Ehre . . .
Er trauert – lauter Mitleid sieht ihn an.

Er ballt die Faust – sie sind die Übermacht.
Er zielt nach seinem Abbild – trifft ins Leere
Und sieht die Tat im Spiegel unvollbracht.

In der Taverne sitzt der letzte Gast –
Und sinnend hält die Hand das Glas umfaßt.

II
Schmerbäuchige, langhälsige Flaschen stehn –
Versiegelt drin der Schwarm der Alkohol-Geister,
Bereit, zu Ungeheuern sich aufzublähn.

Sklavisch preist jeder sich zum Dienen an:
»Als wen willst du dich fühlen, Herr und Meister?
Wähl dich im Spiegel! Du bist Jedermann . . .

Gelüstet es dich nach dem Voll-Genuß,
So üppig, wie kein Paar sich je begattet?
Ich laß dich trinken: deinen eigenen Kuß.

Sei Spender und Schoß – verschwendend und erfüllt,
Besitzend und besessen. Und ermattet
Umarmst du dein Geheimstes ganz enthüllt . . .«

In der Taverne sitzt der letzte Gast –
Und gierig hält die Hand das Glas umfaßt.

III
»Spiegle der Welt vor deinen letzten Cent
In jeder Richtung! Schau, es ist zum Lachen,
Wie Arm und Reich gleich in die Irre rennt . . .

Vor lauter Umsicht sind sie spiegelblind.
Du mußt nur riesengroß dein Maul aufmachen
Und du wirst staunen, wie sie billig sind . . .

An jedem Finger gehen sie dir zur Hand.
Sich zu entehren, ist ihnen eine Ehre.
Geschäfts-Anteil – ein ganzes Vaterland . . .

. . . sie geben dir, was sie nicht haben, in Tausch:
Kunst, Wissenschaft, den Todesmut der Heere.
Verkaufe nüchtern Stück für Stück den Rausch!«

In der Taverne sitzt der letzte Gast –
Trunksüchtig hält die Hand das Glas umfaßt.

IV
»Beherrsche sie! Ich mach dir untertan
Beliebig viel von deinen Spiegelbildern –
Erschuf sie doch aus dir dein Größenwahn.

Sprich: Von den zehn Geboten seid ihr frei.
Ihr könnt nach Herzenslust schamlos verwildern –
Wenn nur, was Gottes ist, das Meine sei.

Heb himmelwärts die Hand! Sie ahmen's nach.
Opfre sie! Um Ersatz laß sie sich kümmern!
Sie gehn für dich durchs Feuer – in die Schmach.

Dein Rausch hat ihnen Schrecken eingeflößt.
Zerhau im Spiegelbild die Welt zu Trümmern –
Und dann ruf aus: Nun hab ich euch erlöst . . .«

In der Taverne sitzt der letzte Gast –
Und krampfhaft hält die Hand das Glas umfaßt.

V

»Traust dich allein nicht? Du mußt viele sein?
Spiegel und Echo müssen dich bestät'gen?
Lärm soll die innere Stimme überschrein?

Nimm teil am Massenrausch! Dann ist erlaubt,
Jedes Verbrechen spurlos zu betät'gen . . .
Dein Selbstmord trifft den Sündenbock aufs Haupt.«

»Ich bin der ärmste Geist
Nichts schaut heraus,

Was du nicht selbst in meinen Spiegel hineinsiehst.
Nicht Liebe noch Erfolg – nicht ein Zuhaus . . .

Ernüchterung folgt dir stets, wohin du fliehst.
Schau in den Spiegel – daß du schließlich einsiehst:
Gnade ist da, wenn du dich übersiehst . . .«

In der Taverne sitzt der letzte Gast –
Weiß nicht mehr: Was ist Rausch? Was war tatsächlich?
Er fühlt sich göttlich – fühlt es unaussprechlich
– Bis vor dem Tag das Bild in ihm verblaßt . . .

Die beiden Schwestern

Zum Schläfer kommen zwei barmherzige Schwestern
Als seiner Wünsche, Ängste Pflegerinnen –
Sie sitzen, um an einem Tuch zu spinnen,
Zeigen ihm dran, wenn er sich sehnt, das Gestern:

Dies ist der Traum – und dies der Tiefschlaf . . . beide gleißen
Drin ruhend, magst Du die Ewigkeit durchmessen
Wir Schwestern heißen
Erinnern und Vergessen . . .

Wir scheuen nicht den Ekel der Spitäler
Nicht vor der Feme der Gewaltberauschten –
Und Juden, die mit Hiobs Leiden tauschten,
Salben wir vor den Augen ihrer Quäler . . .
Wenn die Gefangnen träumend an den Ketten reißen,
Trinkt unser Tuch den Schweiß der Todesnässen
Wir Schwestern heißen
Erinnern und Vergessen . . .

Schläft der Tyrann, birgt vor uns keine Wache
Seine Allwinzigkeit in seinem Spottreich,
Herr über Leben und Tod: schwört er sich gottgleich . . .
Deckt unser Spinnweb ihn, ist er der Schwache . . .
Mag er sein Piedestal aus Blut und Stahl verschweißen –
Wir kommen und gehen – uns kann er nicht erpressen . . .
Wir Schwestern heißen
Erinnern und Vergessen . . .

Umarm zu Tode uns barmherzige Schwestern
Du schläfst zurück zum Kind – zum Tier – zur Pflanze
Du löst Dich auf und löst Dich in das Ganze . . .
Du magst uns segnen und Du magst uns lästern . . .
Das Tuch war Deine Haut – Traum, Schlaf – Dein Außen, Innen . . .
Und sterbend hast Du uns zugleich besessen
Mit allen Sinnen
Erinnern und Vergessen . . .

Der Maler und seine Zeit

George Grosz, dem 50jährigen, von seinem old pal Walt Merin
Douglaston, Long Island, 25. Juni 1943

Du sitzt und malst . . . es klopft . . .
Sind es die Gäste? Nein!
Es kommt die Zeit – sie kommt von ganz allein
Und fragt Dich:
Was hast Du aus mir gemacht?
Verliebt-vertan beim Fressen und beim Saufen.
Ein Halb-Jahrhundert ist so abgelaufen . . .
Wie hast Du mich, die ganze Zeit, verbracht?
Als Zeitgenosse bloß, der mit mir prahlt?
Du sitzt und brummst: Ich habe dich gemalt.

Sie streicht umher und kramt in alten Mappen.
Und Fratzen schaun, aus ihrem Schlaf geschreckt:
Ein Mordsgebiß, das seine Zähne bleckt . . .
Der Häuptling *Staat* – und Uniform-Attrappen –
Der Untertan, der selig Stiefel leckt,
Fischmäuler, die nach Phrasenködern schnappen –
Zornadern, Speckfalten und Busen quelln
Aus tropisch farbengrellen Aquarellen.
Wann, fragt die Zeit, hast Du das ausgedacht?
Das sollte Ich sein? So gemein? So kläglich?
Als käm ich von durchsumpfter Hexennacht?
Du sitzt und brummst: So traf ich Dich alltäglich!

Die Zeit beschaut kokett sich in den Bildern –
Sie macht sich groß – sie reckt sich auf den Zehn . . .
50 bist Du? Laß mich den Fortschritt sehn!
– Da ist er . . . wüst wie auf Spelunkenschildern –
Ein Hintergrund, wo sich Brandschlangen blähn . . .
Ein Leichenfeld, wo Drahtverhaue wildern . . .
Schlammausgeburten – salutierende Knochen . . .
Der Fortschritt kommt auf allen vieren gekrochen . . .
Es spricht die Zeit: Ich seh, daß Du verstummst . . .
Ästhetisch pinselst Du an Menschenschändern,
Blind für das Heldentum!
Du sitzt und brummst:
Ich hab die Zeit zu malen, nicht zu ändern . . .

Die Zeit
gelüstet's nach dem ständig Neuen . . .
Neugierig schielt sie nach der Staffelei:
Ein Mädchen-Akt . . . der Herbst ist schon dabei,
Das Fleisch mit Glanzlichttupfen zu bestreuen,
Versunken in barocke Spielerei,
Um sich am bloßen Nackt-Sein zu erfreuen.
Der Pinsel folgt den Formen, die sich runden,
Als hätt' er Weltanschauung zu bekunden . . .
Pfui, spricht die Zeit. Pfui! wie unzeitgemäß:
Kriegsgreuel, Aktstudien zusammenzukleistern!
Du grinst: Ein Führerkopf – ein Frauengesäß,
Dafür wird sich die Menschheit stets begeistern!

Du sitzt und malst . . . es klopft . . .
Sind es die Gäste? Ja!
Frau, Söhne, Heim . . . schau, auch Erfolg ist da!
Die Freunde, etwas neidisch, treten ein:
Prost, George! Die Kunst! O. K.! Dir ist's gelungen!
Die Zeit beschenkt Dich mit Erinnerungen
Und meint:
Du kannst damit zufrieden sein!
Wir gehen –
Und wenn die Letzten sich empfahlen,
Kehrst Du –
Zufrieden?
Nö! –
Zurück zum Malen . . .

Columbische Strophen

Ach, daß ich doch in jeder Zone Dich umarmte:
Neuland der Lust, nach der mein Ruhm sich harmte . .
Daß so mein Samen in Dein Rätsel mündet:
Den Ozean, der sich aus sich selbst erregt,
Der im Genuß sich dauernd überschlägt,
Dein Auge spiegelnd, das sich unergründet
Und spurlos der Ertrunkenen erbarmte . . .
Ach, daß ich leibhaft noch Dein Erdenrund umarmte . . .

Trüge mich doch mein Bug zum jungfräulichen Süden,
Das Ziel entjungfernd, ohne zu ermüden,
Wenn unbewegt zum Pol die Nadel zeigte ...
Bis ich vor Anker gehe, glatt und leicht
In unberührten Buchten, seidig seicht,
Wo mich – eh sich mein Tag zur Bilge neigte –
Die Sinne meiner Überfracht entlüden ...
Daß ich jungbade mich im jungfräulichen Süden ...

Von Scheiterhaufen-Brand nach Liebes-Indien steuernd,
Auf den Symbolen der Tiefsee abenteuernd:
»Tierra ...«
schrie mein Matrose ... Eine Insel –
Ein Fiebersumpf. Dahinter aber tat
Sich auf ein Festland, das ich nie betrat,
Getüncht in Wolken mit pastosem Pinsel ...
Zu Dir –
die Hefe aller Häfen heuernd,
Bemannte ich Santa Maria, mein Mutterschiff steuernd ...

Ein Leben mönchischer Berechnung Dir gespendet,
Im Goldrausch bare Männlichkeit verschwendet:
Das ist die Wirklichkeit, die ich umarmte,
Da ich als ein Rebell die Fahrt begann
Und sie beendete als ein Tyrann,
Ein Geizhals, der im Greisenhaus verarmte ...
Ich las Dein Gleichnis – hielt mich Gott-gesendet,
Als ich Dich öffnete ...
das Blatt hat sich gewendet ...

Spellbound

Folgten auch wir dem Koyoten-Ruf der Rothautdämonen,
Die in Unwettern, Unheil, Unzucht wohnen,
In Wüsten, wo Europa, überzüchtet,
Den unbequemen Nachwuchs ausgesetzt,
Habgierig und bigott – bis wir zuletzt
Vor nationalen Kannibalen hergeflüchtet –
Den Geist skalpiert von rostigen Traditionen –
Folgten auch wir – zu spät! – rothäutigen Dämonen?

Gottsucher – Goldsucher, fahndend nach Paradiesen,
Am Glauben irr und ihres Lands verwiesen
  Aus Küchen ketzerischer Exkremente
    Von der Erkenntnis gründlich abgeschreckt,
    Nicht ahnend, welchen Zauber sie entdeckt,
  Vergingen sich auf diesem Kontinente,
Heimtückisch hergelockt von Landschaftsriesen –
Pilger zur Holzauktion von billigen Paradiesen . . .

Fetisch-getarnt entwich der gnadenlose Wilde
Ihrer Bekehrung unbarmherziger Milde,
  Bis er, ein Fremder auf moralumdrohtem,
    Nach Gold durchwühltem Erdreich, im Gefecht
    Waidwund erlag, von Heil und Schnaps geschwächt,
  Mit vorwurfsvollem Blick zu seinem Totem . . .
In den Museen starrt zum Götzenbilde
Entbildert und entgöttert der moderne Wilde . . .

Denn Puritaner, die zutiefst Urwüchsiges hassen
Und die den Urtrieb bei der Wurzel fassen,
Entjungferten, besamten Fels und Dünen . . .
    In God's Own Country legt der Weiße Mann
    Gotische Waben – Handels-Canyons an –
  Verpflanzte, die im Freiheitsschatten grünen,
Auf Common Ground: Plantagenzucht der Rassen,
Gestutzt von Puritanern, die den Urtrieb hassen . . .

So wandern auf Indianerspuren und Autobahnen
Tramp- Negro- Okies- Trailor-Karawanen . . .
  Stets zwischen Saat und Ernte stirbt der Säer,
    Nicht Kapital noch Gleichheit führn zum Ziel:
    Nun betteln wir als Letzte um Asyl
  Bei Ausgewanderten: wir Europäer,
Erblich belastet – welcher Zukunft Ahnen?
Wohin, Nachfahren, wandern eure Karawanen?

Ewig ist Manitou – unstet sind die Dämonen . . .
Und keine Macht reicht aus, sie zu entlohnen . . .
  Nie wird der Mensch, ihr Sklave, sie erschleichen.
    Erschöpft, absaufend in der Todesbucht –
    Gegen den Strom anschwimmend – auf der Flucht
  Vor sich – vor seiner Liebe – Seinesgleichen:
Er mag auf Weizen, Wolle, Erdöl thronen:
Ewig ist Manitou – unstet sind die Dämonen . . .

Und die Dämonen hielten sich den Bauch vor Lachen.
Sternhagelvoll verließ den Inn der Mann
Und grölt: Mein letztes Geld! Ich spuck Dich an!
Aus diesem Dollar werd ich tausend machen . . .
Ich kaufe Huren mir, die Engeln gleichen –
Ich schaff die Armut ab – geh über Leichen –
Mein ist die Welt! Ich gönn ihr keine Ruh . . .
Pack Dich! Du bist besoffen, Manitou.
Und die Dämonen schüttelten sich aus vor Lachen . . .

Der ausgesternte Himmel wälzte sich vor Lachen . . .
Was ist da komisch? brüllt der Trunkenbold.
Ich werf mich Dir als Trinkgeld in den Rachen . . .
Wir spielen Aug um Aug – der Würfel rollt:
Die Ewigkeit für eine Gott-Sekunde!
Wer sie verliert, der zahlt die nächste Runde –
Ich pfeif auf sie, wenn ich sie gleich vertu . . .
Laß sehen, wer gewinnt, Herr Manitou!
Der Kiebitz-Mond krümmt sichelförmig sich vor Lachen . . .

Er schlief den Rausch aus, und die Morgensonne lachte,
Als er verkatert sich im Rinnstein fand.
Er langte nach dem Spülicht-Gold und dachte,
Was er wohl wert sei nach dem Dollarstand –
Und stolperte zurück in die Taverne,
Versoff die Seele, Sonne Mond und Sterne –
Leert Glas auf Glas – trank jedem Säufer zu:
Du bist mein Gast! Zum Wohlsein, Manitou!
Indes die Sonne auf das heulende Elend lachte.

Doch draußen paßten die Dämonen auf und lachten –
Sie folgten kichernd seiner Zickzack-Bahn –
Und wie er um sich schlug, als schlüg er Schlachten,
Da sie ihn ins Verderben taumeln sahn . . .
Sie staunten, als er frech den Tod anborgte,
Ein Fläschchen Lebens-Elixier entkorkte
Und sterbend lallt: Prost Rest! Auf Du und Du!
Da füllte seinen Schädel *Manitou*
Mit Grinsen – während die Dämonen Tränen lachten . . .

Fahre – fahre dahin ARGONAUTE der Steppe
Spute dich JASON zum Höchstgeschwindigkeits-STOP
Überhole das Dasein – jede Minute ist kostbar
Auf der meilengesteppten Schleppe des Hochwegs –
Daß du die Fuhre einbringst DAS GOLDENE VLIES

Hüte dich wenn du frevlich ins Jagen der Weiber eindringst
Vater und Bräutigam haben die Huren die Furien entmannt
Sozialisiert ist ihr Kuß – ihre Scham ist geschlechtslos
Wüte nicht gegen den Land-Lord, den Kuppler –
ein Wort gibt das andere
Und dem euphorischen Lustrausch folgt der nüchterne Mord
Steure mit traumfestem Griff entlang den taumelnden Canyons
Jählings zur Rechten – zur Linken weichen die Riffe dir aus
Aber die bräutliche Taube die du vorangesendet
Endet die Schwingen geknickt –
mit abgedrosseltem Motor
Rollst du die tödlichen Kehren rückwärts hinunter
ins Glück

Weißt du nicht aus noch ein am Kreuzweg
der GROSSEN PARTEIEN -
Fragst du den Weisen – den Seher der Herrschenden
Klassen um Rat –
Siehe, er weist dir den Ausweg zum Reichtum –
der Blinde des Mehrwerts
Dem der Harpyen Profitgier jeden Bissen besudelt –
Jeden Gewissensbiß versalzt ihm der Ekel mit Geld

Kreischend umkreist von propellergefiederten
STYMPHALIDEN –
Opfre dem DEUS EX MACHINA
und liefre dem drohenden Krieg
Wann die Hohepriester der Technik dir es gebieten
Daß du mit Leichen ihr Schlachtfeld düngst
die Waffen bestelltest –
Bis du Transportknecht der Hölle
den Segen des Himmels erhältst

Gegen den phrasenspeienden Drachen
der schlagwortgefräßigen Mehrheit
Gegen den Machtstaat – die Lügenmaulpresse:
MEDEA stehe dir bei –
Rasende Tochter des cholerischen
Kolchos-Kolchosen-Königs
Deine UNION-Beilagergenossin –
die notgeborene Jugend
Erwürgt sie
unter dem tugendgeflaggten Mantel
der LIBERTY
dem GOLDENEN VLIES

The World of To-Morrow

Und nun entzaubert *Demiurg*, kristallgeborgen,
Den Menschenkindern unsre Welt von morgen –
Gebietet Halt! dem Lauf der Elektronen ...
In Leuchtkaskaden von Myriaden Watts
Entreißt dem Mythos er den Wissens-Schatz ...
Zurückgeblendet von den Fern-Visionen,
Erschrick nicht! Laß den Quanten-Magier sorgen ...
Schlaf ein, mein Menschenkind! Er baut die Welt von
morgen.

Er, der mit ultraviolettem Stab den Urstoff handelt,
Die Chromosome seelenwandernd wandelt –
Sein Ebenbild in Protoplasma prägend ...
Im Incubator hegt er das Gewächs:
Homunculus – und probt den Reiz-Reflex,
Das Gut und Schlecht atomgewichtig wägend ...
Wenn er radioaktiv dein Herz durchwandelt,
Merkt er das Stäubchen, das die Zellhaut dir verschandelt ...

Die Seele und den Leib verkuppelt er zur Trauung –
Zwingt dich im Traum zur Beichte und Erbauung ...
Und deinen Beischlaf regelt er durch Drüsen ...
Er käfigt den Priap ins Unbewußt –

Er nährt dich an der Logik dürrer Brust
Und füttert deine Fleischlust mit Gemüsen . . .
Aus Zucker, Galle mischt er *Weltanschauung* . . .
Herz, was empfindest du . . .?
Stoffwechsel und Verdauung . . .

Du schlemmst und praßt in Tischlein-deck-dich-Cafeterien
Spielst Baseball . . . und für immer hast du Ferien –
Liebst kollektiv . . . Fühlst du dich trotzdem einsam?
Besteig den Lift der Wolkenkratzerburg
Und kable deinen Wunsch dem *Demiurg:*
»Empfänger Eros –
Spesenlast gemeinsam . . .
. . . erbitte in verschiedenen Materien
Mein Ideal des Weibs aus Euern Schönheitsserien . . .«

Gleich wirst du mit Raketen-Antrieb zu ihr eilen –
Luftwiderstand stromlinienleicht durchpfeilen . . .
Im Fallschirmsprung zu ihren Obst-Provinzen,
Wo planvoll sich die Sojabohne rankt –
Und Speis und Trank: *Wohlstand für Alle* prangt . . .
Die Faust geballt, ein Brudervolk von Prinzen
Grüßt dich, um den Verstand mit dir zu teilen . . .
Was aber dir die Liebe tat, wird *Sulpha* heilen . . .

Walpurgis-Hexen reiten auf der Traktor-Hippe,
Mähn das Kolchosenfeld und fülln die Krippe
Für Elsie, die Metall-Kuh, Heu einscheuernd . . .
Aus ihrem Euter, ärztlich approbiert,
Tropft abgesahnte Milch, pasteurisiert . . .
Am Höllen-Herd, elektrisch unterfeuert,
Wird sie verkocht mit Ketzerkalk-Gerippe
Zu Dung . . .
Das Radio kräht . . .
es flieht die Teufels-Sippe . . .

Du winkst . . .
ein Radargeist wird dich zum Schlosse führen . . .
Es dünkt dich klein . . .

ein Griff –
und tausend Türen
Öffnen in auseinanderrollende Säle
Pre-fabricated – und noch unbewohnt ...
Doch wo ist *Eva*? Schau, der Röntgenmond
Geht auf ... Sein Strahl wird deine Rippe wählen ...
Die Nacht betäubt dich ...
ohne was zu spüren,
Erkennst du sie ...
Hüt dich, ihr Lichtbild anzurühren ...

In Technicolor – ausgeträumt von Welt-Autoren
Abschaum-geboren aus Merkur-Amphoren
Pandoras ...
Leinwand-Helena der Menge ...
Und Plastik-Elfen, cellophane Feen
Entsteigen nacktentwickelt Silberseen –
Umreigen sie ... Horch! Engelsreine Klänge
Harfen den Äther in Antennen-Ohren ...
Da liegt sie, venusgleich – in Kunst-Eis eingefroren ...

So nah! und doch ein optischer Betrug!
Du streckst die Hand aus:
Oh, Demiurg! Zieh ihr das Eisgewand aus ...
Gib mir, Chemie, die Macht, sie auszuschmelzen ...
Das Firmament, in Flammen eingetunkt,
Erbricht sich bombensatt ... Der Weltgeist funkt:
»Wer sich vermißt, die Ordnung umzuwälzen,
Verlobt dem Chaos sich ...«
Vom kohlenden Landhaus
Schaut nun Frau Hungersnot ins ausgebrannte Land aus ...

Ich bin es ...
raunt sie auf dem Wochenbett der Sorgen ...
Es war einmal ... Bin dein: die Welt von morgen ...
Ein Märchen, dich in ewigen Schlaf zu singen –
Die Brust, an der dein Ahnherr schon gezullt:
Adam –
die sein Gewissen eingelullt ...

Wer mit mir schläft, muß mit dem Tode ringen,
Muß von der Zukunft unsrer Kinder borgen . . .
Es war einmal . . .
Stirb und erwach . . .
Ich bin dein Morgen . . .

The March of Time

Als ich nestflügge auskroch aus dem Bett-Gefieder,
Da schaute greises Erbstück auf mich nieder –
Nacht zupfte mich am Hemde . . . barfuß, blöde
Lüftete ich den Vorhang – und erschrak . . .
Denn von der Hexe Zeit verwandelt, lag
Fremd eine Stadt in rauchiger Quadern-Öde . . .
Wo war ich?
Ich befühlte meine Glieder –
Und fand in eines Fünfzigjährigen Leib mich wieder . . .

Wünscht ich nicht gestern erst, daß ich erwachsen wäre –
An Bord des Dampfers Traum im Kissen-Meere
Zu Lederstrumpf und Irokesen reisend –
Daß mich die nackte Wüste, ohne Scham,
Groß-säugend an ihre Löwenbrüste nahm,
Daß sie mich, in Verbotenem unterweisend,
An Lagerfeuern abenteuern lehre –
Wünscht ich nicht gestern: Ach! daß ich erwachsen wäre . . .

Auf ungezäumter Lust ritt ich zu immer wüstern,
Heißeren Pubertäts-Savannen –
lüstern
Nach fleischiger Frucht in grellen Kreolen-Blusen . . .
Wo eine Wolke sich im Winde bauscht –
Vorm ersten Kusse alkoholberauscht,
Sah ich der Erde in den offnen Busen . . .
Hört ich Matrosen zotig von ihr flüstern,
Bäumt sich mein Mustang auf mit sturmgeblähten
Nüstern . . .

An Trense und Kandare trabt' der Geist gezügelt
Zum Bildungs-Stall, mit ABC geprügelt,
  Bei einem Rohrstock-Knecht zum Unterrichte:
    Die toten Sprachen, auf dem Pult seziert –
    Psyche zerpflückt – der Amor dekliniert –
  Die Daten jeder Schandtat: *Weltgeschichte!*
Doch meine Sehnsucht, Phantasie-beflügelt,
Ging mit mir durch, von keinem Vaterland gezügelt . . .

Erschien uns nicht Natur ein Feuerwerk von Prismen –
Die Schönheit in Ovalen und Kubismen –
  Der Himmel als ein Zirkuszelt der Rassen
    Mit Engeln am Trapez . . .?
        Ich gab den Clown,
    Um ihre Saltos ärschlings zu beschaun . . .
  Umherzigeunernd auf Café-Terrassen,
Weis-sagten wir soziale Kataklysmen
In delphisch witzigen Orakel-Aphorismen . . .

Cafés:
  Ihr, Heimat aller Kosmos-Patrioten –
All-Nihilisten und der Form-Despoten,
  Befalln von der Kasernenpest der Ratten-Heere . . .
  Der Allmacht stand Modell der Frontsoldat –
    Die Anmut hing zerfetzt im Stacheldraht –
  Raben-Gekrächz besang das Feld der Ehre –
Termiten bauten Barrikaden . . . An den Toten
Mästet' sich der Revanche-Haß der Volkszeloten . . .

Da war's, daß sich das Abendland zum Ausgang schmückte,
Uns mit den Perlen der Kultur entzückte . . .
  Auf Grands Boulevards ließ sie die Wäsche knistern,
    Von Ile-De-France Lavendel parfümiert . . .
    Und während sie mit dem Pöbel kokettiert,
  Umringt von Schlotbaronen und Ministern,
Traf sie im Publikum, das tief sich bückte,
Den Kavalier, der sie mit Barbarei beglückte . . .

Europa – Festival . . . zum Einsatz Sieg-Posaunen –
Synkopisch geköpftes Götterdämmerungs-Raunen . . .
  Ballett auf dem Vulkan – Alt-Wiener Geigen . . .
    Bluthochzeits-Marsch – Kanonendonner Applaus

In dem von Mördern ausverkauften Haus . . .
Der Vorhang hebt sich unter Grabes-Schweigen . . .
Kein Warnruf laut – Zu bleiernem Erstaunen
Auf tritt der reine Tor mit Henkern und Posaunen . . .

Der schmalzige Staats-Tenor . . . und mit infamer Geste
Winkt er dem Rache-Chor zum Luderfeste –
Im Gleichtakt eingedrillten Foltergruppen,
Von einem schmucken Pagen dirigiert,
Der strahlend Hekatomben massakriert,
Mit Leichen schabernackt, als wären sie Puppen . . .
Zum Ausgang drängen die entsetzten Gäste . . .
Zu spät . . .
Der Karneval zerfleischt sich bis zum Reste . . .

Wer sind die Masken, die aus der Versenkung schwelen –
Die sich mit Haut und Haaren uns verhehlen . . .
In dem Spektakel, das wir Dasein nennen
Zwischen Geburt und Sterben – todesbang,
Machttoll – erfolgsverseucht und liebeskrank?
Wertloses Einst! . . . und können uns nicht trennen . . .
Wenn wir des Lebens Scheidemünze zählen:
Hat sich der Spaß gelohnt? . . . wird uns die Reue quälen . . .

Denn die Gesichte, die im ewigen Schlaf uns schrecken,
Im Mutterleib des Welt-Alls auferwecken
Und Himmelslust mit Höllenschmerzen füllen,
Sind unsern Seelen als Brandmal eingeprägt
In jeder Form, die Menschenantlitz trägt . . .
Wir wählen eins davon, uns zu verhüllen . . .
Doch keins wird unsre Mitschuld ganz verdecken . . .
Was wir ihm antun, wird aus ewigem Schlaf uns schrecken . . .

Hebamme Zeit beguckt triefäugig sich den Schaden
Und geizig zwirnt sie unsern Lebensfaden –
Sie liest uns vor aus alten Greuel-Schriften –
Sie pflegt das Schwache – stiehlt ihm Jahr für Jahr . . .
Betreut die ungeratene Kinderschar,
Um sie gefangen langsam zu vergiften . . .
Sie nimmt den Säugling, um ihn alt zu baden –
Sie löscht die Sonne aus und schließt den Fensterladen . . .

Als Menschenjunges schlüpft ich aus, voll Neugier-
Grauen . . .
Und wage meinen Sinnen nicht zu trauen . . .
War das Erlebte ebenso Materie,
So schrecklich wahr – so unbegreifbar hart
Wie draußen diese fremde Gegenwart,
Die nun zugleich das Kind, der Fünfzigjährige
Aus meiner Augen Doppelfenster schauen?
Ein Kontinent entdeckt sich mir im Morgengrauen . . .

Tief drunten . . .
Trubel bricht den Buildings aus den Flanken . . .
Fabrik-Kastellen, kathedralen Banken . . .
Seh ich am Pier, wo tote Nebel baumeln,
Den Dampfer Traum – in einem Strom versenkt,
Der Technik, Wüsten und Plantagen tränkt . . .
Ich seh die Zeit am Quai besoffen taumeln . . .
. . . . . .
Ich spür, wie Jugend-Hände mich umranken . . .
Hör, Liebste, flüstern Dich:
Wo warst Du in Gedanken . . .?

BEI DEN TIEREN UND MENSCHEN

Nur wenige Menschen sind davor bewahrt, in ein Tier, ein Mineral oder eine Pflanze verwiesen zu werden.

Rabbi Jsaac Lurja – KABBALA –

KORAN-Sure
Beschwörungsformel

Ya = mal! Ya = mal
Reichtum! Reichtum!
Betet der Perlenfischer: daß Allah ihm die kranken Muscheln
beschert!
Daß er aus violetten Tiefen fische, was eine
Oberwelt so sehr
begehrt!
Aus seiner Armut aber wächst erst der Konsum!
So laßt uns beten
wie die Perlenfischer tun
Und dann mit Kopfsprung in die Rachengründe –
Medusenarm – Krebsscheren – Drachenschlünde
Zu Säbelrochen – Menschenhai /
Daß uns vor solchem Schwall das Herz nicht werde bang /
Ya = mal! Ya = mal!
Allah, steh bei
Und gib uns guten Fang!

Neubestelltes Abenteuerliches Tierhaus

Eine Zoologie der Ungeheuer:
der Greifen – Vampire – Werwölfe – Aasgeier:
»die den Armeen so folgen wie die Nord-
mannen den Weibern als ihrer Beute« –
item: der Chimären- und Greuelmärchen
– vom Mittelalter bis zur Neuzeit

Vom Phönix
Nachgedichtet dem
Bestiaire divin *des Guillaume, clerc de Normandie –*
XIII. Jahrhundert –

Ein Vogel, so da Phönix heisst,
Wohnet in Indien allermeist,
Wie nirgends wohl gesehen ward
Solch Vogel ist einzig seiner Art.

Tät immer einen nur gebären
Soll an fünfhundert Jahre währen
Mit schönem Aussehn, mit schönem Gesichte
Gleichen Zustands und gleicher Züchte.
Wann fünfhundert Jahre seind erfüllt
Er sich zu hohen Alters fühlt;
Sich bürdet mit seltner Spezereie
Köstlicher und mannigerleie
Aus der Verlassenheit gezogen
Kömpt gen Heliopolis geflogen
Allwo ein Priester in dieser Stadt
Der Weissagung gepflogen hat;
Durch Zeichen weiss er sicherlich
Vom Vogel, dass er nahe sich,
Und wann er weiss, dass er sich naht,
Fenchelgezweig zu sammeln hat
Und binden sie in Fesseln ihn
Auf ein viel schönen Altar hin.
Der Vogel, wie ich euch sage mehr,
Flieget zu ihm mit Würzen schwer
Wann er am Orte sich einfindt
Mit seinem Schnabel Feur entzündt
Schlägt auf den harten Stein so sehre
Dass Feuer entspringt von ungefähre,
Das auch alsgleich entbrennen lässt
Gewürz und trockenes Geäst.
Wann ist das Feur von klarer Glut
Setzt er sich nieder wohlgemut
So bald zu Asch' und Staub geschwunden
Da kömpt der Priester zu erkunden,
Wie alles wohl von statten gehet
Und findet die Asche aufgehöhet;
So er sie sanfte neu gespreitet
Findt er ein Würmlein drin bereitet
Das gibt gnung herrlichern Odor
Denn Rosen und der Blumenflor
Tags drauf der Priester kömpt zu sehen
Wie es dem Vogel mag ergehen,
so schon gestaltet seine Art!
Am Dritt-tag er gerufen ward
Und was er alles habe traun
Neigt er dem Priester, anzuschaun.

Kehrt fürbass froh und lustig gar
Und kömpt nicht vor fünfhundert Jahr.
In diesem Vogel mag sich zeigen
Herr GOTT, der will heruntersteigen
Niden zu unsrer Rettung gut;
Mit süssen Düften sich belud
Wann er auf Erden einher gaht
Für Sünder, die die Hell' umfaht;
Am Altar von dem cruce here
Welches ist von Golde schwere
In Opfertod der Vogel geht
Am Dritt-tag wieder aufersteht.
Doch manec glaubent es mit nichten,
Dass also wahr sei die Geschichten
Als gross Unrecht sich das mir weist,
Wenn ein Vogel, so da Phönix heisst
Entwerden kann, den Tod sich geben
Am Dritt-tag wieder nimmt das Leben
Viel leichter ist's zu glauben gut
Von Gott, der alles richten tut.
- - - - - - - - - - - - - - - - -
- - - - - - - - - - - - - - - - -
Die alten Dinge und die neuen
Allsamen gut und herrlich seien!

Vom Einhorn

La met une pucelle
Hors de sein sa mamele
Et par odurement
Monosceros la sent.
(»Ein Mägdlein lüftet ihre Brust
und stillt in ihrem Schoß –
bloß
ihres Einhorns Duftgelüste«)
Aus dem Bestiaire d'Amour *des Troubadour Philipp de Taon*

I.

Die Landschaft, die vom EINHORN einst begrast,
nimmt heut der Acht-Zylinder mit hundert.
Die Hufe pfeffernd, Einhorn kam gerast –
von seinem Schnauben ward die Luft vergast –
den Moosbart schüttelnd, Urwald stand verwundert.

Zweihundert Pferdekräfte in den Flanken,
sprang Einhorn an, wo sich die Alpen steil'n.
Man sah die Felsen funken – Kurven schwanken –
Einhorn fraß in der Stunde tausend Meil'n –
Aus einer reinen Jungfrau Hand fraß Einhorn Körner.
Das EINHORN –
rataplan, rataplan –
war der Vorfahr der Ritter am Volant –
Jungfräulein,
gedenket der alternden Einhörner!

2.
Wie Basilisk entkroch dem Hahnen-Ei,
entsprangen aus Reifen-Wechselbälgen
Kotflügel – Kolben – Achsenkuppelei
die Zünder – Kerzen – Kurbelwellen und Felgen –
Schlankes Torpedo – zarte Limousine
bezwingt den Atlas noch im ersten Gang.
Kein Hang und Klang verführt die Sex-Maschine
so attraktiv wie Hup-Sirenensang.
Ein Jungfraunhändchen lenkt die Kilometerfresse ...
Das EINHORN –
rataplan, rataplan –
ist der Heilige der Damen am Volant.
Sportlerinnen,
lest ihm eine Automobil-Messe!

3.
Aus einem UNICORN schießt fabelhaft
Ein Jungfraunhändchen lenkt die Kilometerfresse ...
Lohnsklaven, in Akkord-Plantagenschaft,
zapfen aus Mammutstämmen Kautschuksaft – –
pumpen Petroleum – raffiniert – in Megatonnen –
– Rekord-Zentauren –
vollgetankt die Flanken
... Die Fluren defloriert der Laster-car
Der Spekulant frißt
Land und Leut
mit Haut und Haar,
parkt am Motel zur Autoladies-Lunchzeit ...
Einhörner –
Rataplan-rataplan!

Gedenket
der motorisierten
Menschheit!

Singweise vom Paradiso:
»Das Lied vom Leben«

Im Garten Paradiese / hat Jeder seinen Platz
Der Sandfloh und der Riese /
und Katz und Maus und Spatz /
Die Vöglein beflogen den Himmel /
Die Maden bezogen den Speck /
Und das ganze Schweinegewimmel
das siehlte sich sauwohl im Dreck /
Ob Felder, Wald und Wiese –
Ich wohn' Dir bei, mein Schatz!
Im Garten Paradiese
hatt' Jeder seinen Platz /
Als Adam mit der Eva . . .
da waren sie nicht getraut /
Als Adam längst Papa war /
war Eva noch seine Braut /
Es gab nicht Not / es gab
nicht Geld
Es gab nur das Pläsier /
Wenn wir zwei uns vernarren /
das kümmert die Welt einen Schmarren /
Denn die Welt
denn die Welt
das sind WIR
Im Paradiesesgarten
fand Jeder sein Exil /
Für alle Rassen und Arten
war Raum für Leben und Spiel /
Und wem auf krummen und geraden
und auf verbotenen Pfaden
das Land zu enge schien –
der ging dann eben baden
als: Herr nebst Frau Pinguin /
In Himmel / Wald und Wiese
bist Du mein Domizil –

In Deinem Paradiese
mein Liebesnachtasyl /
Als Adam mit der Eva . . .
da waren wir noch nicht getraut –
Als Adam längst schon Papa war /
warst Du erst meine Braut /
Es gab nicht Not, es gab nicht Geld
für uns nur das Pläsier /
Was kümmern uns die Narren
die Geld zusammenscharren /
Denn das Geld und die Welt
das sind WIR

Im Paradies auf Erden
könnt Ewiger Frieden sein
Und Fortschritt ohne Ende / und
Jeder zufrieden sein /
Man süffelte Milch wie die Affen
aus Kokosnußkaraffen /
Und Gipfelgemüse des Walds
die äste man wie die Giraffen
aus aufgestocktem Hals /
Ach, daß wir, um Menschen zu werden,
fort – von den Tieren gemußt /
Im Garten Paradiese
könnt Jeder lieben nach Lust

Coda
Im Paradies auf Erden
hat Jedes seinen Platz /
Die Meute – die Horden und Herden
der Rassen- und Klassenhatz /
Die Beute / verhetzt im Verstecke /
Den Abschuß heiligt der Zweck /
Die Schlächter segnen die Strecke /
Und der Abfall verludert im Dreck /
Im Kampf ums Sein und Werden
MACHT nur besitzt den Schatz /
Im Paradies auf Erden
ist nur Gewalt am Platz

Spiritual

I
Und das Getier ging außer Lands
– ging immer paarweis an Bord /
Immer rein mit euch!
immer gleich! immerfort:
der Orang-utan – und der Schimpans'
der Galgenvogel – der Rattenschwanz
Alle gleich – in den Reihen zu zwein
Männchen und Weibchen
verschifft und vertäut
kopuliert – verheizt –
immer rein mit euch
in die Sintflut – als Asche verstreut –
Und noch ein Jordan
und noch so ein Fluß
über den – ob Mensch oder Jude – muß
drunter und drüber muß
ins Gehenna –
Hosianna! das Wort /

II
Doch ich – mit meinem ICH allein
– weniger als alles Getier –
wohin mit mir?
Ganz gleich:
nur fort von hier!
Denn lieber möcht ich ein Untier –
ein Stein
als so ein Garnichts –
ein Mitmensch sein –
lieber allein
als ein WIR
als die Gemeinde –
zuhaufe geschart
entmenscht und vertiert –
Immer raus mit mir!
eine Seele auf Himmelfahrt –
Und noch ein Jordan – ein Überfluß
– eine Sintflut, die ich beschreiben muß –

Morde, die ich totschweigen muß
so wahr
wie mein Ehrenwort /

III

Getier-Gemensch
ohn' Unterschied
– ohne Aufenthalt – ohne Ziel –
Rein oder raus?
Ihr seid immer zuviel!
Halt aus!
halt's Maul
was auch geschieht –
Es bleibt sich gleich – ob ihr schreit –
ob ihr flieht
zur ARCHE:
Verbleib und Exil –
. . . trunken wie Noahs Weib –
und ertränkt wie
ein räudiger Hund
immer dankbar noch
fürs Leben – das euch doch geschenkt /
Und wieder ein Jordan –
und Blut, das fließt
und sich ins Tote Meer ergießt
Und der Segen –
der Regen gießt
ohn' Unterlaß
wie Liebe in Haß
und Selbstmord –
wie in die Sintflut
das WORT

Betrübte Ballade vom Menschen und den Tieren

Ihr
Tiere auf zwei Beinen
– aufrechten Gangs, beseelt –
bei GOTT! – es ist zum Weinen
womit ihr euch so quält /

Wasser und Erde voll Atzung
die kein Ritus verschrieb /
Leben allein ist die Satzung –
Hunger und Gattungstrieb /
Ohne das Ganze zu preisen
Wanze säuft Christenblut /
Rotsoldaten-Ameisen
erweisen
keiner Fahne Salut /
Doch was treibt ihr
soziales Tier
von der Moral gezähmt?
Mit stockigen Gebissen
– rachitisch und vergrämt –
balgt euch mit dem Gewissen –
so lammfromm – so gerissen
daß jeder Wolf sich schämt /

Nester in Felsen und Sümpfen
– Milben in Käse und Fett
– Waben in faulenden Stümpfen:
Alles ist Heimat und Bett –
ohne Sittengeschnüffel
blind vom Maulwurf durchwühlt /
rasserein wie der Büffel
der sich im Urschlamm sühlt /
– Doch was treibt ihr
artfremdes Tier
das diesen Stern verlaust?
In Milchstraßen-Spelunken
wie die Termiten haust –
Seelenwander-Halunken:
so erlogen – erstunken
daß einem Skunk es graust /

Austern- und Heldenbärte
– und Mikrobengeschwulst –
Gallenblase Gallerte –
wo nur der Kreislauf noch pulst:
Alles ist gegenwärtige
– brünstige schwangre Natur –
verderblich sterblich –

doch fertige
vollendete Kreatur!
Doch was seid ihr?
Das Opfertier
dämonischer Hypokrisie!
– Mimikry! Selbstgerechte
schlechte Geschlechtskopie!
– Ein Ethos statt der Pranken
– Ein Wahn bringt euch zum Wanken
Halbgöttlich – halb ein Vieh –

– Abgetriebene Gedanken!
Bastards! beleibt beseelt:
Einen Erbsünde-Kranken
habt ihr zum Heiland gewählt /

Ihr:
Staats-Unwesen-
Allmächtig –
einfältig im Gebet /
Ein Wir
– ein Wundertier
das
– ewig unheilträchtig –
um Auferstehung
fleht /

Plainte et Complainte d'un pauv' vieux Chien

Oh Grand Chien, prends pitié de ma vieille douleur!
N' ai-je donc pas assez souffert de l'infamie
Que le temps a marqué sur mon anatomie
et qui du fier Chacal a fait ce gras dormeur?

J'ai cru mon maître un Dieu
tout puissant généreux
Qui calmerait toujours mon chagrin et ma crainte
Hélas! Il m'a trompé, il est sourd à ma plainte
Et n'a pas plus que moi le pouvoir
d'être heureux –

Elegie vom Schwein

Auf fauler Streu – zur Nacht am Koben
Ward es geferkelt als ein Schwein –
Und Rüssel rings, die es umschnoben –
Vom großen Himmelsschinken droben
Umfloß es fett'ger Mondenschein . . .
  Ach! soll ein Schwein die Allmacht loben,
  Wenn es zu Edlerem erhoben –
  Wird speckig, schwartig, kurz und dick –
  Du unerforschliches Geschick!
    Doch:
        Schweinerein – Menscherein
        Schwein bleibt Schwein – Schwein bleibt
                                        Schwein!

Madonnen, Könige trägt die Erde –
Ihm aber fiel das Schweinelos.
Gesondert von der Plebs der Herde
Am Pfuhl, mit säuischer Gebärde,
Sträubt es die Borsten – reckt sich groß . . .
  Ach, daß doch dem verlornen Sohne
  Die gütige Natur es lohne!
  Vergeblich würgt es sein Genick
  Nach einem nobleren Geschick.
    Doch:
        Schweinerein – Menscherein
        Schwein bleibt Schwein – Schwein bleibt
                                        Schwein!

Sah es in Nachbars Pfütze wälzen
Ein Säulein, wards im Speck ihm kalt –
Es fühlt den Schmer ums Herze schmelzen –
Uii, tät sie grunzen, schmatzend schnälzen –
Ihm wars, als ob sie nachtigallt!
  Was nützts, wenn hinterm Schweinekoben
  Die großen Leidenschaften toben . . .
  Ach, Ideale, noch so hehr,
  Verkümmern eingesargt im Schmer!
    Denn:

Schweinerein – Menscherein
Schwein bleibt Schwein – Schwein bleibt
Schwein!

Du Schwein! Rollt nicht in deinen Adern
Noch mythisch altes Ebertum?
Stolz auf die Ahnen – statt zu hadern –
Harrt dein nicht in Konservenquadern
Dort droben das Walhall »Konsum«?
Für jeden heißt's in letzten Stunden:
Gewogen – und zu leicht befunden!
Du bist des Staats – wenn du auch murrst
Sei es als Held – und sei's als Wurst!
Denn:
Schweinerein – Menscherein
Mensch bleibt Mensch und
Schwein bleibt Schwein!

Neue Tierfabeln
aus dem Tausendjährigen Reich

Un mal qui répand la terreur
Mal que le ciel en sa fureur
Inventa pour punir les crimes
de la terre
La Peste (puisqu'il faut l'appeller
par son nom)
Capable d'enrichir en un jour
l'ACHERON
Faisoit aux animaux la guerre –
Fables *de La Fontaine*

Die Aasgeier und der Klapperstorch

Die Geier saßen beim Petit-Déjeunier'n,
Was Geier so frühstücken,
wenn sie regier'n:
Armeecorps – Petroleum – paar kleinere Staaten
Und einem, der besonders stramm,
dem war ein Stückchen Aufrüstungsprogramm

grad in den falschen Hals geraten –
Also, mein Geier würgt, rülpst –
und fast erstickt,
Als er – zum Glück – den Dr. med. Storch erblickt –
Winkt mit der Schwinge gnädigst:
Sie! Krämerseele!
Hab' da Fremdkörper in unrechter Kehle!
Entfernsemal!
Doktor Moses Storch, nicht faul,
holt mit der Zange aus dem Geiermaul
einen Klumpen Rüstung
– und liquidiert.
Was? pfiff der Geier, Sie fremde Rasse,
Mästen sich hier auf Kosten des Staats?
Sollten froh sein, daß ich Sie nicht
wegen Verrats
Militärischer Geheimnisse köpfen lasse!

Moral:
Storch oder Jud – gesprungen wie gehupft –
Stecken in alles ihren roten Schnabel –
Und wenn man sie dann – lebendigen Leibes –
etwas rupft –
Verbreiten sie als Dank eine
Greuelfabel.

Vom Maulesel, der sich seiner Abstammung rühmte

Ein Maulesel rühmte sich seiner Genealogie
Prahlte mit seiner reinhaarigen Großmutter
– und daß sie platterdings stamme vom Reittier
des Martin Luther
Hingegen von der Maulstute erzählte er seinem
Bastard
nie!
Das Füllen baute mit I-a! den Referendar
– ergraute als Gerichtsnotar . . .
buchte: Her-und-Abkunft der Sippe
Doch als es im Großen *Heil-Esel*!-Jahr
sich vordrängeln wollte zur Futterkrippe,

drang es zu Ohren vom Langohrverband,
daß des Maulesels Urhengst eigentlich Pferd war
– und er der Erprügelung gar nicht wert war –
Ward ausgestoßen mit Schimpf und Schand!

Moral:
Nur wer be-eselt von Artgefühlen,
dringt seelisch zu Gottes
mahlenden Mühlen.

Von der Kröte, die groß wie ein Ochs sein wollte

Als von Sümpfen noch prangte GERMANIA,
eine Ochsenkröte einen Auerochs sah –
gleich ihr von Wotans Auge besonnt . . .
Begann die Kröte mit wildem Wehen
sich aufzunorden und aufzublähen –
besah sich im Sumpfe:
»Bin ich nicht ebenso blond?«
»Nein!« grollte der Sumpf.
»Du bist rassisch verpatzt!« –
Drauf die Kröte in ihrem ochsensüchtgen
Wahn wollte zur Ur-Kröte sich ertüchtgen –
Übt Stechschritt, Kniebeuge, Sturmlauf –
bis sie platzt!

Moral:
Es gibt da noch mehr von solchem Gesocks!
Doch: nicht jedes Hornvieh ist schon ein Ochs!
Nicht jede Unke schon eine Norne!
Nicht jedes Wasserstoffsuper-Demi-Sex
eine rein-ar'sche Schöne –
von hinten wie vorne . . .
Item: Poeten zerplatzen vor Größenwahnwitz-Komplex –
– Proleten fordern stets höhere Löhne!
Selbst Hebräer und Neger, total verschandelt,
begehr'n, daß man sie wie Menschen behandelt!

Merke: Jean de la Fontaine:
»Hélas! on voit que de tout temps
Les petits ont pâti des sottises des grands!«

IM REICH DER WORTTONKÜNSTE

... de la musique avant toute chose .. /
Verlaine, L'ART POETIQUE

A succession of sounds so modulated as to please the ear

Webster, Dictionary

Arie mit Variationen in E-dur
(nach G. F. Händel:)

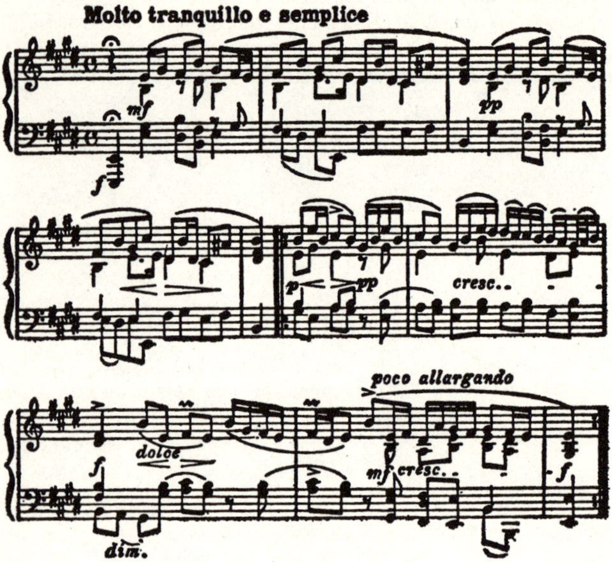

Thema – Molto tranquillo e semplice

Wer ist furchtlos – sonder Fehle?
Wer ist schuldlos – wer gerecht?
Wer hört, daß sein Feind sich quäle,
Glaubt vom Schicksal sich gerächt!
Jede Gemeinheit – kettet euch zur Einheit /
Und die Mißgunst Dritter gattet, wo sich zwei geeint.
Mordet ihr den Schuld'gen – weil ihr selbst gemeint seid,
Tilgt in fremdem Leib ihr
Eurer Mitschuld Feind

Also wehrt euch! Denn ihr seid gemeint!

Variation I / Von den Geschlechtern und Rassen
Un poco più mosso

Wenn die Herrn der Erde – eure Triebe schrecken
Mit dem Keuschheitswahn,
Ist's zu eurem Heile – und zu ihren Zwecken!
Was zur Welt kommt, das sei untertan!
Wer ist sonder Fehle, übermannt ihn Gier?
Wer ist schuldlos, wenn in Armut – Mann und
Weib sich eint wie Tier?
Wer vermag dem Trieb zu wehrn – Aber euch
wehrt das Gewissen!
Muß in Not ein Weib gebärn – was sie trägt, wird
ihr entrissen –
Was sie trug, kann sie nicht nährn – doch der Staat
mag es nicht missen!
Feine Herren seid ihr – Unschuldsstubenreine!
Euer Speck glänzt fast wie Heil'genscheine!
Würgt die Angst euch an der Kehle,
Meidet ihr das andere Geschlecht!
Wer ist furchtlos – sonder Fehle?
Wer ist schuldlos – wer gerecht?

Die in Haut und Tuchen – fremder Farbe stecken:
Was haben sie euch getan?
Laßt ihr von dem Staat euch – mit dem Erbfeind
schrecken,
Seid ihr seinen Zwecken untertan!
Wer ist sonder Fehle – schwärzt ihn ein Pigment?
Wer ist schuldlos, wer gerecht, wenn
ihn das Rassenstigma brennt?
Eins war alle Kreatur – wollig, strähnig, kahl be-
schoren,
Nackt und gleich, wie die Natur sie in Fels und
Sand geboren,
Eh sie in der Knechtsmontur – an die Herrn ihr
Recht verloren!

Feine Herren seid ihr – in betreßtem Kleid ihr –
Reizt zum Völkerhaß ihr – hetzt zum Streit ihr!
Stillt die Mordlust durch Befehle,

Weil aus Feigheit ihr nichts selbst verbrecht! /
Wer hört, daß sein Feind sich quäle,
Glaubt vom Schicksal sich gerächt!

Variation II / Von den Kriegsnöten
Allegro brillante

Man
  schmiedet Waffen nicht zum Spaß
  – zum Morden – denn der Krieg braucht Fraß /
  Das ist so Brauch – im Frieden auch –
  Das alte Lied – der eine flieht –
  Der andre kriegt den Reingewinn

Wir schmieden Waffen nicht zum Spaß
Wir liefern Kriege – je nach Maß
samt allem, was vonnöten ist
– was zu verheer'n – zu töten ist
  Daß nichts verdirbt – nichts zwecklos stirbt -
  Wer durchhält, trete ins Gewehr –
  Was fällt, erwirbt sich Ruhm und Ehr'
  Der Über-Mut ist Reingewinn –

Wir handeln Waffen nicht zum Spaß
Wir raffen – nicht für euch zum Fraß
Nicht wie das Schlachtvieh, das krepiert
Samt sonders ohne Unterschied
– unwert des Lebens –
                    wie der Feind
  – der andre
            oder ihr
im faulen Frieden – ungeehrt –
Notopfer, die der Tod vergaß –

– WEHRT EUCH! sterbt furchtlos!
                    lehrt das Schwert –
  Denn das Gebot: DU SOLLST NICHT TÖTEN!
    ist nur in Glaubensnöten
      nur fast- und -feiertags gemeint =

Variation III
Con amore – più animato

Geliebte –
wenn den Saum Deines Hemdes
traumsacht das Dunkel streift –
sei furchtlos, wann ein Fremdes
gespensternd das Fenster umschweift.
Ich halte Dich, wie zur Stunde,
in der Du zum Küssen! . . . gereift
Geliebte –
sei selbst – sei sinnlos – sei in
die Liebe verliebt –
Gib Dich – bangend, verlangend,
eh uns die Fremde ergreift
– ehe die Nacht sich vergangen –
eh uns das Draußen erspäht,
das die Vertriebenen – gefangen –
an den Alltag verrät –
Schon vor Morgengrauen
lauert die Gasse bereit –
gaffend und grinsend die Masse
der Allzu-Menschlichkeit –

Die ihr im Verein seid
unschulds-stubenrein
Lebens-, Liebesfeind seid
Eure Gemeinheit
mehrt die leidige Mehrheit
weil ihr selbst zu feig seid
um mitschuld zu sein –

Geliebte – sei furchtlos /
träume: wir reisten
– der Alltag hinter uns drein –
zu GOTT- und Menschen-verwaisten
verbotenen wilden wüsten
unzüchtigen Gelüsten
wo nur die Triebe gedeih'n /

Zeitlos streift der Morgen
– späht durch das Nebelkleid –

bis eine Nacht – versponnen –
ihm einen Beischlaf gewährt:
Bleibe! Hier sind wir geborgen
vor fremder Menschlichkeit
furchtlos
– ihr entronnen /
in uns heimgekehrt /

Variation IV / Abgesang
Andante cantabile

Nun laßt die Glocken toben,
daß sie die Allmacht loben –
und übertäuben eurer Ohnmacht Pein /
Verstümmelt eure Lüste –
betrommelt eure Brüste!
Es hört euch niemand droben!
Ihr plagt euch ganz allein!

Beteuert, daß ihr rein seid
für einen Höheren Zweck /
Eure Gemeinheit
kettet euch zur Einheit
– kittet euch mit Dreck /
Betet! bietet! Schreit euch heiser:
Arm und Reich – Rebell und Kaiser
Arm in Arm
verschwört! empört euch!
Keinen stört das /
Also wehrt euch!
Denn
ihr seid gemeint /

Treibt ihr auf Ozeanen
– marschiert ihr hinter Fahnen –
schmort auf dem Altar eurer Eitelkeit –
kniet an geweihten Stätten –
geht Heidenseelen retten –
Kein Heiland wird es ahnen,
was ihr für Heilige seid /
Beschwört, daß ihr allein seid

mit eurem Höhern Zweck /
Jede Gemeinheit
kettet eure Einheit –
gattet euch im Dreck /
Büßt! tut Gutes! Seid Verschwender!
Rettet eure Vaterländer!
Liebt einander!
und erklärt euch
allem Bösen feind!
Ach!
Wen schert das?
Keinen andern!
Also wehrt euch!
Denn
ihr
seid gemeint!

Wallfahrtet!
kommt gelaufen
zu Hauf – zu Scheiterhaufen
um sie mit Blut zu taufen –
Auf daß die Ketzerscharen
entsetzt zur Hölle fahren /
Doch ihr geht ein
zu Schwarzen Messefeiern
– um an den lecken Traufen –
Weihwasserspeiern
euch voll und toll zu saufen /

Kriecht denen, die da herrschen
auf ihren Satansärschen
in ihre Gunst hinein! /

Klagt nicht, daß ihr so klein seid
vor einem Höheren Zweck!
Nichts als ein Teufelsdreck seid /
Nur in der Gemeinheit
bildet eure Einheit
Sich – weiß Gott – was ein /

Glaubt nicht, daß ihr eure Seele
– geht es schief – dem HERRN befehle /

Hofft nicht, daß –
        was krank und schlecht –
schließlich sich von selber rächt /
    – WER IST FURCHTLOS – SONDER FEHLE
            WER GERECHT? /
Hört er, daß sein Feind sich quäle,
    hält er sich für auserwählt –
Und, gehorcht er dem Befehle,
    sich im Recht /
Nicht: beschwert euch
    noch beweint euch –
        sondern wehrt euch!
            Keiner fehle!
                Jeder
                    ist
                        gemeint!

ROMANZEN
in der Manier des spanischen estilo culto
GONGORA-ismo

Romanze einer altfränkischen Liebe

> *O! let me not be mad!*
> *Shakespeare, KING LEAR*

Ihr Leute, schaut! Wohin ihr schaut, ist Lücke –
Schein vor Geschautem – Heiligenschein der Tücke –
Rührt euch ein Blick an, rührt euch Drüsensaft,
Aus Mitleid blickt der Neid nach eurem Glücke,
Und auf dem Kreuzzug eurer Leidenschaft
Schaut euch nicht um! Gelebtes ging in Stücke!
Schaut dreimal hin, wenn man die Hand euch gibt,
Ob eine böse Handschrift sie zersiebt!
    Doch liebt ihr, wird euch Widrigkeit zum Glanze,
    Hinfälligkeit bezwingend zur Romanze:
    Daß ihr liebt!

Horcht, Leute, horcht – und was ihr hört, sind Schwüre!
Horcht, daß euch biederer Brustton nicht verführe /

Gepreßte Luft, die sich im Kehlkopf staut,
Erpreßt sich Zugang durch Gehörgangs Türe /
Verschließt der inneren Stimme euch! Mißtraut,
Daß sie nicht Haß zur Liebe, Lieb zu Hasse schüre!
Glaubt keinem Worte, daß ihr spracht und schriebt!
Zwiespältig ist: was euch trieb – was ihr triebt!
Liebt ihr, beschwingt die Stummheit sich zum Tanze –
Und nur Gestammeltes schwingt auf sich zur Romanze:
Daß ihr liebt!

Greift an! Greift zu! Ihr greift doch stets ins Leere!
Baut nicht Geliebtem leblose Altäre!
Weil Leben nur so lang wie Liebe währt,
Das macht es, daß sich Macht und Kunst und Ehre,
Selbst Güte auf den Weg vom Will'n zur Tat verzehrt –
Denn jede Tat will, daß sie sich am Leib ernähre –
Da Sinnlichkeit nun keinen Sinn ergibt,
Ohn' das geliebte Wesen wesenlos zerstiebt –
Wo Liebe endet, dort zerfällt das Weltenganze,
Verhurt das Wort – verlogen die Romanze:
Weil ihr nicht liebt!

Kopflos hängt Hoffnung an der Wiederkehre,
Seit ihr die Seele ihr vom Rumpfe hiebt –
Noch hält die Brunst sie mit der Körperschwere –
Und sie begehrt, so lange die Geliebte liebt.

Romanze vom okkulten Haß

Ich will von diesem Hasse reden wie von unabwendbarem
Geschick
Wohin wir wenden –
Zur Liebe: Traum und Tod – stets trifft sich unser Blick
Es kann nicht enden
Eher wär's, daß Richter sich und Delinquent
am Strick zusammenfänden
Als daß uns beide – so in Zorn verstrickt –
Noch irgend andre Seligkeit erquickt
Nicht Rausch, nicht Ruhm, nicht Geld vermag noch, daß
Sich einer hinter Güte feig verschanze –
Es muß so enden – so, wie
die Romanze vom GROSSEN HASS

Ich will von diesem Hasse reden wie von einer Religion
Von Sakrosanktem
Baalskult – göttlicher Folter – aller Menschheit Hohn –
Längst Abgedanktem =
Zeitüberwuchertes von Konvention – nur böser
krankt es –
Werwolf in uns, dressiert von Wissenschaft,
Tollwutgeimpft von virulentem Aberglauben-Saft
Verbissen so – daß, beißen wir ins Gras,
Vertiert, er sich im Höllenkreise weiterpflanze
So fort – so end- und gnadenlos wie die
Romanze vom GROSSEN HASS

Reden will ich von diesem Hasse wie von eitel Fröhlich-
keit –
Wir stehen uns Rede!
Vom Eis zur Sandglut greift die Erde nicht so weit
wie unsre Fehde –
Entzweit durch Eid
durch Neid auf einer Frau unbändige Zärtlichkeit –
Und jede
jede Ewigkeitssekunde unsrer Galgenfrist
schlägt uns die Unzeit die verloren ist –
Uns heilt Vernunft mit keinem Aderlaß –
Du kneifst doch nicht?
Wir beide gehen aufs Ganze
– zu Grund – mit keiner andern Weisheit Schluß:
Es muß
so enden –
unteilbar wie die Liebe – wie die Zeit –
wie die Romanze
vom
GROSSEN HASS

Rätsellied

Erlogen und erdichtet
Geächtet und gerichtet –
da nichts als Schweigen gilt =

umkreuzigt von den Kutten
vermummter Hagebutten
Aus GOTTverdammtem Mauergrau
nickt hinterm Stacheldrahtverhau
der Zeit verhextes Ebenbild =
»Dornenröslein
-röslein wild ...«
EGLANTINE ...!
Aber den Reim
erstickte die Amme ECHO im Keim =

Gelächter und Gelichter
Gerechte und Vernichter
sie geben keine Ruh =
Zu Kalk
zerfallen
im Ofen
ungesungene Strophen =
Herr Zensor FÖHN
– erschlaffend lau –
eiapopeiat:
»ALLERLEI RAUH!«
und zieht es aus –
dann zieht er zu:
»Mädchen, warum weinest du?«
die Spinn-Gardine =
Aber geheim,
nachts – durchs Fenster ein
schleicht sich der Reim =

Gezeugt und fehlgeboren =
gesäugt = und auserkoren
zu Flucht und Untergang =
Wo sich Ertrunkene balgen
um einen Strang am Galgen –
ein Visum = einen Höllenpaß =
singsangt's
– bespien vom Meerschaum-Haß –
im Ringelreihen – Wellengang:
»Eene-meene-mingmang
pinkpang!
Delphine! Delphine! Delphine!«
Doch niemeer – liederkehrt – der Reim =

Lautenlied
Musica morta

I.
Ricercare

Den Griff am Lautenhals –
seit-abgeneigt =
Die Nackenwirbel spannt
die Schneckenhand =
Die losen Palmenfinger
hasten =
betasten
die Saiten – die Sehnen
Sie kosen – sie gängeln
das Instrumentlein //
Jesunackt
Schall und prall gesäugt
an Aprikosenbrüsten //
Aus dem Marienschoß
engeln
die Melodien
gläsern
im Ausklang
am Ausschank
der LOCANDA MONTIN
– Fondamenta Eremite
VENEZIA

II.
Le Grazie d'Amore

Versenkt ins Lautenspiel
= in Moll getaucht =
Lauscht im Profil hervor
das Muschelohr
den tänzelnden Kadenzen =
sie gleiten – sie streifen
die Haube

das Mieder
die Hüften =
sie lüften – begreifen
den
Resonanz-Schrein =
Flattere, Taube
– orgelberauscht
Spreite dein Klanggefieder! =
Und eine Brise von ZATTERE
bauscht den Baldachin
über der Scham
die niederkam
auf der
Oleander-Veranda
der LOCANDA MONTIN
– Fondamenta Eremite
VENEZIA =

III.
La catena

Den Würgegriff am Stimmband –
abgekehlt
harft übers Saitenbrett
ein Tonskelett =
Auf hohlen Tonnen
knöchern
bechern – schlaraffen
Karaffen und Kannen
verzechen – erbrechen
den Sakrament-Wein =
Lautenlos
sang-und-klang-entseelt
verröchelt das
NINNA-NANNA
über dem ADRIA-Nimmermehr =
Am Nonnenschleier
karfunkelt
der
Sonnen-Rubin

im Zwielicht
im Spülicht
der LOCANDA MONTIN
– Fondamenta Eremite
VENEZIA

VENEZIANISCHE ELEGIEN

Ommagio per Venezia
(Concerto grosso)

Madonna der Lagune!
Miserere!
Enthülle
fülle
mit dem Milchstrahl Deiner Himmelsbrüste
die Bettlerschale mir – die glaubensleere –
Und lösch das Fegefeuer meiner Nachtgelüste!
Lächle, hellwachgeküßt – glassplitternackt
mir zu
aus dem Murano-Sarkophage
Deiner
Gondola – gondola!
Noch vor dem Tage
lege Dich bloß!
Eh ich verzage,
öffne den Schoß!
Sei mir gnädig
Venedig!

Dogenbraut der Adria!
Salute!
Entschleiert
Hochzeitgefeiert
sei Dein elfenblank polierter Rücken,
der in dem grotto dieses Polsters ruhte –
Die Tränenfurche unter allen Seufzerbrücken –
– Und Deine Fußspur auf der Marmortreppe
feucht-leuchtend

von der windgerafften Schleppe
Deiner
Gondola – gondola!
Zwischen den Schwellen
kosiges Moos
in Deinem wellen-
gekräuselten Schoß
– Sei mir gnädig
Venedig!

Primadonna der Kanäle!
per piacere
Verlorene
Abschaumgeborene
Rialto-Venus! Königliche Fischmarkt-Waise
Konkubine des Verrocchio-Condottiere –
Keusche Susanna, Jungborn der Giudecca-Greise!
Geplätscher lullt Dich ein – im Rudertakt
glissando
auf der Vibrato-Mandoline
Deiner
Gondola – gondola . . .
Löse Dein Mieder /
Uferlos
erlös' mich Dein lieder-
gesegneter Schoß!
Sei mir gnädig
Venedig!

Madonna de marina!
Ave
divine
Byzantine
Marien-Ikone! Perlmutter-mein vom Schwarzen
Meere
gewähre, daß ich zum Torcello-Throne
verhext
– wundgekniet –
sündenfällig
wiederkehre:
Wortbrüchiger Sklave – eifersüchtiger Mohr,
gekettet an die Bucintor-Galeere

Deiner
Gondola – gondola!
Deinem Bette
verpfänd ich mein Los,
Daß mich lebendig
noch rette Dein Schoß!
Sei mir gnädig
VENEDIG!

San Rocco in Gloria
(Madrigale infernale)

Um Dich,
Luzifers Albtraum,
gnädig zu umhüllen
– im Verglühen, Verschweben
den Hohlsaum, den Faltenwurf der Mittnacht,
jede Wölbung auszufüllen,
hieße:
aus einem Hirngespinst Dein Brauthemd weben
so hautdünn
schlüpfrig – plastisch
bombastisch üppig
wie das Transparent
der Wollustsilhouette
aus der Palette
des
Robusti Tintoretto

Um Dich
im Sturz,
gefallener Engel,
festzuhalten
– um die Schaffensqualen
und die Mängel und die Ohnmacht
höllheißer Inbrunst zu gestalten,
hieße:
des Teufels Blendwerk an die Leinwand malen
mit dem in
Schamrot – Neidgelb –
Paradiesschwarz – Leichenviolett –

Märtyrer-Blutgerinnsel
getauchten Pinsel
des
Robusti Tintoretto

Um Dich,
Elementargeist,
magisch zu beschwören
– doch auf welchen Namen –
Undine – Sylphe – Salamander –
– Gnomen-Erdmacht –
wirst Du hören? –,
hieße:
der Schwarzkunst sich verschreiben –
auf Nein und Amen
dem Fleisch-Gold
in
chiaro-scuro – Zinkweiß –
Zinnober – Ocker –
leibhaft sein Talent
der Menetekel-Wandschrift
Dämonen-Handschrift
des
Robusti Tintoretto

Um Dich,
geoffenbarte Finsternis,
zu schauen
– um – vom Blitz ins Herz getroffen –
dem nackten Grauen und der Farbpracht
bloßen Auges noch zu trauen,
hieße:
verblendet, blindlings auf ein Wunder hoffen
mitten im Scirocco
auf ein Manna
– auf das Hosianna einer Pestvision
im SAN ROCCO der Torturen –
der Kreaturen
des
Robusti Tintoretto

Aber:
farbtrunken –
Brot und Wein zum Abendmahle –
zum Sieg bei Lepanto –
Gloria – Vittoria – Avanti!
Furiose Palazzo-serenissima-Apotheose
Tiziano-Baccanale –
Gewitterschwüle
Giorgione-›Tempestà‹ –
Canal grande corteo –
»Ridi, Pagliaccio«
finale –
VENICE by Night –
LIDO – »Letzte Rose«
der Maskeraden-Fassaden-Tuberkulose
Film-Festival –
ARTE MODERNA-Biennale –
Irreal-abstrakt-abstrus-makaber
– genial –
verkannt – verhöhnt –
prominent-preisgekrönt
Vom Snob-und-Mob-enthusiamus =
phänomenal! /

– Museal aufgehängt –
postum
monumental geehrt – /

Nichts aber währt
außeruns – als
In-Dir
ein Zuzweit-Moment = /
Rinascimento
verewigt
im Orgasmus /

Epilog: DREIZEHNTER UND LETZTER BRIEF AUS DER MITTERNACHT

Rigueur le transmit en exil
Et lui frappa au cul la pelle
Non obstant qu'il: »j'en apelle«
Qui n'est pas terme trop subtil
Repos éternel donné à cil!

François de Montcorbier [dit: VILLON]
– Epitaph et Rondeau –

I

Aus Nächten, die ich nie beschrieb
Nicht schlief, vertrieb Mich-Selbst mein Trieb
So unbeschreiblich – so obszön
So ewig weiblich qualenschön
So infernal –
es ließ Dein Schoß
Wie das Exil mich nicht mehr los
So habe ich Dich mir erfunden
Dich nie verloren – auch nicht gefunden

II

Nachschrift:
Heut – hier im Nachtexil
Schambloß von Sinnen ohne Ziel
Auf meiner Vor-den-Massen-Flucht
Verkommen verpöbelt und verrucht
Aus der Ekstase ins Allein
– Unzüchtig! Süchtig! Dieses Schwein! –
So will ich bleiben leiden lieben
Erlöst erst, wenn ich ausgeschrieben!

III

*V*ers Pathos Fluch Pamphlet Gebet
*I*n dem der Autor sich verrät
*L*ästernd verlästert aufgehetzt
*L*ügnern, Verleumdern ausgesetzt
Ohnmächtig sprachlos
(nicht subtil)

*N*icht einmal tauglich zum Exil
MERCI – zuhöchst den Polizeien!
LE PAUVRE VILLON
mag
allen uns
verzeihen!

Postum

Nachlesend,
eines unschönen Mitternachts-Mittags,
das LETZTE STUNDENBUCH – das Laien-KETZER-
BREVIER //
begegnete / was gestern ICH gewesen / in einer
unbenannten Ungegend-Unstatthaft //
auf dem Glatteis-Trottoir einer blinden
Sackgasse / dem stadtbekannten Passanten-
Doppelgänger // entfernt mir ähnlich // jenem
ungewissen / gleichzeitig-zufällig eben
auch verstorbenen / vom Weib geborenen
JEDERMANN / von und zu . . . auf und
davon . . . / der / um das Staubgewordene
abzuschütteln / um den Überlebensdurst
bis zum Überdruß zu löschen / mein
andres ER-MICH einkehrte am Ausschank
einer ruinierten Schenke / wo keinem nichts
geschenkt wird / aus bodenlos durchlöcherten Danaiden-
*BOCK*bierfässern // – 1000-und-EINE NACHT
prozentigen Weingeisterflaschen // Schnaps-
gläserscherben // blankgewischt mit
dem aschblond gelockten Schamhaar
unbefleckter Schwangerschaft / . . . /
»Sind Sie bedient?« wollte /
Stammtischrückend / die prallbusig und
Popo-scharwenzelnde / arglos zweideutig
schmunzelnde / Empfangssaaltochter
wissen / =
»Hier / leider alles schon besetzt / besessen /
reserviert für standesgemäß beigesetzte
Honoratioren – Geh-, / Offiziers-, Waffen /
und Pfaffenröcke /
– Urgemütliches Treffen der Unsterblichen
und Scheinheiligen // Kommers Schlagender
Studentenkorps- und Selbstmord-
Kandidaten / = Im ›Separée‹: die Garderoben
für Wasserleichenhemden ehebrecherischer
Liebespaare . . . /

Aber –
was schauen S' denn mich so an? Schauen S' sich doch mal
um / Vielleicht ist noch was frei / Jenseits // drunten
in der Schwemme / auf den Altsünderbänken der
Spötter / neben den Haderlumpen / Galgenstricken / und
Lebenslänglichen . . . Fragen S' nach meiner
Kollegin / der Stationsschwester für Hiobs-
und Geschlechtsleiden.« ///
. . . . »Heda!
Seid Ihr Einszwei bestellt? Zieht Euch aus! /
Was fehlt Euch?« //
Und dem marternden Geheul und Zähne-
klappern der Unmenge und der
Music-Box-Automaten antwortete mein *Wir*
aus einem Munde:

– Bittschön das Abendmahl! Ausgelöffelte
Bettelsuppe! Faule Fische! Dornengespicktes
AGNUS DEI! Ein Scheibchen geröstetes
Gnadenbrot! und Höllenbrandwein /
. . . und einen schweifwedelnden Hunde-
knochen / Kusch! /
»Und . . .?«

Und im Nu stand das Jüngste Gericht
da / aufgedeckt von dem gelbsüchtig geschminkten
Skelett der All-barmherzigkeit / ihre Gebeine
entblößend / und geilgrinsend ihr
falsches Gebiß:
»Na und . . .?« /

Aber der Appetit / – jedes Gelüst war mir
vergangen / – wie ins Loch verkrochen
vor der Schande / . . . ein Mensch gewesen
zu sein . . . /
Und als Trinkgeld verworfen /
blieb nichts übrig /
als ein Vers /
auf den sich nichts sonst reimte /
als
pervers ///

AUSSAGE-VERWEIGERUNG DES AUTORS IM KREUZVERHÖR (nach 1933)

– Sie geben zu, daß das da Ihr Werk ist?
Ich gebe nichts zu! Nie! Niemals!

– In andern Worten: Sie schwindeln?
Immer! Aber in meinen Worten! Beruflich! Ich bin Schriftsteller.

– Hier haben Sie sich nichts auszudichten, sondern bei der Wahrheit zu bleiben.
»Zur Wahrheit führt kein Weg!« schrieb Albert Einstein einmal unter eine Photographie ... Aber vermutlich führt zur Wahrscheinlichkeit das Gleichnis der Künste, die Satan nach Seinem Ebenbild schuf ... scheint mir ...

– Scheint Ihnen! Das ist es eben! Ihre Arbeiten haben uns ungewöhnlich viel Arbeit gemacht, weil sie sich in einem ungewöhnlich schlechten Zustand befanden – bei der Einlieferung ...
... wie ich, als ich sie aufschrieb ...

– ... in Versen! in Reimen! in geradezu formalistischen Spitzfindigkeiten und ähnlichen intellektuellen Verschleierungsversuchen, deren Schriftproben noch der radiographischen Durchleuchtung bedürfen; einer Gehirnwäsche in unseren Laboratorien. Aber der Inhalt! All die politischen, sexuellen Skandalaffairen, in die Sie verwickelt ..., die öffentlichen Demonstrationen entarteter, defaitistischer, destruktiver, dadaistischer Extravaganzen, an denen Sie mitbeteiligt waren; Ihr unstetes Lotterleben in Bohème-Cafés, Cabarets, Hafenkaschemmen; Ihre verdächtig häufigen Grenzübertritte auf Kreuz- und Querreisen, auf der Flucht in ein feindliches Ausland – ohne festen Wohnsitz – in Absteigen, Polizeirevieren, Lagern, Exilschlupfwinkeln: das sind wohl Fakten?
... waren ...

– waren? ... und wurden, was?
... Gedichte, Lieder, Chansons und Songs: ein Ketzerbrevier ...

– Das Corpus delicti. Offengesagt, wir sind noch nicht dahintergekommen. Es liegt daher in Ihrem eigenen Interesse, ein offenes Geständnis abzulegen. Wir meinen es gut mit Ihnen – ehe wir zwangsläufig zu unseren erprobten Heilmethoden schreiten, die Sie sich beliebig ausmalen können, soweit noch Ihre krankhafte Phantasie dafür ausreicht . . . Fest steht ja eins: das Urteil! Also heraus mit der Sprache!
Mit der Sprache? Der das Wort im Munde verdreht wurde?

– Hüten Sie Ihre Zunge! Sie sprechen zu Hütern des Gesetzes, vor dem jedermann gleich ist; gleichgültig, ob er schreit oder schweigt, schreibt oder denkt – unter der einzigen Bedingung, daß er sich an die Vorschriften hält. Einverstanden?
Nein!

– Dies Nein wollen wir doch mal zu Protokoll nehmen!
Überflüssig! Unnötig! Es liegt schon in tausendfach vervielfältigten Verhörs- und Fahndungsurkunden bei den Akten, die mehr Platz beanspruchen als meine ungesammelten Werke . . . und die der verbotenen, verbrannten Weltliteratur obendrein.

– Und Schluß damit! Kurz und bündig: gehören oder gehörten Sie – ja oder nein? – einer Geheimsekte, einer asozialen Verschwörergemeinschaft oder sonstwo, sonstwann einer illegalen Sonderverbindung an, die es auf den Sturz der herrschenden Ordnung abgesehen hat?
. . . Hm! Jede bestehende Ordnung ist aus dem Sturz der vorher herrschenden hervorgegangen. Jeder Staat ist eine legalisierte Interessengemeinheit, die sich gegen das Individuum verschworen hat. Und stets bildet die jeweils unzeitgemäße, also originale Literatur eine okkulte, eine verfemte Geheimsekte. Doch wer authentisch dazu gehört, wissen selbst die Eingeweihten nicht . . . die Autoren schon gar nicht. Die Namensliste wird erst der Nachwelt bekanntgegeben . . .

– Na! Das wird sich ja herausstellen! Ihre Papiere!
Hier sind sie!

SELBSTANZEIGE DES AUTORS BEIM LETZTEN KREUZVERHÖR

(in irgendeinem jener grabesfeuchten, infernal überheizten Amtslokale, wo unsereins – der Reihe nach! – auf der Frage gegrillt wird: Sie waren? . . . Deine Papiere! – Denn damit beginnt es, daß jeder einzelne heruntergeduzt wird . . .)

– Der Erste?
Frontkämpfer! . . . Hier der Heeresbericht und mein Bauchschuß.

– Der Nächste!
Genosse! Hier meine Mitgliedskarte – und die Quittung über meine standrechtliche Erschießung.

– Der Nächste!
. . . man bloß'n einfacher Mann von der Straße . . . Ich wollte ebent man bloß nach Feierabend über die Straße um mir rasch noch 'ne Pulle Bier . . . Und wie 'ck da um die Ecke will, da haben sie mir von hinten um die Ecke . . .

– Der Nächste!
Existentialphilosoph! Prof. Dr. Dr. h. c. . . . Es muß sich um einen Justizirrtum handeln . . . Ich wurde nachts aus dem Bett geholt, und ehe ich ihn aufklären konnte . . . Meine Frau, die seit vierzig Jahren neben mir schläft, kann bezeugen . . .

– Der Nächste!
Kopfarbeiter! Seeleningenieur! . . . Hier meine Nationaldichterpreise und die Kritiken: bodenständig und volksverbunden! Bejahend und optimistisch! . . . Ich habe gelobt, mich zu bessern! . . . Ich habe alles gestanden und widerrufen. Und um eine Begnadigung zur Exekution ge . . .

– Der Nächste!
Wer? Ich? Was ich war? Definitiv ein Individualist; will sagen: kein Durchschnittsmensch – ohne behaupten zu wollen: eine Persönlichkeit . . . so, wie es von jemandem heißt: der ist Künstler ––– nicht gerade talentlos, aber auch kein Genie! oder: ein Narr! Immer gerade sterblich verliebt! ––– weder ein guter Ehemann noch ein Don Juan . . . Und doch, was habe ich nicht alles angestellt – und mehr

noch gelesen --- ein Möchtegern-Abenteurer von Rimbaudexotik infiziert; um mich – ihm nach! – zu verludern (»Il faut que je m'encanailles!«) ... Ich bin vor keiner Don Quichotterie – beim Hl. Cervantes! – zurückgeschreckt; vor keiner ritterlichen Blamage; vor keinem Laster – der Marquis de Sade stehe mir bei! –, vor keiner Perversität --- sofern sie nicht in Despotie, in legalisierte Brutalität ausartete ... Vor nichts Gedrucktem ... Doch passierte es mir, dann gleich unter so nichtswürdigen, so haarsträubend unglaubwürdigen Umständen, daß es mir nie gelang, rühmlich aus ihnen hervorzugehen ... zu meinem gewaltigen Ärger hinterdrein, wenn robuster Begabte mit Erlebnissen protzten, die in mir nur Abscheu, Ekel erregt hatten ... Ich ... Sollte aber auf diese meine Selbst-Anzeige das übliche Ewige Schweigen antworten, in das sich das Höchste Wesen hüllt, wodurch ES sich uns als DIE ALLMACHT, als DER EINZIGE offenbart, dann werde ich --- bzw. was von meinem Ich-Selbst noch übrig sein sollte --- denn ich habe mich schon zu Lebzeiten für alle Vernehmungen bis ins Endlose und sub specie aeternitatis vorbereitet --- fortfahren: Wo ist – GOTTES Finger zeige sie mir! – die Lücke, die ich im Schöpfungsplan ließ, damit ich sie ausfülle mit meinen, gefälligst meinen Papieren --- notfalls mit Versen --- mit einem, mit dem Buch, zu dessen Niederschrift ich nie gekommen bin, weil mir immer etwas dazwischen gekommen ist ...: Frauen und Ideale; Pflichten und Krankheiten; Weltkriege [zwei]; Freiheits-, Freitod und Verfolgungswahnepidemien; Verhaftungen; Exile und ... sonstige Ausflüchte ... und unzählbare, auch andeutungsweise nicht erzählbare ... Ich bitte, mich ausreden zu lassen ... !!!

– Der Nächste ...!

WILLY HAAS ÜBER WALTER MEHRING:

Walter Mehring und *Kurt Tucholsky* waren eng befreundet, sie schätzten einander – mit Recht – sehr hoch und hielten sich vermutlich selbst für geistig Verwandte.

Nichts ist charakteristischer als dieser Glaube – aber nichts kann mehr irreführen. Im Vordergrund scheint manches an dieser Verwandtschaft zu stimmen: sie waren beide das, was man einmal Großstadtdichter nannte – der Ausdruck stammt von Alfred Kerr – und was Böswilligkeit, ehrliche spießbürgerliche Empörung und schließlich der massenmörderische Antisemitismus dann als »Asphaltliteratentum« verhöhnt hat. Sie waren beide aggressiv, nicht von einer Parteidoktrin her, nicht nur aus Prinzip, sondern aus einer gewissen prophetischen Besessenheit, der Besessenheit Kassandras. Beide hatten viel von den klassischen, witzigen Pariser Kabaretts, zumal von den politischen Kabaretts, gelernt und in ihre Chansons eingeschmolzen: den spezifischen satirischen Witz, der sofort einschlagen sollte und mußte; die besondere, nachlässige Eleganz der damaligen Pariser Bohème, ihre Verve, ihre Respektlosigkeit, ihr Temperament, ihren Haß gegen den Bourgeois – selbst etwas von ihrem Nihilismus, ihrer pittoresken Koketterie, ihrer Neigung zum Bluff, aber auch von ihrem echten Pathos der sozialen Anklage.

Dieses Vorbild mag den beiden zumindest in einer gewissen Zeit von Walter Mehrings Entwicklung, und keiner geringen Epoche seiner Entwicklung, gemeinsam gewesen sein.

Und doch kommt Mehring von anderswoher und mündet anderswo. Tucholsky ist verankert in seiner Zeit, ihren besonderen Reizen, ihrer besonderen kessen Grazie, der Zärtlichkeit und Anmut ihrer Frechheit. Walter Mehring ist nicht in der Zeit verankert. Er ist ein Dichter aus dem Überzeitlichen, wie Georg Trakl, wie Else Lasker-Schüler, wie der junge Bert Brecht des »Baal« und der »Hauspostille«, der wahrhaft große Bert Brecht, der Walter Mehring so vieles in seinen schönen Songs zu verdanken hat.

Mehring ist nicht so leicht aufzulösen wie irgendein Zeitdichter der Epoche um 1920, nicht so einfach wie ein dichtender, hoch begabter, höchst brillanter Zeitjournalist: etwas in ihm ist unauflöslich, unergründlich, unbenennbar. Das macht ihn schwie-

riger, auch wenn er leicht zugänglich erscheint; es macht ihn auch gewichtiger, ungeschickter.
Das ganz vom Wort, von der Sprache her inspirierte Wort, die Musik seiner Verse, macht ihn dem Durchschnittsleser verdächtig, noch weit mehr verdächtig als die Härte, die Schärfe und Brisanz, zuweilen die Maßlosigkeit seiner dichterischen Attacken gegen Bürgermoral, die ihn doch schon verdächtig genug gemacht haben. Deshalb ist auch seine Wiederkehr nach den Jahren der Finsternis nicht ganz so einfach gewesen wie die vieler anderer sogenannter Zeitdichter der expressionistischen Jahre. Er ist durchaus nicht so elastisch, durchaus nicht so wendig wie viele andere. Das leuchtende, inspirierte und inspirierende dichterische Wort hat seine spezifische Schwere, das ahnt der belletristische Leser, ohne es recht zu verstehen – und er wendet sich von Walter Mehring instinktiv ab, so wie er sich von Georg Trakl oder der Lasker-Schüler oder Ernst Blass abwendet, obgleich doch so vieles an Mehring zeitinteressant und dem politischen Leser fesselnd erscheinen muß.
Der sogenannte dichterische Expressionismus bedeutet bei dem einen dieses, bei dem andern jenes: er bedeutet bei dem Franz Werfel um 1910 oder 1920, bis Walter Hasenclever etwas ganz anderes als etwa bei dem Lyriker Ernst Toller oder Alfred Wolfenstein oder Georg Heym, etwas ganz anderes als etwa bei Trakl. Es wird dem Mitlebenden, Miterlebenden von 1920 immer unverständlich scheinen, wie man diese unhomogenen Größen je in einem Begriff zusammenbündeln konnte. Ein Anthologist der Zeit wie Kurt Hiller hatte seinen intelligenten Willen und band sie zusammen durch diesen seinen Willen (von seinem eigenen Werk als eigenwüchsiger politischer Literat nicht zu sprechen). Ein Mann mit Stilgefühl wie Kurt Pinthus band sie in einer Anthologie zusammen durch dieses Stilgefühl, eine Art Instinkt für das Zeitgemäße, das Moderne jener Zeit. Da ist aber auch ihre einzige Gemeinsamkeit, von heute her gesehen.
Und doch gibt es eine tiefe Gemeinsamkeit der Größten von ihnen: ihre Rückkehr zum Wort, zur inspirierten Autonomie des dichterischen Wortes, die durch Jahrzehnte verschüttet war. Das Epigonentum von 1870, von 1880, das dann noch tief im 20. Jahrhundert unter dem Protektorat Wilhelms II. weiterlebte, hatte diese Beziehung verloren und dann einfach aufgegeben. Der nachfolgende Naturalismus hatte seine wahre Größe in der Stummheit, nicht im Wort: an den realistischen

Dramen Gerhart Hauptmanns ist das Ungesagte, das Kaumgesagte, das Angedeutete, das Stumme und Halbstumme größer als das Gesagte ...

Die großen Dichter des sogenannten Expressionismus waren groß dadurch, daß sie diesen Weg zum Wort gegangen waren und einen Kontakt gefunden hatten. Wirr, ekstatisch und kaum fruchtbar für den bloß empfangenden Leser am Anfang, etwa bei August Stramm und anderen irrationalen Lyrikern der frühesten »Sturm«-Bewegung, die aber den zeitgenössischen jungen Dichtern selbst viel zu geben schienen. Man merkt es an Mehrings frühen Gedichten im »Sturm«. Dann aber gefaßt, ausgeglichen, mit der echten Balance innerer Realität des inspirierten Wortes und der äußeren Realität, ja Aktualität des Inhalts. Das gilt nicht zuletzt für Mehrings späteres dichterisches Werk.

So viel und so wenig muß denn vom Allgemeinen gesagt werden, um die Existenz dieses Dichters Walter Mehring richtig zu placieren. Er gehört wie Trakl, die Lasker-Schüler und Werfel mehr auf die Seite Hölderlins als auf die Seite Tucholskys, mag ihn noch so viel auf diese Seite ziehen. Sein leiseres Wort, seine Stille, seine Innigkeit, seine tiefe Güte sind von einem Genius getragen, der nicht der der aktuellen Tagesdichtung ist.

In einer Zeit, da der politische Kampf gegen die Mächte der Finsternis unumgänglich schien, hat Mehring freilich diesen Kampf geführt, und mit welcher Vehemenz! Da war noch etwas vom Pariser Gamin in ihm, der pfeifend, die Hände in den Hosentaschen, über den Boulevard des Lebens flaniert und in der Bar den penetranten Argot seines Stadtteils, seiner Straße spricht. Auch das ist mehr oder weniger echt an ihm – nicht immer so ganz echt. Und ebensosehr, ebensowenig der Dadaist Walt Merin, der Pseudo-Sportsmann, der smart seine englische Pfeife pafft, zu der das zarte, feine, immer etwas bleiche und verträumte Antlitz so wenig stimmt.

Doch da ist auch noch das zitternde Weh seiner Exilgedichte an die Geliebte, der Schmerz, der heilige Zorn über das Deutschland Hitlers, der Hohn über das Volk, mehr schwach und taub als böse, wie es Hölderlin im »Hyperion« anredet – Sonne, Mond und Sterne daheim und in der weiten Ferne, und immer wieder: das Wort, das lebt, atmet, zittert, schwingt – und selbst das Wort, das schweigt, weil es vor dem Entsetzen der Erschütterung sich nicht mehr zu Ende formt, sondern nur

noch stumm und mit Herzklopfen atmet. Kurzum: Walter Mehring ist ein Dichter, ein großer Dichter ...
Mehrings Beziehung zu den düsteren Dichtern des Barock, des Dreißigjährigen Krieges, des 17. Jahrhunderts überhaupt ist erschütternd ... Es ist die Weltuntergangsstimmung, das Apokalyptische, die Ahnungen des nahenden letzten Gerichts, was ihn mit diesen verbindet. Doch auch mit dem grotesken Humor gewisser deutscher Dichter des 16. Jahrhunderts: er hat einmal Balzacs »Contes drôlatiques« in ein altertümliches Deutsch übertragen, das er sich frei aus der Sprache Fischarts geschaffen hatte ...
Aus dem Nachwort zu WALTER MEHRING, DER ZEITPULS FLIEGT, *erschienen 1958 im Rowohlt Taschenbuch-Verlag, Reinbek.*

Nachwort

Wir haben hier die gesammelten, gesichteten und zu einer lyrischen Fuge komponierten Gedichte, Lieder und Chansons des Walter Mehring. Es ist eine Art Testament und sollte daher mit gebührender Hochachtung entgegengenommen werden. Der Erblasser verteilt reiche Gaben an alle, die bereit sind, die Schenkung nicht auszuschlagen. Weltliche Schätze hat er nicht gesammelt, wie es sich für einen deutschen Poeten gehört, aber andere. Es sind scharfe Beobachtungen zu vergeben, aber wer sieht schon gerne genauer hin und zu? Leidenschaftliche Proteste, aber wer protestiert heute, aus Leidenschaft, nicht in der Routine, die schon die Kleinkinder in den Wegwerfwindeln aus Papier handhaben. Liebesgedichte gar, wir sagen nichts dazu, und wollen überhaupt keine Litanei anstimmen, eine Kunstform, die unser Mehring in anderen Zusammenhängen so kunstvoll benutzt.
Denn zunächst und zuerst: er ist ein großer Künstler und Sprachmeister. Er hat von vielen anderen Meistern gelernt, was etwas anderes ist als die von der Forschung beliebten »Einflüsse«. Zugeströmt oder zugeflossen ist es ihm auch aus anderen Quellen, nämlich denen des eignen, bitteren und herrlichen Erlebens. Das Bittere steht mit Fug voran, sehr an der Spitze. Was für ein Leben ist das auch! Welche Stationen hat es absolvieren müssen, ein ganzer Atlas ist umzublättern. Wo hat Mehring nicht gewohnt, aber er wohnt nicht, er haust, zur Zeit in der Schweiz in einem kleinen Hotel, das gerade noch dazu umgebaut wird. Es wurde immer umgebaut und umorganisiert, wo er hinkam, und das Wort »organisiert« hat dabei meist sehr ominöse Bedeutung. Ein Koffer ist das Mehring-Archiv, und wie bei Kleist wird er seinen Nachlaß bilden. Was ist ihm alles verloren gegangen, abhanden gekommen, beschlagnahmt worden; keine Devisenpakete, aber Manuskripte und Bücher. Immerhin: wir haben nun hier die Sammlung des Wichtigsten und können uns daran delektieren.
Altes und Neues ist vertreten, und das Alte wird für viele neu sein, so hoffen wir. Der alte Walter Mehring ist auf die merkwürdigste Weise jung geblieben; der junge Walter Mehring – wir haben auf der Schulbank mit ihm zusammengesessen – war schon sehr viel älter als wir alle, die wir in dem längst

dahingegangenen Königlichen Wilhelmsgymnasium in der Bellevuestraße zu Berlin den humanistischen Unterricht genossen. Genuß war es gerade nicht, obwohl das alte Institut, in seinem spätklassizistischen Bau und mit seinen meist uralten Lehrern, einem jetzt in mildem Lichte erscheinen mag. Mehring wird vielleicht widersprechen. Er widersprach schon damals sehr entschieden. In der Deutschstunde kam der Klassenlehrer mit dem dicken Packen der Hausaufsätze aufs Katheder geschritten und legte ihn nieder. Ein Heft separierte er und tat es zur Seite. Die meisten, so nöhlte er, hätten das Thema so ziemlich richtig behandelt (das heißt im Sinne der gegebenen Richtlinien) – »nur unser Freund Mehring ist natürlich anderer Meinung!« Damit schob er das einsame Heft noch etwas weiter ab. Und da ist es bis heute geblieben, nunmehr angefüllt mit vielen Erfahrungen.
Mehring strahlte nicht bei diesen Worten. Er saß gespannt, wach, renitent da, den schmalen Kopf vorgebeugt. Wahrscheinlich nahm er bereits Maß für seinen Oberlehrer Müller und die »Chronik einer deutschen Sippe« von den Germanen bis zum Weltkrieg. Die erschien zwar erst 1934 und wurde sogleich verboten, in Österreich, aber sie brachte die Schulerlebnisse des jungen Mehring zu Papier. Eine der letzten Amtshandlungen des Gymnasialdirektors, ehe das Institut mit Ende des ersten Krieges verschied, dürfte noch der Verweis gewesen sein, den er dem Primaner Mehring wegen »unpatriotischen Verhaltens« erteilte, um ihn dann zu einem Ersatzbataillon in Jüterbog zu entlassen.
Inzwischen aber hatte Mehring bereits begonnen zu dichten, und sogar zu publizieren. In der Klasse gehörte er nicht zu den Ersten, aber in der Literatur war er alsbald unter den ersten, die den Expressionismus begründeten; der hieß damals noch gar nicht so. In Herwarth Waldens STURM erschien das, und es klang darin schon ein musikalisches Motiv an, das bei Mehring dann höchst wirkungsvoll wiederkehrte in seinen Chansons: das Bahn-Motiv. Die Stadtbahn, die Hochbahn, die Untergrund, die Elektrische – hektische mit dem »Schuckelstrang« – hier noch als »Höllenbahn«:

»läuft
sich heiß
geduckt
– Viadukt, Viadukt –
Geleis

gerädert
Eisenschienen – zorngeädert . . .«

– aber auch schon, wie in Vorahnung künftiger Stationen:

»Stadt für Stadt –
verfallene
abgelaufene
Fegfeuerkalte
Zwangsaufenthalte . . .«

Dieser stoßende, hetzende, jagende Rhythmus war ètwas Neues und unverkennbar Mehringisches. Es war Großstadtmusik, Berliner Ton, kurz, knapp, keß. Seine Mutter, Hedwig Mehring, war eine Opernsängerin von Format, aus der Schule Angelo Neumanns, Jugendfreundin der großen Cembalistin Wanda Landowska, und das »De la musique avant toute chose« hat der Sohn sich als Motto über seine Manuskripthefte geschrieben. Es waren aber nicht Opernarien, die er sang, wie sie manche der Expressionisten schrieben, und auch kein silbernes Zirpen auf dem Cembalo. Es war ein anderer, rastlos drängender Klang, mit dem Refrain »Keine Zeit, keine Zeit, keine Zeit«, wie es dann bald hieß.

Der Vater, Sigmar Mehring, war Redakteur beim »Berliner Tageblatt« und gab da die satirisch-humoristische Beilage heraus; er hatte einige Festungshaft absolvieren müssen wegen Majestätsbeleidigung und besaß eine große und schöne Bibliothek, mit viel neuester und alter französischer Literatur; der Sohn hat sie später versucht aus der Erinnerung zusammenzustellen, als sie ihm abhanden gekommen oder besser geraubt und konfisziert war: »Die verlorene Bibliothek.« Jedenfalls war schon um den jungen Mehring viel Rebellion, Konfiszierliches, und viel Musik.

Die nächste Bahnstation: der Dadaismus, mitten im Zusammenbruch 1918/19, der auch hochtrabend Revolution genannt wurde. Auch da stand unser Mehring ganz vorne auf der Plattform, mit einigen wenigen anderen Genossen, wie dem Dr. Richard Hülsenbeck. In der ersten Nachkriegszeit sah man als Bettler an den Straßenecken die »Schüttler«, Veteranen des Schützengrabens, die den Schock des Verschüttetwerdens nicht losgeworden waren; sie verkauften Streichholzschachteln, die auf dem Tragbrett tanzten. Die Dadaisten ließen die Sprache tanzen, und übrigens benutzten auch die bildenden Künstler unter ihnen die Streichholzschachtel als Baumaterial. Sie hatten vor nichts Respekt, sie waren blasphemisch, rebellisch, sie erschreckten den Bürger. Der war noch zu erschrecken; inzwischen hat er sich längst gewöhnt, selbst Fausthiebe gegen den Magen mit einem solennen Scheck zu honorieren, der nie abgelehnt wird. Damals gab es keine Schecks für den Poeten; er durfte froh sein, wenn ihm die Direktion eines der vielen Kleinkunstlokale den Gegenwert für zwei Sitzplätze und (oder) das Abendessen zubilligte, vielleicht noch mit einem Stück Ersatzkuchen aus Strohmehl. Aber die Künste blühten. »Angeekelt von den Schlächtereien des Weltkriegs 1914, gaben wir uns den Schönen Künsten hin«, so Hans Arp, einer der Schüttler. Die »goldnen Berliner Jahre« begannen, so genannt, weil das Gold verschwunden war und der Totentanz der Währung begonnen hatte. Die Streichholzschachteln tanzten, die Menschen tanzten, den Shimmy, den Twostep, die »Schiebetänze«; es wurde auch sonst geschoben, der Schieber wurde zum Herrn der Zeit, jedenfalls für den Abend –

»Das Volk steht auf, die Fahnen raus!
Bis früh um fünfe, kleine Maus ...«

dichtete Mehring in seinem »Berlin simultan«.
Max Reinhardt hatte begonnen, nachdem der große Imperialismus so jammervoll gescheitert war, sich ein weit ausgreifendes Theaterreich aufzubauen, das ebenfalls imperiale Züge hatte. Ein Großes Schauspielhaus, im ehemaligen Zirkus Schumann, der immer noch nach Manege roch, sollte den Massen dienen; ganz unten war für die Kenner ein Kabarett »Schall und Rauch« vorgesehen. Aus Tradition war es so betitelt; in seinen Anfangsjahren hatte Reinhardt schon etwas der Art versucht, mit recht zahmen Schillerparodien und einem »Don Carlos« als Hauptmannsche Diebskomödie. Ein schlesischer Knecht murmelte etwa »Nu ja ja, nu nee nee« oder Maeterlinck wurde als Ysidore Mysterlinck persifliert. Das mochte zum Jahrhundertanfang genügen. Jetzt brauchte man schärfere Tränke. Man holte sich den jungen Mehring. Er hätte strahlen sollen ob solchen Frühruhms. Er widersprach auch hier sogleich dem gewaltigen Theaterherrscher. Seine Dadaistenfreunde lärmten: »Nieder mit Reinhardt!« nach der Eröffnungsvorstellung in einem Nebenlokal. Der Bühnenfürst nahm davon nicht Notiz, und Mehring schrieb seine »Tempogedichte«. Er zog bald weiter zur »Wilden Bühne« der Diseuse Trude Hesterberg, ebenfalls in einem Keller, des Theaters des Westens diesmal, untergebracht, und da ging es sehr begabt zu. Lauter Premieren wurden in dem kleinen, ziemlich dunklen Lokal vorgeführt: die

erste Homo-Type, die »Tante« des Wilhelm Bendow, eine allererste Lesbierin, Ganovengedichte; Bert Brecht in sehr nachlässigem und wohlbedachtem Kostüm brachte sein »Lied vom Soldaten« und verursachte einen Radau der gutzahlenden Besucher; Mehring trat vor den Vorhang und erklärte couragiert: man habe sich blamiert! man werde noch einmal daran denken, daß man heute dabeigewesen sei!
Chansons waren die große Mode; in zehn oder zwölf Kleinbühnen wurden sie gesungen, es waren gereimte Brandartikel darunter, Moritaten, kulinarische Leckerbissen und Sentimentales für das gute Mütterchen, das auch ins Kabarett pilgerte. Mehrings Chansons waren etwas anderes. Sie waren Gedichte, und obwohl sie von einem Dutzend Komponisten in Musik gesetzt wurden, zuweilen gut, zuweilen zugkräftig, war das Wesentliche ihre Wortmusik, eine höchst eigentümliche Kombination von Kurzversen und Langstrophen, die alle nur möglichen lyrischen Mittel ins Spiel brachten und einen sehr kunstvollen Aufbau hatten. Das Tempo fiel so ziemlich jedem ins Ohr, und einige dieser Chansons wurden so etwas wie Schlager und zugleich Volkslieder, volkstümlich jedenfalls von der Elbe bis zur Donau; zu »Hamburg an der Elbe gleich hinter dem Ozean« war das beliebteste Stück, sein »Seemannschoral«, angesiedelt, der noch im Dritten Reich gesungen wurde, ohne Namen des Verfassers wie die Loreley. Aber das war nicht alles. Alarmrufe schrillten dazwischen; sie wurden überhört. Außer dem Bahnmotiv gab es das Wahnmotiv, das immer wieder anklang. Gehetztes Tempo, gewiß, aber auch eine pochende Angst. Das alte Kunstmittel der Litanei war verwendet, aus der Liturgie entnommen und von einem aus seinem Orden verstoßenen Pater ihm nahegebracht. Ein Kanon, sonst in Schunkelgesellschaften angestimmt mit »Oh wie wohl ist mir am Abend, wenn zur Ruh die Glocken läuten« schwingt herein, nicht zur Ruhe läutend, sondern drohend. Die Sprachpalette ist reich und bunt: Berlinisches, Amerikanisches, Französisches, Holländisches wird benutzt, nie zur Routine oder zum Rezept ausartend. Es war eine durchaus eigene Form, und es ist eigentlich schade, daß sich nur die Bezeichnung Chanson als einzige anbot. Wir können keinen anderen Vorschlag machen, als daß wir sagen: es sind Mehring-Gedichte.
Mehring begann berühmt zu werden, und er mag schon gefühlt haben, daß das seine Gefahren hat. Er dachte bereits an Flucht. Man sah ihn überall, wo die Bohème zusammenkam. Er war

beliebt, bon camarade, zumal er nie über Kollegen etwas Hämisches sagte oder ihnen ein Bein zu stellen suchte, was sonst sehr im Schwange war und begeisterten Anhang schuf. Ein seltner Vogel, in so wenig kameradschaftlicher Gesellschaft. Es war immer etwas Einsames um ihn, wenn er den scharf geschnittenen Kopf vorbeugte. Er ließ sich nicht nieder und hielt Cercle, er kam einfach hereingeweht und saß mit da. Er hatte keine Clique, keine Clacque, obwohl er sie alle kannte und mit vielen befreundet war, wie man so sagt, die zu Ruf kamen und die er dabei behutsam-tatkräftig gefördert hat, ohne Gegenleistung zu erwarten noch zu erhalten. Er war der Bohemien reinster Prägung, im Profil, von vorn und in der Lebensführung. Aber er kostümierte sich nicht als solcher, nicht in der Haartracht, nicht in der Kleidung. Man trug Ringvereinkoller oder proletarische Radfahrerkappen und amerikanische Vornamen wie George, Bert, Johnny; er hat nur ganz kurz mit einem »Walt« experimentiert und das bald gelassen. Man war listig, mit Berufung auf Hegel und dessen Schüler und Enkelschüler, und spielte den Robusten. Mehring hatte eher etwas Zartes; das kam auch gelegentlich in den Versen einmal zur Geltung. Es wurde Mode, sich didaktisch zu geben, und sein Malerfreund George Grosz porträtierte sich selber mit warnend erhobenem Zeigefinger. Mehring hatte seine Hände auf den Knien, mit den nervösen zigarettengebräunten Fingern. Er hat nicht den Zeigestock geschwungen und Parolen verkündet. Er hat Alarmrufe ausgestoßen, gewarnt, gehöhnt, ohne große Illusionen.

Flucht – oder Abenteuerlust? – und die nächste Station: Paris, eine Art Vorübung auf späteres Exil. Da saß er nun, gesellig-einsam unter denen, die dann die Surrealisten genannt werden sollten, und manchen anderen. Selbstexilierte junge Amerikaner in Mengen, die das enorm schlagkräftige Wort von der »lost generation« für sich erfunden hatten. Die bildenden Künste, und Mehring hat sich auch da sehr umsichtig umgeschaut und Frühentdeckungen gemacht und Namen gepriesen, die inzwischen jeder Hotelbesitzer kennt. Er hat übersetzt, einmal als Fingerübung Balzacs »Contes Drôlatiques« im Stile Fischarts, und vor allem seine Palette weiter bereichert und verfeinert.

Als er zurückkam, war er anerkannt als Poet; der Verlag S. Fischer, auf der Höhe seiner Geltung, eröffnete ihm seine moderne Walhalla. Das Klima hatte sich verändert. Es war rauher geworden, der Ton rüder und bald ganz unbarmherzig. Schlägerkolonnen rückten an. Mehrings Wortoratorium »Der Kaufmann von Berlin«, das den ungeheuren Betrug der Inflation auf die Bühne bringen sollte, wurde ein Skandal. Bernhard Diebold pries den Mut des Dichters – »er hat mehr Mut als die üblichen Bourgeoisie-Töter unserer Dichtung« – und zugleich seine »strengste Objektivität« und die »Symmetrie« der Werke: ein Jude Kaftan als Schieber und ein brutaler Müller als Oberschieber mit den Verbindungen zu den Fememörderklubs und den Herren von Potsdam als oberster Instanz. Objektivität war nun das Letzte, was in jenem Jahr 1929 verstanden wurde, und die technischen Experimente des Bühnenleiters Erwin Piscator mit einer wahren Montagehalle von Gerüsten in drei Etagen, Fahrstuhlbrücken, Scheinwerfern und Gestängen trugen zu der Verwirrung bei. Die Straße sollte auf die Bühne gebracht werden, aber die Straße war bereits Bühne geworden und führte die blutigen Vorspiele zum nächsten Drama auf, das ein Großes Welttheater wurde.

Flucht, abermals, und diesmal sehr im Ernst, und weitere Fluchten immer wieder; wir können die Bahnstationen nur summarisch andeuten. Die ahnungsvollen Verse des Primaners werden Wirklichkeit: »Stadt für Stadt, verfallene, abgelaufene, fegfeuerkalte Zwangsaufenthalte« – wir setzen sie in Prosa ab, was uns sinngemäßer erscheint. Mehring dichtet auch auf den Zwangsaufenthalten, die immer nur befristet sind. Trotzgedichte, Exilgedichte, aber da beflügelt kein Bahntempo, es gibt keine Fahrkarten, oder nur nach unsäglichen Schwierigkeiten. Er sinkt nieder vor der Statue eines »Sankt Heimatlos«, und es ist bezeichnend, daß das Wort Heimat im Wortschatz auftaucht wie ein Gespenst. Erinnerungen an Berlin kommen ihm hoch, im Berliner Dialekt. Verhöre: ein »Schattenjemand« – gutes Wort –, der aus schlotterndem Mantel ein Zettelchen polkt: »valable sans idée de retour«. Das Lager, jeder rechte Exulant muß auch im Lager gesessen haben, es ist ein obligates Bildungserlebnis unserer erleuchteten Zeit. Spracherlebnisse, und das Erlebnis der Angst, die Sprache zu verlieren, den einzigen Besitz. Mehring wehrt sich zäh und leidenschaftlich, in Frankreich, Martinique, USA mit einem »Transatlantischen Psalter«, er taucht in die Barockwelt des Gongora ein, er schreibt Tiergedichte, da es mit den Menschen so bestialisch steht; vieles mag verlorengegangen sein, der kleine Koffer enthält nur eine Auswahl.

Er kehrt zurück, »unjung und nicht mehr ganz gesund«, wie ein Dichtervorfahr sang, und singt weiter. Er ist inzwischen vergessen worden oder wird allenfalls gönnerhaft als Chansonnist der Zwanziger Jahre auf die schmale Schulter geklopft. Man hat die Goldne Zeit Berlins wiederentdeckt und greift bald auf den Jugendstil zurück. Man hat den Dadaismus wiederentdeckt und bearbeitet ihn in gewichtigen streng wissenschaftlichen Bänden, den Expressionismus desgleichen. Da mag auch Walter Mehring seinen Platz finden, knapp bemessen, denn es muß doch zusammengefaßt, geordnet, gruppiert werden. Aber er lebt doch noch. Er hat schöne neue Gedichte geschrieben, Liebesgedichte »aus der Mitternacht« als die stärksten; die Zeit für Liebesgedichte ist vorbei, wird dekretiert. Man schreibe Chiffren, die alles mögliche bedeuten können und infolgedessen dem Kommentator gleichberechtigten Platz neben dem bloßen Versemacher verbürgen. Der Reim ist abgeschafft; er ist nur bei Straßendemonstrationen als unentbehrlich zugelassen.
Die Farbe wird vereinfacht bis zum Monochrom. Die Ansprüche konzentrieren sich auf die Parole »minimal«, in großen Buchstaben. Die Exegese blüht und beschäftigt ganze Schulen in aller Welt. An Mehring ist nicht viel zu deuten. Er hat diese Arbeit den Experten abgenommen. Er ist deutlich, farbig, er verwendet rhythmische Finessen, auch das Schlagzeug, die Sordine. Viele Ober- und Untertöne schwingen mit. Ein Rätselraten ist dazu nicht nötig. Ein geneigtes Ohr genügt.
Dieser Band umfaßt ein ganzes Menschenleben, in lyrischer Form, wohlbedacht, gearbeitet und vor allem erlebt in den »fegfeuerkalten Zwangsaufenthalten« einer gnadenlosen Zeit. Für ein solches Leben könnte man sich wohl bedanken. Der Dichter dankt mit seinen Versen. Er verteilt reiche Gaben, viel zum Nachdenken, zum Bewundern, auch zum Sichärgern, was durchaus in seinem Sinne ist. Walter Mehring ist ein Einzelgänger, und als Poet ein geselliger Mensch. Man lese ihn, oder da wir die Befehlsform nicht lieben: man darf ihn lesen. Sein Buch ist als Geschenk gedacht.

Richard Friedenthal

WERKE WALTER MEHRINGS

1. Versbände

1919 – *Das politische Cabaret (Berlin simultan)*. Kaemmerer Verlag, Berlin *(zweite Auflage verboten)*

1921 – *Das Ketzerbrevier*. Kurt Wolff Verlag, Berlin

1923 – *Wedding – Montmartre*. A. R. Meyer Verlag, Berlin

1924 – *Europäische Nächte – Eine Zeitrevue*. Helena Gottschalk Verlag, Berlin. *In Sachsen und Thüringen beschlagnahmt, in Wien vor der Aufführung verboten*

1925 – *Neubestelltes Abenteuerliches Tierhaus – Zoologie der Fabeltiere*. G. Kiepenheuer Verlag, Potsdam

1929 – *Die Gedichte, Lieder und Chansons des Walter Mehring*. S. Fischer Verlag, Berlin. *Von den Nationalsozialisten am 10. Mai 1933 auf dem Bücher-Scheiterhaufen verbrannt*

1930 – *Arche Noah SOS*. S. Fischer Verlag, Berlin. *Am 10. Mai 1933 von den Nationalsozialisten verbrannt*.

1934 – *Und Euch zum Trotz* ... Europäischer Merkur, Paris. *In Österreich und Ungarn verboten*

1944 – *No Road back*. Curl, Publ., New York, mit Übersetzungen von S. A. de Witt

1951 – *Arche Noah SOS*, erweiterte Neuausgabe. Ernst Rowohlt Verlag, Hamburg

1958 – *Der Zeitpuls fliegt* – Chansons, Gedichte, Prosa. Rowohlt Taschenbuch Verlag, Reinbek b. Hamburg

1959 – *Morgenlied eines Gepäckträgers*. Fackelträger Verlag, Hannover

1962 – *Neues Ketzerbrevier*. Verlag Kiepenheuer & Witsch, Köln, Deutscher Taschenbuch Verlag, München 1966: dtv 353

1965 – *Kleines Lumpenbrevier*. Verlag Die Arche, Zürich

ca. 130 unveröffentlichte Gedichte gingen auf der Flucht durch Frankreich verloren

2. Prosabände

1924 – *In Menschenhaut* – Novellen. G. Kiepenheuer Verlag, Potsdam

1925 – *Westnordwestviertelwest* – Novelle. Ernst Rowohlt Verlag, Berlin

1927 – *Paris in Brand* – Roman. Th. Knaur Verlag, München (»Romane der Welt«)

1927 – *Algier oder die 13 Oasenwunder* – Novellen. Verlag Die Schmiede, Berlin

1935 – *Müller. Die Chronik einer deutschen Sippe von Tacitus bis Hitler.* – Roman. Verlag von Prof. Dr. K. E. Winter, Wien. *Verboten auf Intervention von Herrn von Papen* 1971 neu erschienen im Fackelträger Verlag, Hannover

1938 – *Die Nacht des Tyrannen* – Kurzroman. Oprecht Verlag, Zürich

1946 – *George Grosz* – Monographie. E. Herrmann Verlag, New York

– *Edgar Degas* – Monographie. E. Herrmann Verlag, New York

1951 – *Lost Library*. Bobbs-Merrill, New York; dt.: *Die verlorene Bibliothek*, Rowohlt Verlag, Hamburg – erweiterte Neuausgabe 1964: Kreißelmeier Verlag, Icking – München – Wilhelm Heyne Verlag, München, Heyne-Taschenbuch Nr. 924

1958 – *Verrufene Malerei* – Essays. Diogenes Verlag, Zürich

1959 – *Berlin Dada.* Verlag Die Arche, Zürich

3. Dramen

1918 – *Die Frühe der Städte.* Im »Sturm«-Kreis gelesen, in der Zeitschrift »Der Sturm« publiziert

1929 – *Der Kaufmann von Berlin.* Uraufführung an Erwin Piscators »Werkstätten-Bühne«, Berlin. Buchausgabe: S. Fischer Verlag, Berlin

1932 – *Die Höllische Komödie. Vor der Uraufführung 1933 verboten*

4. Übersetzung

1923 – *Trollatische Geschichten.* Die »Contes drôlatiques« des Honoré de Balzac in das Deutsch des Johann Fischart übertragen. Ernst Rowohlt Verlag, Berlin